高等职业教育土木建筑类专业新形态教材

建筑工程资料管理

主　编　刘亚龙　梁晓丹　刘振霞
副主编　席金虎　王　彬　赫　璐
参　编　王秋生　谷雪影　华　夏

北京理工大学出版社
BEIJING INSTITUTE OF TECHNOLOGY PRESS

内 容 提 要

本书按照高等院校人才培养目标以及专业教学改革的需求,依据新标准规范进行编写。 全书共九章,主要内容包括建筑工程资料管理的基本知识、建筑工程准备阶段资料、建设监理资料、施工管理与控制资料、施工物资资料、施工记录、施工试验记录及检测报告、施工质量验收记录与竣工验收资料、建筑工程竣工文件管理等。

本书可作为高等院校工程管理相关专业教材,还可供相关专业技术人员参考使用。

图书在版编目（CIP）数据

建筑工程资料管理 / 刘亚龙，梁晓丹，刘振霞主编
. -- 北京 ：北京理工大学出版社，2023.7重印
ISBN 978-7-5763-0543-2

Ⅰ. ①建…　Ⅱ. ①刘…②梁…③刘…　Ⅲ. ①建筑工程－技术档案－档案管理－高等学校－教材　Ⅳ. ①G275.3

中国版本图书馆CIP数据核字（2021）第213173号

出版发行 / 北京理工大学出版社有限责任公司
社　　址 / 北京市海淀区中关村南大街 5 号
邮　　编 / 100081
电　　话 / (010) 68914775（总编室）
　　　　　(010) 82562903（教材售后服务热线）
　　　　　(010) 68944723（其他图书服务热线）
网　　址 / http://www.bitpress.com.cn
经　　销 / 全国各地新华书店
印　　刷 / 北京紫瑞利印刷有限公司
开　　本 / 787 毫米 ×1092 毫米　1/16
印　　张 / 16
字　　数 / 376 千字
版　　次 / 2023 年 7 月第 1 版第 3 次印刷
定　　价 / 45.00 元

责任编辑 / 钟　博
文案编辑 / 钟　博
责任校对 / 周瑞红
责任印制 / 边心超

前 言

随着建筑业的迅速发展、建筑市场的不断规范，注重工程建设的管理尤为重要。在建筑工程中，工程资料是建设施工中的一项重要组成部分，是工程建设及竣工验收的必备条件，也是对工程进行检查、维护、管理、使用、改建和扩建的原始依据。建设部要求建立并管好城市基础设施建设档案，进一步加强对工程项目建设档案管理的重要性和紧迫感的认识，并明确指出：任何一个工程，如果技术资料不符合有关标准规定，则判定该工程不合格，对工程质量具有否决权。

为积极推进课程改革和教材建设，满足高等教育改革和发展的需要，我们根据高等院校工程管理类专业的教学要求，结合新规范、新标准，组织编写了本教材。本教材的编写力求突出以下特色。

（1）依据《建设工程文件归档规范（2019年版）》（GB/T 50328—2014）、《建筑工程资料管理规程》（JGJ/T 185—2009）等相关规范，结合高等教育的要求，以社会需求为基本依据，以就业为导向，以学生为主体，在内容上注重与岗位实际要求紧密结合，符合国家对技能型人才培养的要求，体现教学组织的科学性和灵活性；在编写过程中，注重理论性、基础性、现代性，强化学习概念和综合思维，这有助于学生知识与能力的协调发展。

（2）本书编写时倡导先进性，注重可行性，注意淡化细节，强调对学生思维能力的培养，编写时既考虑内容的相互关联性和体系的完整性，又不拘泥于此，对部分在理论研究上有较大意义，但在实践中实施尚有困难的内容就没有进行深入的讨论。

（3）以“知识目标-能力目标-本章小结-思考与练习”的形式，构建了一个“引导—学习—总结—练习”的教学全过程，给学生的学习和教师的教学作出了引导，并帮助学生从更深的层次思考、复习和巩固所学的知识。

（4）在章节安排上，均按每小结分别叙述。主要内容包括建筑工程资料管理的基本知识、建筑工程准备阶段资料、建设监理资料、施工管理与控制资料、施工物资资料、施工记录、施工试验记录及检测报告、施工质量验收记录与竣工验收资料、建筑工程竣工文件管理等。为提高学生对建筑工程资料管理的掌握能力，本书编写时强化实际操作训练，内容实用性和技巧性强的章节设计了相关的具备真实性的实践操作案例，习题设计多样化，题型不仅丰富，还具有启发性、趣味性，以实际操作训练加深学生对理论知识的理解，全方位强化学生对知识的掌握程度。

本书由校企合作编写，由上海城建职业学院刘亚龙、梁晓丹，济南工程职业技术学院刘振霞担任主编，由上海建工二建集团有限公司席金虎、上海城建职业学院王彬、辽宁城市建设职业技术学院赫璐担任副主编，上海城建职业学院王秋生、谷雪影，上海建工二建集团有限公司华夏参与了本书的编写工作。本书编写过程中，编者深入一线，积极与企业人员商讨，强化工学结合，更好地适应“双元制职业教育”的人才培养模式。

本书在编写过程中参阅了大量的文献，在此向这些文献的作者致以诚挚的谢意!由于编写时间仓促，编者的经验和水平有限，书中难免有不妥和错误之处，恳请读者和专家批评指正。

编　者

课程思政指引目录

序号	章　节	课程思政方向与主题	课程思政着手点指引	页　码
1	第一章 建筑工程资料管理的基本知识	法律、法规 标准、合约	制度自信、理论自信、实事求是 规范道德、社会责任、企业标准	1～23
2	第二章 建筑工程准备阶段资料	规范、合同 契约、管理	专业与社会、专业与国家、专业与能力、大国工匠、专业水准	24～51
3	第三章 建设监理资料	监管、控制 责任、诚信	社会公德、规范道德、责任使命 职业精神、科学精神、	52～85
4	第四章 施工管理与控制资料	质量、控制 规范、道德	职业规范、精益求精、质量控制 严谨细致、技术管理、质量检查	86～103
5	第五章 施工物资资料	检测、质量 管理、规范	实事求是、诚信务实、实战能力 职业标准、专业水准、工匠精神	104～128
6	第六章 施工记录	规范、熟练 标准、控制	政治意识、大局意识、核心意识 职业责任、工匠精神、爱岗敬业	129～158
7	第七章 施工试验记录及检测报告	发展、求实 安全、诚信	知行统一、学思结合、创新精神 公平正义、严谨细致、科学态度	159～205
8	第八章 施工质量验收记录及竣工验收资料	标准、诚信 公正、安全	遵纪守法、爱岗敬业、全面细致 政治意识、社会责任、科学发展	206～228
9	第九章 建筑工程竣工文件管理	法律、责任 传承、发展	诚实守信、无私奉献、基本国情 大国复兴、国家安全、大国传承	229～245

Contents

目录

第一章 建筑工程资料管理的基本知识

知识目标

通过本章的学习，了解建筑工程资料的概念及特征；熟悉建筑工程资料管理的基本规定和要求，建筑工程资料管理职责，建筑工程资料的形成、分类与编号；掌握建筑工程资料管理的主要内容，建筑工程资料的填写、编制、审核及审批，建筑工程资料的收集、整理与组卷，建筑工程资料的移交与归档。

能力目标

能进行建筑工程资料的分类和编号；能画图说明建筑工程不同阶段的主要形成步骤和方法。

第一节 建筑工程资料概述

一、建筑工程资料的术语

1.建筑工程资料

建筑工程资料(也称为建筑工程文件)是指在工程建设过程中形成的各种形式的信息记录。其包括工程准备阶段文件、监理文件、施工文件、竣工图和工程竣工验收文件，简称工程资料或工程文件。

2. 建筑工程资料管理

建筑工程资料管理是指建筑工程资料的填写、编制、审核、审批、收集、整理、组卷、移交及归档等工作的统称，简称工程资料管理。

3.资料员

资料员是指从事工程资料的收集、整理、保管、归档、移交等工作的专业人员。

4.工程准备阶段文件

工程准备阶段文件是指建筑工程开工以前，在立项、审批、征地、拆迁、勘察、设计、招标投标等工程准备阶段形成的文件。

5.监理文件

监理文件(也称为监理资料)是指监理单位在工程设计、施工等监理过程中形成的文件。

6.施工文件

施工文件(也称为施工资料)是指施工单位在施工过程中形成的文件。

7.竣工图

竣工图是指建筑工程竣工验收后,反映建筑工程施工结果的图纸。

8.工程竣工验收文件

工程竣工验收文件(也称为竣工验收文件)是指在建筑工程项目竣工验收活动中形成的文件。

9.工程档案

工程档案是指建筑工程在建设过程中形成的具有归档保存价值的工程资料。

10.工程电子文件

工程电子文件是指在工程建设过程中通过数字设备及环境生成,以数码形式存储于磁带、磁盘或光盘等载体,依赖计算机等数字设备阅读、处理,并可在通信网络上传送的文件。

11.工程电子档案

工程电子档案是指工程建设过程中形成的,具有参考和利用价值并作为档案保存的电子文件及其元数据。

12.工程声像档案

工程声像档案是指记录工程建设活动,具有保存价值的,用照片、影片、录音带、录像带、光盘、硬盘等记载的声音、图片和影像等历史记录。

13.整理

整理是指按一定的原则,对工程文件进行挑选、分类、组合、排列、编目,使之有序化的过程。

14.案卷

案卷是指由互有联系的若干文件资料组成的档案保管单位。

15.组卷

组卷是指按照一定的原则和方法,将有保存价值的工程资料分类整理成案卷的过程,也称为立卷。

16.归档

归档是指文件资料形成部门或形成单位完成其工作任务后,将形成的文件资料整理立卷后按规定向本单位档案室或城建档案管理机构移交的过程。

17.永久保管

永久保管是工程档案保管期限的一种,指将工程档案无限期地、尽可能长远地保存下去。

18.长期保管

长期保管是工程档案保管期限的一种,指将工程档案保存到该工程被彻底拆除。

19.短期保管

短期保管是工程档案保管期限的一种,指将工程档案保存10年以下。

20.单位工程

具备独立施工条件并能形成独立使用功能的建筑物或构筑物为一个单位工程;对于规模较大的单位工程,可将其能形成独立使用功能的部分划分为一个子单位工程。

21.分部工程

分部工程是指单位工程中按工程部位、设备种类和型号、使用材料划分的,可以独立组织施工的工程。如单位工程中的土建部分可分为地基与基础工程、主体结构工程、建筑装饰装修工程、屋面工程等分部工程。较大或较复杂的分部工程可分为若干子分部工程。如主体结构工程可分为混凝土结构工程、砌体结构工程等子分部工程。

22.分项工程

分项工程是指分部工程中按主要工种、材料、施工工艺、设备类别划分的工程。如混凝土结构子分部工程可分为模板、钢筋、混凝土、预应力、现浇结构、装配式结构等分项工程。

23.检验批

检验批是指按相同的生产条件或按规定的方式汇总起来供抽样检验用的,由一定数量的样本组成的检验体。

24.验收

验收是指建筑工程质量在施工单位自行检查合格的基础上,由工程质量验收责任方组织,工程建设相关单位参加,对检验批、分项、分部、单位工程及其隐蔽工程的质量进行抽样检验,对技术文件进行审核,并根据设计文件和相关标准以书面形式对工程质量是否合格进行确认。

25.主控项目

主控项目是指建筑工程中对安全、卫生、环境保护和主要使用功能起决定性作用的检验项目。

26.一般项目

一般项目是指除主控项目以外的检验项目。

27.观感质量

观感质量是指通过观察和必要的测试所反映的工程外在质量和功能状态。

二、建筑工程资料的特征

(1)完整性。由于建筑工程建设的周期长,建设过程中阶段性和季节性较强,且建筑材料种类繁多,生产工艺复杂,因此,影响建筑工程的因素多种多样,这就必然导致建筑工程文件和档案资料具有一定的复杂性。建筑工程资料必须保证其完整,才能全面反映工程建设过程的信息。

(2)时效性。建筑工程文件和档案资料一经生成,就必须及时传达到有关部门,否则如果有关单位或部门不予认可,将会产生严重的后果。因此,建筑工程文件和档案资料具有很强的时效性。另外,随着施工工艺水平、新材料及管理水平的不断提高,文件和档案资料的价值也会随着时间的推移而衰减,但文件和档案资料仍可以被借鉴、继承。

(3)真实性。建筑工程文件和档案资料只有全面真实地反映项目的各类信息,包括发生的事故和存在的隐患,才具有实用价值。一旦引用了不真实的资料会起到误导作用,造成难以想象的后果。因此,建筑工程文件和档案资料必须真实全面地反映工程的实际情况,不得片面和虚假。

(4)综合性。由于建筑工程项目常常是综合性的系统工程,必须由多个专业、多个工种协同工作才能完成。建筑工程涉及环境评价、安全评价、建筑、市政、园林、公用、消防、智能、电力、电信、环境工程、声学、美学等多种学科,并同时综合了组织协调、合同、造价、进度、质量、安全等诸多方面的工作内容。可见,建筑工程文件和档案资料是多个专业和单位的文件档案资料的集成,具有很强的综合性。

三、建筑工程资料管理的主要内容

建筑工程资料包括工程准备阶段文件、监理资料、施工资料、竣工图和工程竣工文件 5 个方面。

1.工程准备阶段文件

工程准备阶段文件是指建筑工程开工前,在立项、审批、征地、拆迁、勘察、设计、招标投标时工程准备阶段形成的文件，由建设单位负责提供。

2.监理资料

监理资料是指建筑工程在工程建设监理过程中形成的资料。其主要包括监理管理资料、监理工作记录、竣工验收资料和其他资料等。监理资料由监理单位负责完成，工程竣工后，监理单位应按规定将监理资料移交给建设单位。

3.施工资料

施工资料是指建筑工程在工程施工过程中形成的资料。施工资料应由施工单位负责形成，主要包括单位工程管理与验收资料、施工管理资料、施工技术资料、施工测量记录、施工物资资料、施工记录、施工试验记录、施工质量验收记录等。工程竣工后，施工单位应按规定将施工资料移交给建设单位。

4.竣工图

竣工图是指建筑工程竣工后，反映建筑工程施工结果的图纸。竣工图应由建设单位负责组织，也可委托其他单位组织。

5.工程竣工文件

工程竣工文件是指建筑工程竣工验收、备案和移交等活动中形成的文件。

四、建筑工程资料管理的基本规定和要求

(1)工程资料应与建筑工程建设过程同步形成，并应真实反映建筑工程的建设情况和实体质量。

(2)工程资料管理的制度应健全、岗位责任应明确，并应纳入工程建设管理的各个环节和各级相关人员的职责范围。

(3)工程资料的套数、费用、移交时间应在合同中说明。

(4)工程资料的收集、整理、组卷、移交及归档应及时。

(5)工程资料形成单位应对资料内容的真实性、完整性、有效性负责；由多方形成的资料，应各负其责。

(6)工程资料的填写、编制、审核、审批、签认应及时进行，其内容应符合相关规定。

(7)工程资料不得随意修改；当需修改时，应实行划改，并由划改人签署。

(8)工程资料的文字、图表、印章应清晰。

(9)工程资料应为原件；当为复印件时，提供单位应在复印件上加盖单位印章，并应有经办人签字及日期。提供单位应对资料的真实性负责。

(10)工程资料应内容完整、结论明确、签认手续齐全。

(11)工程资料宜采用信息化技术进行辅助管理。

五、建筑工程资料管理的职责

1.通用职责

(1)工程资料的形成应符合国家相关的法律、法规、施工质量验收标准和规范、工程合同与设计文件等规定。

(2)工程各参建单位应将工程资料的形成和积累纳入工程建设管理的各个环节与有关人员的职责范围。

(3)工程资料应随工程进度同步收集、整理并按规定移交。

(4)工程资料应实行分级管理，由建设、监理、施工单位主管(技术)负责人组织本单位工程资料的全过程管理工作。建设过程中工程资料的收集、整理和审核工作应有专人负责，并按规定取得相应的岗位资格。

(5)工程各参建单位应确保各自文件的真实、有效、完整和齐全，对工程资料进行涂改、伪造、随意抽撤或损毁、丢失等，应按有关规定予以处罚，情节严重的，应依法追究法律责任。

2.建筑工程各参建单位职责

建筑工程各参建单位职责见表1－1。

表1－1　建筑工程各参建单位职责

序号	项目	内容
1	建设单位职责	(1)应负责基建文件的管理工作，并设专人对基建文件进行收集、整理和归档。 (2)在工程招标及与参建各方签订合同或协议时，应对工程资料和工程档案的编制责任、套数、费用、质量和移交期限等提出明确要求。 (3)必须向参与工程建设的勘察、设计、施工、监理等单位提供与建设工程有关的资料。 (4)由建设单位采购的建筑材料、构配件和设备，建设单位应保证建筑材料、构配件和设备符合设计文件和合同要求，并保证相关物资文件的完整、真实和有效。 (5)应负责监督和检查各参建单位工程资料的形成、积累和立卷工作，也可委托监理单位检查工程资料的形成、积累和立卷工作。 (6)对须建设单位签认的工程资料应签署意见。 (7)应收集和汇总勘察、设计、监理和施工等单位立卷归档的工程档案。 (8)应负责组织竣工图的绘制工作，也可委托施工单位、监理单位或设计单位，并按相关文件规定承担费用。 (9)列入城建档案馆接收范围的工程档案，建设单位应在组织工程竣工验收前，提请城建档案馆对工程档案进行预验收，未取得《建设工程竣工档案预验收意见》的，不得组织工程竣工验收。 (10)建设单位应在工程竣工验收后三个月内将工程档案移交城建档案馆
2	勘察、设计单位职责	(1)应按合同和规范要求提供勘察、设计文件。 (2)对须勘察、设计单位签认的工程资料应签署意见。 (3)工程竣工验收，应出具工程质量检查报告
3	监理单位职责	(1)应负责监理资料的管理工作，并设专人对监理资料进行收集、整理和归档。 (2)应按照合同约定，在勘察、设计阶段，对勘察、设计文件的形成、积累、组卷和归档进行监督、检查；在施工阶段，应对施工资料的形成、积累、组卷和归档进行监督、检查，使工程资料的完整性、准确性符合有关要求。 (3)列入城建档案馆接收范围的监理资料，监理单位应在工程竣工验收后两个月内移交建设单位
4	施工单位职责	(1)应负责施工资料的管理工作，实行技术负责人负责制，逐级建立健全施工资料管理岗位责任制。 (2)应负责汇总各分包单位编制的施工资料，分包单位应负责其分包范围内施工资料的收集和整理，并对施工资料的真实性、完整性和有效性负责。 (3)应在工程竣工验收前，将工程的施工资料整理、汇总完成。 (4)应负责编制两套施工资料，其中移交建设单位一套，自行保存一套

第二节　建筑工程资料的形成与分类

一、建筑工程资料的形成

根据《建筑工程资料管理规程》(JGJ/T 185—2009)的规定，建筑工程资料的形成范围应包括工程准备阶段、工程实施阶段、工程竣工阶段，如图1－1所示。

建筑工程资料管理规程

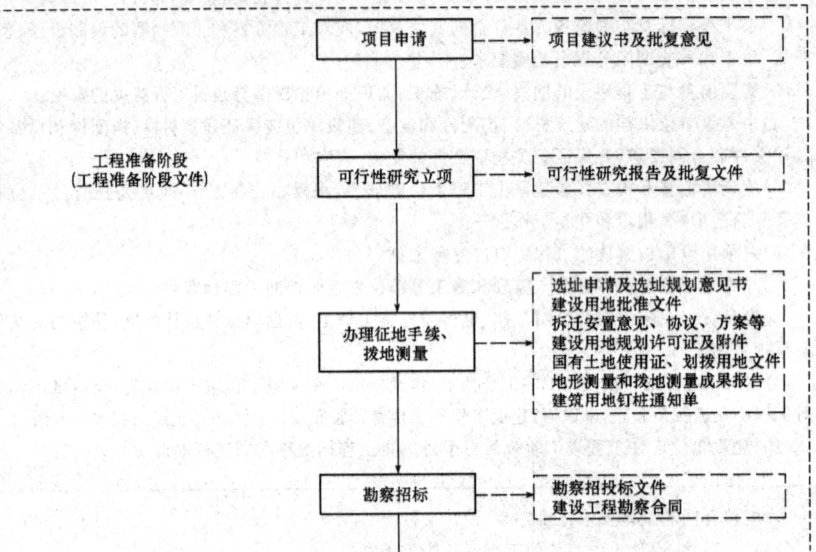

图1－1　工程资料的形成步骤

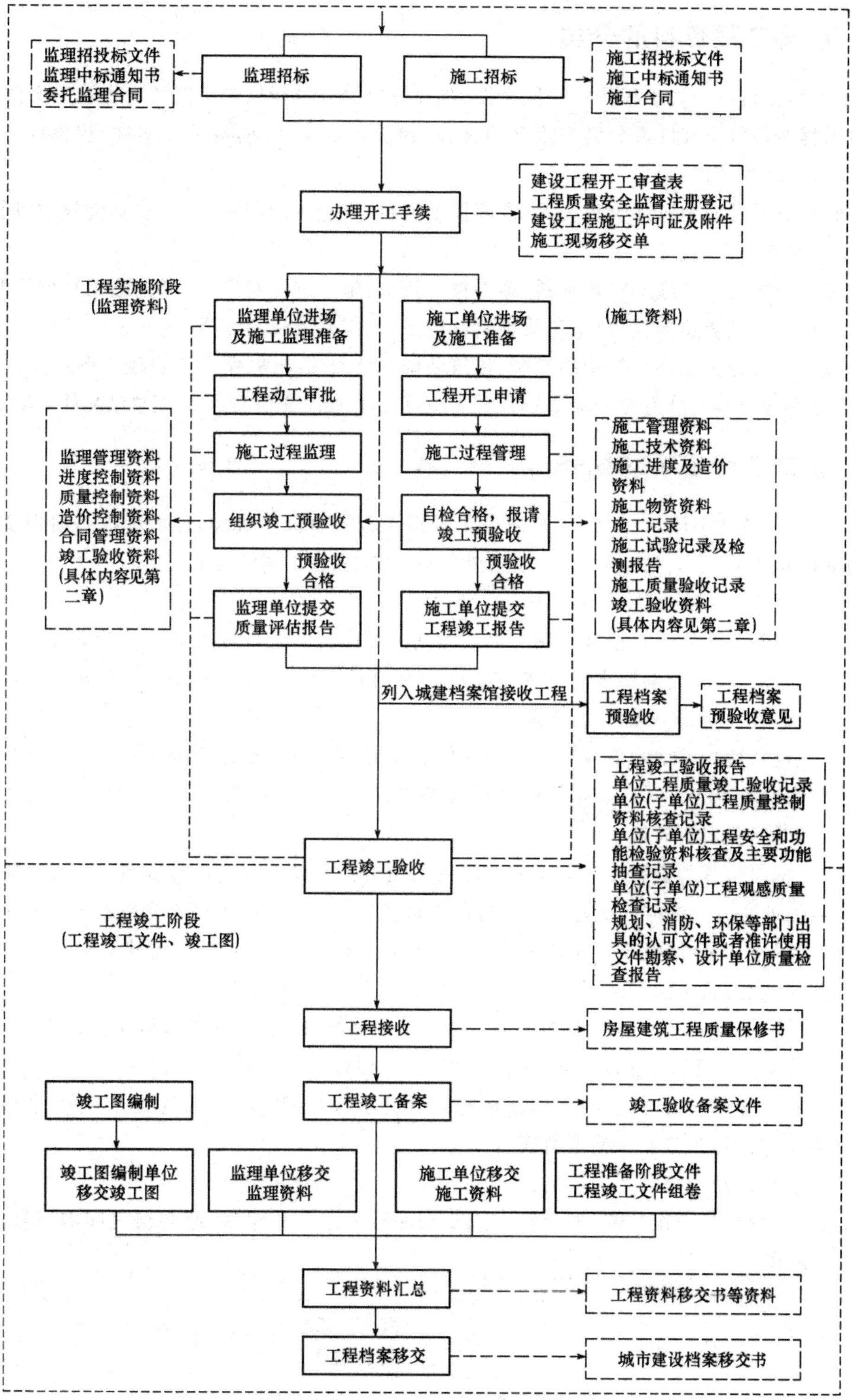

图 1－1 工程资料的形成步骤(续)

二、建筑工程资料的分类

建筑工程资料可分为工程准备阶段文件、监理资料、施工资料、竣工图和工程竣工文件5类。

(1)工程准备阶段文件可分为决策立项文件、建设用地文件、勘察设计文件、招投标及合同文件、开工文件、商务文件6类。

(2)监理资料可分为监理管理资料、进度控制资料、质量控制资料、造价控制资料、合同管理资料和竣工验收资料6类。

(3)施工资料可分为施工管理资料、施工技术资料、施工进度及造价资料、施工物资资料、施工记录、施工试验记录及检测报告、施工质量验收记录、竣工验收资料8类。

(4)竣工图可分为建筑与结构竣工图、建筑装饰与装修竣工图、室外工程竣工图3类。

(5)工程竣工文件可分为竣工验收文件、竣工决算文件、竣工交档文件、竣工总结文件4类。

三、建筑工程资料的编号

分别用大写英文字母A、B、C、D、E来表示建筑工程资料的5大类,即工程准备阶段文件为A类,监理资料为B类,施工资料为C类,竣工图为D类,工程竣工文件为E类。

5大类下的各小类的编号方法如下:

(1)工程准备阶段文件宜按其类别和形成时间的顺序依次编号:A1类是决策立项文件;A2类是建设用地文件;A3类是勘察设计文件;A4类是招标投标及合同文件;A5类是开工文件;A6类是商务文件;还有一项是A类其他资料。

(2)监理资料按其类别和形成时间的顺序依次编号:B1类是监理管理资料;B2类是进度控制资料;B3类是质量控制资料;B4类是造价控制资料;B5类是合同管理资料;B6类是竣工验收资料;还有一项是B类其他资料。

(3)施工资料按其类别和形成时间的顺序依次编号:C1类是施工管理资料;C2类是施工技术资料;C3类是进度造价资料;C4类是施工物资资料;C5类是施工记录;C6类是施工试验记录及检测报告;C7类是施工质量验收记录;C8类是竣工验收资料;还有一项是C类其他资料。

(4)竣工图宜按其类别和形成时间顺序编号。

(5)工程竣工文件按其类别和形成时间的顺序依次编号:E1类是竣工验收文件;E2类是竣工决算文件;E3类是竣工交档文件;E4类是竣工总结文件;还有一项是E类其他资料。

工程资料的编号应及时填写,专用表格的编号应填写在表格右上角的编号栏中;非专用表格应在资料右上角的适当位置注明资料编号。

施工资料编号还应符合下列规定:

(1)施工资料编号可由分部、子分部、分类、顺序号4组代号组成,组与组之间应用横线隔开,如图1－2所示。

××－××－××－×××

① ② ③ ④

图1－2 施工资料编号

①为分部工程代号,可按表1－2的规定执行;

②为子分部工程代号,可按表1－2的规定执行;

③为资料的类别编号,可按前述各类的编号方法中的规定执行;

④为顺序号,可根据相同表格、相同检查项目,按形成时间顺序填写。

图 1—3 所示为施工资料编号示例。

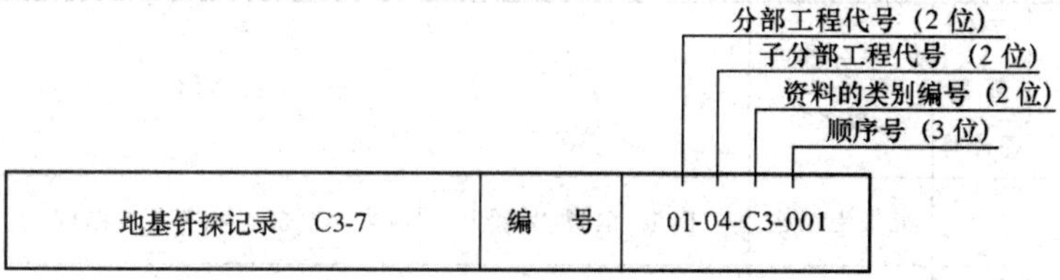

图 1—3 施工资料编号示例

表 1—2 建筑工程的分部工程、分项工程划分

分部工程代号	分部工程名称	子分部工程代号	子分部工程名称	分项工程名称
01	地基与基础	01	无支护土方	土方开挖、土方回填
		02	有支护土方	排桩，降水、排水、地下连续墙、锚杆、土钉墙、水泥土桩、沉井与沉箱，钢及混凝土支撑
		03	地基及基础处理	灰土地基、砂和砂石地基、碎砖三合土地基，土工合成材料地基，粉煤灰地基，重锤夯实地基，强夯地基，振冲地基，砂桩地基，预压地基，高压喷射注浆地基，土和灰土挤密桩地基，注浆地基、水泥粉煤灰碎石桩地基，夯实水泥土桩地基
		04	桩基	锚杆静压桩及静力压桩，预应力离心管桩，钢筋混凝土预制桩，钢桩，混凝土灌注桩（成孔、钢筋笼、清孔、水下混凝土灌注）
		05	地下防水	防水混凝土，水泥砂浆防水层，卷材防水层，涂料防水层，金属板防水层，塑料板防水层，细部构造，喷锚支护，复合式衬砌、地下连续墙，盾构法隧道；渗排水、盲沟排水、隧道、坑道排水；预注浆、后注浆、衬砌裂缝注浆
		06	混凝土基础	模板、钢筋、混凝土，后浇带混凝土，混凝土结构缝处理
		07	砌体基础	砖砌体，混凝土砌块砌体，配筋砌体，石砌体
		08	劲钢（管）混凝土	劲钢（管）焊接，劲钢（管）与钢筋的连接，混凝土
		09	钢结构	焊接钢结构、栓接钢结构，钢结构制作，钢结构安装，钢结构涂装

续表

分部工程代号	分部工程名称	子分部工程代号	子分部工程名称	分项工程名称
02	主体结构	01	混凝土结构	模板，钢筋，混凝土，预应力、现浇结构、装配式结构
		02	劲钢(管)混凝土结构	劲钢(管)焊接，螺栓连接，劲钢(管)与钢筋的连接，劲钢(管)制作、安装，混凝土
		03	砌体结构	砖砌体，混凝土小型空心砌块砌体，石砌体，填充墙砌体，配筋砖砌体
		04	钢结构	钢结构焊接，紧固件连接，钢零部件加工，单层钢结构安装，多层及高层钢结构安装，钢结构涂装、钢构件组装，钢构件预拼装，钢网架结构安装，压型金属板
		05	木结构	方木和原木结构、胶合木结构、轻型木结构、木构件防护
		06	网架和索膜结构	网架制作，网架安装，索膜安装，网架防火，防腐涂料
03	建筑装饰装修	01	地面	整体面层：基层，水泥混凝土面层，水泥砂浆面层，水磨石面层，防油渗面层，水泥钢(铁)屑面层，不发火(防爆的)面层；板块面层：基层，砖面层(陶瓷锦砖、缸砖、陶瓷地砖和水泥花砖面层)，大理石面层和花岗石面层，预制板块面层(预制水泥混凝土、水磨石板块面层)，料石面层(条石、块石面层)，塑料板面层，活动地板面层，地毯面层；木竹面层：基层，实木地板面层(条材、块材面层)，实木复合地板面层(条材、块材面层)，中密度(强化)复合地板面层(条材面层)，竹地板面层
		02	抹灰	一般抹灰，装饰抹灰，清水砌体勾缝
		03	门窗	木门窗制作与安装，金属门窗安装，塑料门窗安装，特种门安装，门窗玻璃安装
		04	吊顶	暗龙骨吊顶，明龙骨吊顶
		05	轻质隔墙	板材隔墙，骨架隔墙，活动隔墙，玻璃隔墙
		06	饰面板(砖)	饰面板安装，饰面砖粘贴
		07	幕墙	玻璃幕墙，金属幕墙，石材幕墙
		08	涂饰	水性涂料涂饰，溶剂型涂料涂饰，美术涂饰
		09	袜糊与软包	裱糊、软包
		10	细部	橱柜制作与安装，窗帘盒、窗台板和暖气罩制作与安装，门窗套制作与安装，护栏和扶手制作与安装、花饰制作与安装

续表

分部工程代号	分部工程名称	子分部工程代号	子分部工程名称	分项工程名称
04	建筑屋面	01	卷材防水屋面	保温层，找平层，卷材防水层，细部构造
		02	涂膜防水屋面	保温层，找平层，涂膜防水层，细部构造
		03	刚性防水屋面	细石混凝土防水，密封材料嵌缝，细部构造
		04	瓦屋面	平瓦屋面，油毡瓦屋面，金属板屋面，细部构造
		05	隔热屋面	架空屋面，蓄水屋面，种植屋面
05	建筑给水排水及采暖	01	室内给水系统	给水管道及配件安装，室内消火栓系统安装，给水设备安装，管道防腐，绝热
		02	室内排水系统	排水管道及配件安装、雨水管道及配件安装
		03	室内热水供应系统	管道及配件安装，辅助设备安装，防腐，绝热
		04	卫生器具安装	卫生器具安装，卫生器具给水配件安装，卫生器具排水管道安装
		05	室内采暖系统	管道及配件安装，辅助设备及散热器安装，金属辐射板安装，低温热水地板辐射采暖系统安装，系统水压试验及调试，防腐，绝热
		06	室外给水管网	给水管道安装，消防水泵接合器及室外消火栓安装，管沟及井室
		07	室外排水管网	排水管道安装、排水管沟与井池
		08	室外供热管网	管道及配件安装，系统水压试验及调试，防腐，绝热
		09	建筑中水系统及游泳池系统	建筑中水系统管道及辅助设备安装，游泳池水系统安装
		10	供热锅炉及辅助设备安装	锅炉安装，辅助设备及管道安装，安全附件安装，烘炉、煮炉和试运行，换热站安装，防腐，绝热
		11	自动喷水灭火系统	消防水泵和稳压泵安装，消防水箱安装和消防水池施工，消防气压给水设备安装，消防水泵接合器安装，管网安装，喷头安装，报警阀组安装，其他组件安装，系统水压试验，气压试验，冲洗，水源测试，消防水泵调试，稳压泵调试，报警阀组调试，排水装置调试，联动试验

续表

分部工程代号	分部工程名称	子分部工程代号	子分部工程名称	分项工程名称
05	建筑给水排水及采暖	12	气体灭火系统	灭火剂储存装置的安装、选择阀及信号反馈装置安装、阀驱动装置安装、灭火剂输送管道安装、喷嘴安装、预制灭火系统安装、控制组件安装、系统调试
		13	泡沫灭火系统	消防泵的安装、泡沫液储罐的安装、泡沫比例混合器的安装、管道阀门和泡沫消火栓的安装、泡沫产生装置的安装、系统调试
		14	固定水炮灭火系统	管道及配件安装、设备安装、系统水压试验、系统调试
06	建筑电气	01	室外电气	架空线路及杆上电气设备安装，变压器、箱式变电所安装，成套配电柜、控制柜(屏、台)和动力、照明配电箱(盘)及控制柜安装，电线、电缆导管和线槽敷设，电线、电缆穿管和线槽敷设，电缆头制作、导线连接和线路电气试验，建筑物外部装饰灯具、航空障碍标志灯和庭院路灯安装，建筑照明通电试运行，接地装置安装
		02	变配电室	变压器、箱式变电所安装，成套配电柜、控制柜(屏、台)和动力、照明配电箱(盘)安装，裸母线、封闭母线、插接式母线安装，电缆沟内和电缆竖井内电缆敷设，电缆头制作、导线连接和线路电气试验，接地装置安装，避雷引下线和变配电室接地干线敷设
		03	供电干线	裸母线、封闭母线、插接式母线安装，桥架安装和桥架内电缆敷设，电缆沟内和电缆竖井内电缆敷设，电线、电缆导管和线槽敷设，电线、电缆穿管和线植敷线，电缆头制作、导线连接和线路电气试验
		04	电气动力	成套配电柜、控制柜(屏、台)和动力、照明配电箱(盘)及安装，低压电动机、电加热器及电动执行机构检查、接线，低压电气动力设备检测、试验和空载试运行，桥架安装和桥架内电缆敷设，电线、电缆导管和线槽敷设，电线、电缆穿管和线槽敷线，电缆头制作、导线连接和线路电气试验，插座、开关、风扇安装
		05	电气照明安装	成套配电柜、控制柜(屏、台)和动力、照明配电箱(盘)安装，电线、电缆导管和线槽敷设，电线、电缆导管和线槽敷线。槽板配线，钢索配线，电缆头制作、导线连接和线路电气试验，普通灯具安装，专用灯具安装，插座、开关、风扇安装，建筑照明通电试运行

续表

分部工程代号	分部工程名称	子分部工程代号	子分部工程名称	分项工程名称
06	建筑电气	06	备用和不间断电源安装	成套配电柜、控制柜(屏、台)和动力、照明配电箱(盘)安装,柴油发电机组安装,不间断电源的其他功能单元安装,裸母线、封闭母线、插接式母线安装,电线、电缆导管和线槽敷设,电线,电缆导管和线槽敷线,电缆头制作、导线连接和线路电气试验,接地装置安装
		07	防雷及接地安装	接地装置安装、避雷引下线和变配电室接地干线敷设、建筑物等电位连接、接闪器安装
07	智能建筑	01	通信网络系统	通信系统、卫星及有线电视系统、公共广播系统
		02	办公自动化系统	计算机网络系统、信息平台及办公自动化应用软件、网络安全系统
		03	建筑设备监控系统	空调与通风系统、变配电系统、照明系统,给水排水系统,热源和热交换系统,冷冻和冷却系统,电梯和自动扶梯系统,中央管理工作站与操作分站,子系统通信接口
		04	火灾报警及消防联动系统	火灾和可燃气体探测与火灾报警控制系统,消防联动系统
		05	安全防范系统	电视监控系统、入侵报警系统、巡更系统、出入口控制(门禁)系统、停车管理系统
		06	综合布线系统	综合布线系统
		07	智能化集成系统	集成系统网络、实时数据库、智能化集成系统与功能接口、信息安全
		08	电源与接地	机房,智能建筑电源,防雷及接地
		09	环境	空间环境、室内空调环境、视觉照明环境、电磁环境
		10	住宅(小区)智能化系统	火灾自动报警及消防联动系统,安全防范系统(含电视监控系统、入侵报警系统、巡更系统、门禁系统、楼宇对讲系统、住户对讲呼救系统、停车管理系统),物业管理系统(多表现场计量及与远程传输系统、建筑设备监控系统、公共广播系统、小区网络及信息服务系统、物业办公自动化系统),智能家庭信息平台

续表

分部工程代号	分部工程名称	子分部工程代号	子分部工程名称	分项工程名称
08	通风与空调	01	送排风系统	风管与配件制作,部件制作,风管系统安装,空气处理设备安装、消声设备制作与安装,风管与设备防腐、风机安装,系统调试
		02	防排烟系统	风管与配件制作,部件制作,风管系统安装,防排烟风口、常闭正压风口与设备安装,风管与设备防腐,风机安装,系统调试
		03	除尘系统	风管与配件制作,部件制作,风管系统安装,除尘器与排污设备安装,风管与设备防腐,风机安装,系统调试
		04	空调风系统	风管与配件制作,部件制作,风管系统安装,空气处理设备安装,消声设备制作与安装,风管与设备防腐,风机安装,风管与设备绝热,系统调试
		05	净化空调系统	风管与配件制作,部件制作,风管系统安装,空气处理设备安装,消声设备制作与安装,风管与设备防腐,风机安装,风管与设备绝热,系统调试
		06	制冷设备系统	制冷机组安装,制冷剂管道及配件安装,制冷附属设备安装,管道及设备的防腐与绝热,系统调试
		07	空调水系统	管道冷热(媒)水系统安装,冷却水系统安装,冷凝水系统安装,阀门及部件安装,冷却塔安装,水泵及附属设备安装,管道与设备的防腐与绝热,系统调试
09	电梯	01	电力驱动的曳引式或强制式电梯安装	设备进场验收,土建交接检验,驱动主机,导轨,门系统、轿厢,对重(平衡重),安全部件,悬挂装置,随行电缆、补偿装置,电气装置,整机安装验收
		02	液压电梯安装	设备进场验收,土建交接检验,液压系统,导轨、门系统,轿厢,平衡重,安全部件,悬挂装置,随行电缆,电气装置,整机安装验收
		03	自动扶梯、自动人行道安装	设备进场验收、土建交接检验、整机安装验收

(2)属于单位工程整体管理内容的资料,编号中的分部、子分部工程代号可用“00”代替。

(3)同一厂家、同一品种、同一批次的施工物资用在两个分部、子分部工程中时,资料编号中的分部、子分部工程代号可按主要使用部位填写。

(4)工程资料的编号应及时填写,专用表格的编号应填写在表格右上角的编号栏中;非专用表格应在资料右上角的适当位置注明资料编号。

第三节　建筑工程资料的填写、编制、审核及审批

建筑工程资料的填写、编制、审核及审批应符合以下规定：

(1)建筑工程资料应使用原件，因各种原因不能使用原件的，应在复印件上加盖单位公章，注明原件存放处，并有经办人签字和时间。

(2)建筑工程资料应真实反映工程的实际情况，资料的内容必须真实、准确，与工程实际相符合。

(3)建筑工程资料应字迹清楚、图样清晰、图表整洁，签字盖章手续完备。签字必须使用档案规定用笔，如采用碳素墨水、蓝黑墨水等耐久性强的书写材料，不得使用铅笔、圆珠笔、红色墨水、纯蓝墨水、复写纸等易褪色的书写材料。工程资料的照片及声像档案应图像清晰、声音清楚、文字说明内容准确。

(4)建筑工程文件中文字材料幅面尺寸规格宜为国家标准的 A4 幅面(297 mm×210 mm)。

(5)工程准备阶段文件、监理资料、施工资料和工程竣工文件的填写、编制、审核及审批均应符合现行国家有关标准的规定。另外，监理资料的填写、编制、审核及审批还应符合现行国家标准《建设工程监理规范》(GB/T 50319—2013)的有关规定；施工资料的填写、编制、审核及审批还应符合《建筑工程施工质量验收统一标准》(GB 50300—2013)和工程质量验收系列专业规范的要求。

(6)监理资料用表、施工资料用表宜符合《建筑工程资料管理规程》(JGJ/T 185—2009)中附录用表的规定，附录未规定的可自行确定。

(7)建筑工程文件的图纸应采用能够长期保存的耐久性强、韧性大的纸张。图纸一般采用蓝晒图，竣工图应是新蓝图。计算机出图必须清晰，不得使用复印件。

(8)竣工图的编制及审核应符合下列规定：

1)新建、改建、扩建的建筑工程均应编制竣工图，竣工图应真实反映竣工工程的实际情况。

2)竣工图的专业类别应与施工图对应。

3)竣工图应依据施工图、图纸会审记录、设计变更通知单、工程洽商记录(包括技术核定单)等绘制。

4)当施工图没有变更时，可直接在施工图上加盖竣工图章形成竣工图。

5)竣工图的绘制应符合现行国家有关标准的规定。

6)竣工图应有竣工图章及相关责任人签字。

7)竣工图章的基本内容应包括“竣工图”字样、施工单位、编制人、审核人、技术负责人、编制日期、监理单位、现场监理、总监。竣工图章尺寸为 50～80 mm。竣工图章应使用不易褪色的红印泥，应盖在图标栏上方的空白处。

8)利用施工图改绘竣工图，必须标明变更修改依据；凡施工图结构、工艺、平面布置等有重大改变，或变更部分超过图面 1/3 的，应当重新绘制竣工图。

第四节 建筑工程资料的收集、整理与组卷

一、工程资料收集、整理与组卷的基本规定

(1)工程准备阶段文件和工程竣工文件应由建设单位负责收集、整理与组卷。

(2)监理资料应由监理单位负责收集、整理与组卷。

(3)施工资料应由施工单位负责收集、整理与组卷。

(4)竣工图应由建设单位负责组织,也可委托其他单位。

二、工程资料组卷的规定与要求

(1)工程资料组卷应遵循自然形成规律,保持卷内文件、资料内在联系。工程资料可根据数量多少组成一卷或多卷。

(2)工程准备阶段文件和工程竣工文件可按建设项目或单位工程进行组卷。

(3)监理资料应按单位工程进行组卷。

(4)施工资料应按单位工程组卷,并应符合下列规定:

1)专业承包工程形成的施工资料应由专业承包单位负责,并应单独组卷。

2)电梯应按不同型号每台电梯单独组卷。

3)室外工程应按室外建筑环境、室外安装工程单独组卷。

4)当施工资料中部分内容不能按一个单位工程分类组卷时,可按建设项目组卷。

5)施工资料目录应与其对应的施工资料一起组卷。

(5)竣工图应按专业分类组卷。

(6)工程资料组卷内容宜符合《建筑工程资料管理规程》(JGJ/T 185—2009)附录 A 中表 A.2.1 的规定。

(7)工程资料组卷应编制封面、卷内目录及备考表,其格式及填写要求可按现行国家标准《建设工程文件归档规范(2019 年版)》(GB/T 50328—2014)的有关规定执行。

三、卷内文件的排列

(1)卷内文件应按《建设工程文件归档规范(2019 年版)》(GB/T 50328—2014)附录 A 和附录 B 的类别与顺序排列。

(2)文字材料应按事项、专业顺序排列。同一事项的请示与批复、同一文件的印本与定稿、主体与附件不应分开,并应按批复在前、请示在后,印本在前、定稿在后,主体在前、附件在后的顺序排列。

(3)图纸应按专业排列,同专业图纸应按图号顺序排列。

(4)当案卷内既有文字材料又有图纸时,文字材料应排在前面,图纸应排在后面。

四、案卷的编目

1.案卷页号的编写

(1)卷内文件均应按有书写内容的页面编号。每卷单独编号,页号从“1”开始。

(2)页号编写位置:单面书写的文件在右下角;双面书写的文件,正面在右下角,背面在左下角。折叠后的图纸一律在右下角。

(3)成套图纸或印刷成册的文件材料,自成一卷的,原目录可代替卷内目录,不必重新编写页码。

(4)案卷封面、卷内目录、卷内备考表不编写页号。

2.卷内目录的编制

(1)卷内目录排列在卷内文件首页之前,其式样如图1—4所示。

(2)序号应以一份文件为单位编写,用阿拉伯数字从1依次标注。

(3)责任者应填写文件的直接形成单位或个人。有多个责任者时,应选择两个主要责任者,其余用“等”代替。

(4)文件编号应填写文件形成单位的发文号或图纸的图号,或设备、项目代号。

(5)文件题名应填写文件标题的全称。当文件无标题时,应根据内容拟写标题,拟写标题外应加“[　]”符号。

(6)日期应填写文件的形成日期或文件的起止日期,竣工图应填写编制日期。日期中“年”应用四位数字表示,“月”和“日”应分别用两位数字表示。

(7)页次应填写文件在卷内所排的起始页号,最后一份文件应填写起止页号。

(8)备注应填写需要说明的问题。

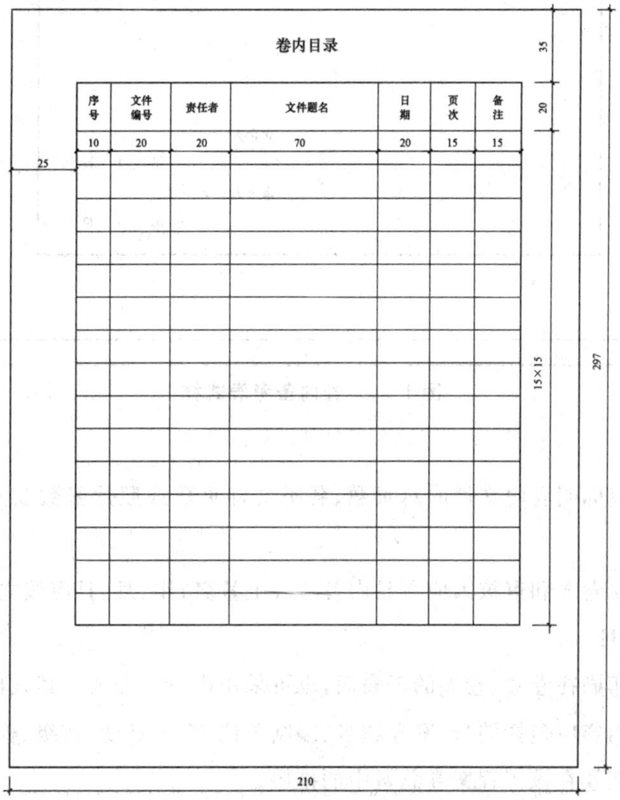

图1—4　工程资料的卷内目录式样

3.卷内备考表的编制

卷内备考表的内容包括卷内文字材料张数、图样材料张数、照片张数等，立卷单位的立卷人、审核人及接收单位的审核人。

(1)卷内备考表应排列在卷内文件的尾页之后，其式样如图 1－5 所示。

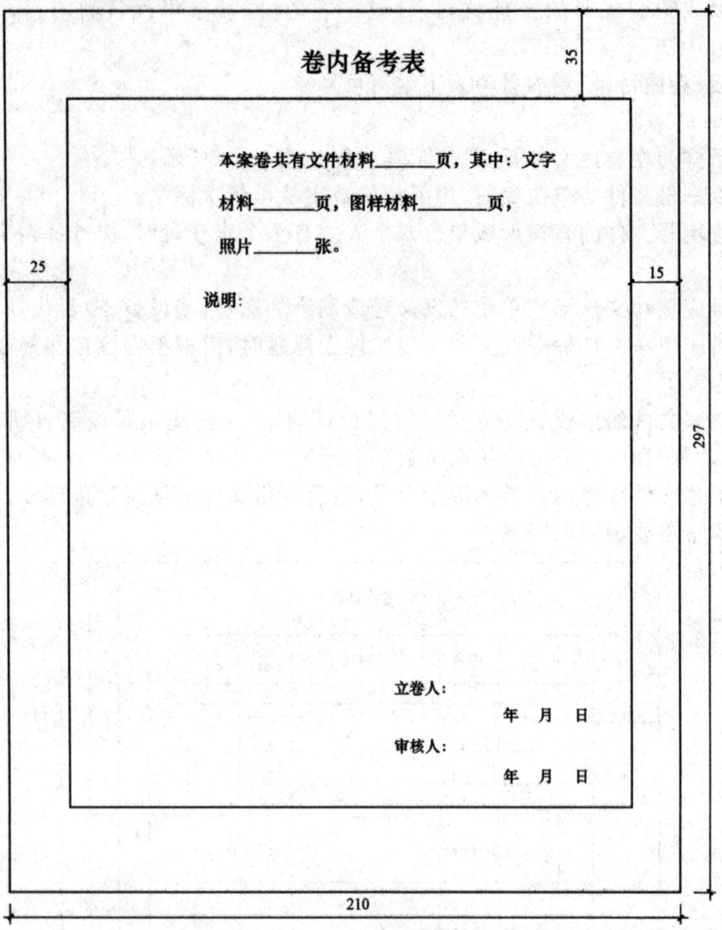

图 1－5　卷内备考表式样

(2)卷内备考表应标明卷内文件的总页数、各类文件页数或照片张数及立卷单位对案卷情况的说明。

(3)立卷单位的立卷人和审核人应在卷内备考表上签名；年、月、日应按立卷、审核时间填写。

4.案卷封面的编制

(1)案卷封面应印刷在卷盒、卷夹的正表面，也可采用内封面形式。其式样如图 1－6 所示。

(2)案卷封面的内容应包括档号、案卷题名、编制单位、起止日期、密级、保管期限、本案卷所属工程的案卷总量、本案卷在该工程案卷总量中的排序。

(3)档号应由分类号、项目号和案卷号组成。档号由档案保管单位填写。

(4)案卷题名应简明、准确地揭示卷内文件的内容。

(5)编制单位应填写案卷内文件的形成单位或主要责任者。

(6)起止日期应填写案卷内全部文件形成的起止日期。

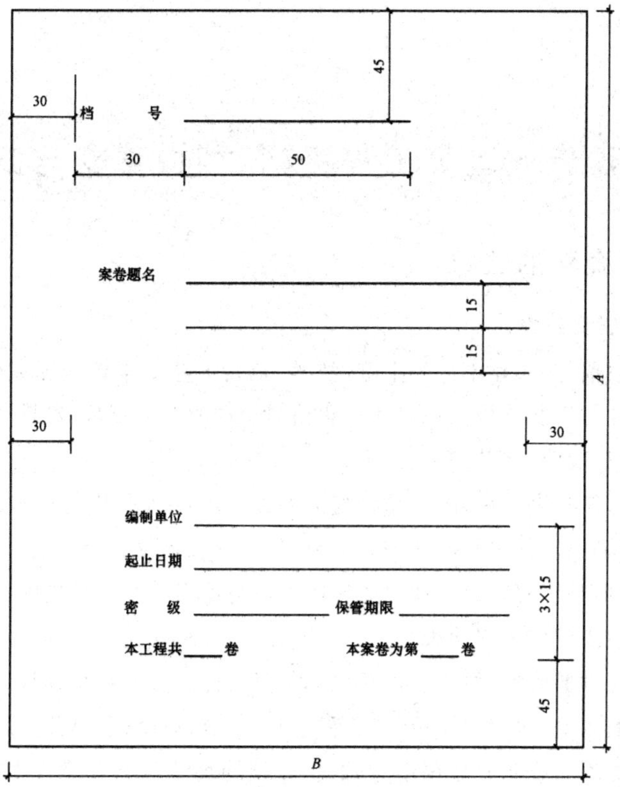

图 1—6　案卷封面式样

注:1.卷盒、卷夹封面 $A\times B=310\times220$;

2.案卷封面 $A\times B=297\times210$;

3.尺寸单位统一为 mm,比例 1∶2。

(7)保管期限应根据卷内文件的保存价值在永久保管、长期保管、短期保管三种保管期限中选择划定。当同一案卷内有不同保管期限的文件时,该案卷保管期限应从长。

(8)密级应在绝密、机密、秘密三个级别中选择划定。当同一案卷内有不同密级的文件时,应以高密级为本卷密级。

五、案卷规格与装订

1.案卷规格

卷内资料、封面、目录、备考表统一采用 A4 幅(197 mm×210 mm)尺寸,图纸分别采用 A0(841 mm×1 189 mm)、A1(594 mm×841 mm)、A2(420 mm×594 mm)、A3(297 mm×420 mm)、A4(297 mm×210 mm)幅面。小于 A4 幅面的资料要用 A4 白纸(297 mm×210 mm)衬托。

2.案卷装具

案卷可采用装订与不装订两种形式。文字材料必须装订。装订时不应破坏文件的内容,并应保持整齐、牢固，便于保管和利用。案卷装具可采用卷盒、卷夹两种形式。卷盒的外表尺寸应为 310 mm×220 mm，卷盒厚度尺寸分为 50 mm、40 mm、30 mm、20 mm；卷夹的外表尺寸应为 310 mm×220 mm，厚度宜为 20～30 mm。卷盒、卷夹应采用无酸纸制作。

第五节 建筑工程资料验收、移交与归档

一、建筑工程资料的验收

1.建筑工程资料验收的条件

(1)工程竣工验收前，各参建单位的主管(技术)负责人应对本单位形成的工程资料进行竣工审查；建设单位应按照国家验收规范规定和城建档案管理的有关要求，对勘察、设计、监理、施工单位汇总的工程资料进行验收，使其完整、准确。

(2)单位(子单位)工程完工后，施工单位应自行组织有关人员进行检查评定，合格后填写《单位工程竣工预验收报验表》，并附相应的竣工资料(包括分包单位的竣工资料)报项目监理部，申请工程竣工预验收。总监理工程师组织项目监理部人员与施工单位进行检验验收，合格后总监理工程师签署《单位工程竣工预验收报验表》。

(3)单位工程竣工预验收通过后，应由建设单位(项目)负责人组织设计、监理、施工(含分包单位)等单位(项目)负责人进行单位(子单位)工程验收，形成《单位(子单位)工程质量竣工验收记录表》。当参加验收各方对工程验收意见不一致时，可请当地住房城乡建设主管部门或工程质量监督机构协调处理。

(4)国家、省市重点工程项目或大型工程项目的预验收和验收会，应由城建档案管理部门参与验收。

2.建筑工程资料验收的内容

建设工程档案验收时，应重点验收以下内容：

(1)工程档案齐全、系统、完整，全面反映工程建设活动和工程实际状况。

(2)工程档案已整理立卷，立卷符合《建设工程文件归档规范(2019 年版)》(GB/T 50328—2014)的规定。

(3)竣工图的绘制方法、图式及规格等符合专业要求，图面整洁，盖有竣工图章。

(4)文件的形成、来源符合实际，要求单位和个人签章的文件，其签章手续完备。

(5)文件的材质、幅面、书写、绘图、用墨、托裱等符合要求。

(6)电子档案格式、载体等符合要求。

(7)声像档案内容、质量、格式符合要求。

二、建筑工程资料的移交

工程项目实行总承包的，总包单位负责收集、汇总各分包单位形成的工程档案，并应及时向建

设单位移交;各分包单位应将本单位形成的工程文件整理、立卷后及时交总包单位。工程项目由几个单位承包的,各承包单位负责收集、整理、立卷其承包项目的工程文件,并应及时向建设单位移交。

(1)监理单位应向建设单位移交监理资料;施工单位应向建设单位移交施工资料,实行施工总承包的,各专业承包单位应向施工总承包单位移交施工资料。

(2)列入城建档案管理部门接收范围的工程,建设单位在工程竣工验收备案前必须向城建档案管理机构移交一套符合规定的工程档案资料。应优先考虑将工程资料中的原件移交给城建档案管理机构,但当原件同时有正本和副本时,宜将副本移交给城建档案管理机构,而将正本原件留在建设单位归档保存。若推迟报送日期,应在规定报送时间内向城建档案管理机构申请延期报送,并说明延期报送的原因,经同意后方可办理延期报送手续。停建、缓建工程的档案,暂由建设单位保管。改建、扩建和维修工程,建设单位应当组织设计、施工单位对变化部位据实编制新的工程档案,并在工程验收备案前向城建档案管理机构移交。

(3)工程资料移交时应及时办理相关移交手续,填写工程资料移交目录、移交书。在移交时,接收单位应按移交目录对移交的资料内容进行核对,无误后双方应在移交书上签字盖章。

三、建筑工程文件的归档

对与工程建设有关的重要活动、记载工程建设主要过程和现状、具有保存价值的各种载体的文件,均应收集齐全、整理立卷后归档。

建设工程文件档案资料应按完整化、准确化、规范化、标准化、系统化的要求整理编制,包括各种技术文件资料和竣工图纸,以及政府规定办理的各种报批文件。具体编制质量要求如下:

(1)归档的工程文件一般应为原件。

(2)工程文件的内容及其深度必须符合国家有关工程勘察、设计、施工、监理等方面的技术规范、标准和规程。

(3)工程文件的内容必须真实、准确,应与工程实际相符合。

(4)计算机输出文字、图件及手工书写材料,其字迹的耐久性和耐用性应符合现行国家标准《信息与文献 纸张上书写、打印和复印字迹的耐久和耐用性 要求与测试方法》(GB/T 32004—2015)。

(5)工程文件应字迹清楚,图样清晰,图表整洁,签字盖章手续完备。

(6)工程文件中文字材料幅面尺寸规格宜为 A4 幅面(297 mm×210 mm)。图纸宜采用国家标准图幅。

(7)工程文件的纸张,其耐久性应符合现行国家标准《信息与文献 档案纸 耐久性和耐用性要求》(GB/T 24422—2009)的规定。

(8)所有竣工图均应加盖竣工图章,如图 1-7 所示,并应符合下列规定:

1)竣工图章的基本内容应包括:“竣工图”字样、施工单位、编制人、审核人、技术负责人、编制日期、监理单位、现场监理、总监。

2)竣工图章尺寸应为 50 mm×80 mm。

3)竣工图章应使用不易褪色的印泥，应盖在图标栏上方空白处。

(9)竣工图的绘制与改绘应符合现行国家有关制图标准的规定。

(10)归档的建设工程电子文件应采用或转换为表1－3所列文件格式。

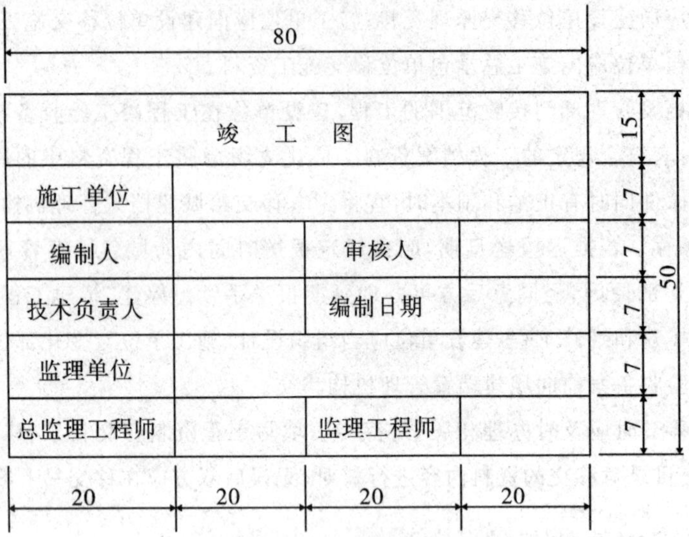

图1－7　竣工图章示例

表1－3　工程电子文件归档格式表

文件类别	格式
文本(表格)文件	OFD、DOC、DOCX、XLS、XLSX、PDF/A、XML、TXT、RTF
图像文件	JPEG、TIFF
图形文件	DwG、PDF/A、SVG
视频文件	AVS、AVI、MPEG2、MPEG4
音频文件	AVS、WAV、AIF、MID、MP3
数据库文件	SQL、DDL、DBF、MDB、ORA
虚拟现实/3D图像文件	WRL、3DS、VRML、X3D、IFC、RVT、DGN
地理信息数据文件	DXF、SHP、SDB

本章小结

本章主要介绍了建筑工程资料管理的基本知识，主要包括建筑工程资料的概念、特征及内容；建筑工程资料的形成与分类；建筑工程资料的填写、编制、审核及审批；建筑工程资料的收集、整理与组卷；建筑工程资料的验收、移交与归档；建筑工程施工现场资料员的职业标准。

思考与练习

一、填空题

1. 工程资料管理的制度应健全、岗位责任应明确，并应纳入________的各个环节和各级相关人员的职责范围。

2.工程资料的编号应及时填写，专用表格的编号应填写在表格________的编号栏中；非专用表格应在资料________的适当位置注明资料编号。

3.属于单位工程整体管理内容的资料，编号中的分部、子分部工程代号可用________代替。

4.建筑工程文件中文字材料幅面尺寸规格宜为国家标准的________。

5.工程准备阶段文件和工程竣工文件可按________进行组卷。

6.工程资料组卷应编制封面、卷内目录及备考表，其格式及填写要求可按现行国家标准________的有关规定执行。

二、单项选择题

1.建筑工程资料可分为工程准备阶段文件、监理资料、施工资料、竣工图和(　　)5类。

A.建筑工程资料　　B.工程档案

C.试验资料　　D.工程竣工文件

2.根据《建筑工程资料管理规程》(JGJ/T 185—2009)的规定，建筑工程资料的形成范围应包括三个阶段，其中，第一阶段为(　　)。

A.工程准备阶段　　B.工程实施阶段

C.工程竣工阶段　　D.工程规划设计阶段

3.在建筑工程资料管理中，分别用大写英文字母A、B、C、D、E来表示工程资料的5大类。其中，C类资料指的是(　　)。

A.工程准备阶段文件　　B.监理资料

C.施工资料　　D.竣工图

4.施工资料编号可由分部、子分部、分类、(　　)4组代号组成，组与组之间应用横线隔开。

A.顺序号　　B.分项

C.分列　　D.编制单位

三、简答题

1.简述建筑工程资料的概念及特征。

2.简述建筑工程资料管理的基本规定和要求。

3.建筑工程资料的填写、编制、审核及审批应符合哪些规定？

4.工程资料的收集、整理与组卷应符合哪些规定？

5.案卷页号的编写应满足哪些要求？

6.简述建筑工程资料员的工作内容。

第二章　建筑工程准备阶段资料

知识目标

通过本章的学习，了解工程准备阶段文件的种类；熟悉决策立项文件、建设用地文件、勘察设计文件、招投标及合同文件、开工文件、商务文件的内容；掌握各类工程准备阶段文件的内容。

能力目标

能对建筑工程准备阶段的文件资料进行编制和管理。

第一节　决策立项文件

决策立项文件属于 A1 类，主要包括 7 项内容。其工程资料名称、来源及保存见表 2—1。

表 2—1　决策立项文件

决策立项文件(A1 类) 工程资料名称		工程资料来源	工程资料保存			
			施工单位	监理单位	建设单位	城建档案馆
1	项目建议书	建设单位			●	●
2	项目建议书的批复文件	建设行政管理部门			●	●
3	可行性研究报告及附件	建设单位			●	●
4	可行性研究报告的批复文件	建设行政管理部门			●	●
5	关于立项的会议纪要、领导批示	建设单位			●	●
6	工程立项的专家建议资料	建设单位			●	●
7	项目评估研究资料	建设单位			●	●
注：表中工程资料名称与资料保存单位所对应的栏中“●”表示“归档保存”。						

一、项目建议书

项目建议书又称立项申请，是项目建设筹建单位或项目法人，根据国民经济的发展、国家和地方中长期规划、产业政策、生产力布局、国内外市场、所在地的内外部条件，提出的某一具体项目的建议文件，是对拟建项目提出的框架性的总体设想。

项目建议书是由建设单位自行编制或委托其他有相应资质的咨询或设计单位编制。

1.项目建议书的编制要求

(1)项目建议书通常由政府部门、全国性专业公司及现有企事业单位或新组成的项目法人提出。

(2)项目建议书的编制通常由建设单位项目法人委托有专业经验的咨询单位、设计单位完成。

(3)依据现行有关标准规定，建设项目是指一个总体设计或初步设计范围内，由一个或几个单位工程组成，经济上统一核算，行政上实行统一管理的建设单位。因此，凡在一个总体设计或初步设计范围内经济上统一核算的主体工程，配套工程及附属实施，应编制统一的项目建议书；在一个总体设计范围内，经济上独立核算的各个工程项目，应分别编制项目建议书；在一个总体设计范围内的分期建设工程项目，也应分别编制项目建议书。

2.基本建设项目的编制内容

基本建设工程项目建议书的编制内容主要包括以下几个方面：

(1)建设项目提出的必要性和依据。

(2)产品方案、拟建规模和建设地点的初步设想。

(3)资源情况、建设条件、协作关系和设备技术引进国别、厂商的初步分析。

(4)投资估算、资金筹措及还贷方案设想。

(5)项目的进度安排。

(6)经济效果和社会效益的初步估计，包括初步的财务评价和国民经济评价。

(7)环境影响的初步评价，包括治理“三废”措施、生态环境影响的分析。

(8)结论。

(9)附件。

3.项目建议书的审批

项目建议书编制完毕后，应按照国家颁布的有关文件规定及审批权限情况申请立项审批。目前，项目建议书要按现行的管理体制与隶属关系分级审批。原则上，按隶属关系，经主管部门提出意见，再由主管部门上报，或与综合部门联系上报，或分级上报。

二、项目建议书的批复文件

项目建议书的批复文件是建设单位的上级主管单位或国家有关主管部门(一般是发展和改革部门)对该项目建议书的批复文件。

项目建议书的批复文件内容主要包括以下几个方面：

(1)建设项目名称。

(2)建设规模及主要建设内容。

(3)总投资及资金来源。

(4)建设年限。

(5)批复意见说明、批复单位及时间。

三、可行性研究报告及附件

1.可行性研究报告的概念及主要内容

可行性研究报告是由项目法人通过招投标或委托等方式，确定有资质的和相应等级的设计或咨询单位承担，对项目建议书从技术和经济角度全面进行分析与论证而做出的最佳实施方案。可行性研究报告由建设单位委托有资质的工程咨询单位编制。

可行性研究报告的内容主要包括以下几个方面：

(1)项目的意义和必要性，国内外现状和技术发展趋势及产业关联度分析，市场分析。

(2)项目的技术基础：成果来源及知识产权情况；已完成的研究开发工作及重视情况和鉴定年限；技术或工艺特点，与现有技术或工艺比较所具有的优势；该重大关键技术的突破对行业技术进步的重要意义和作用。

(3)建设方案、规模、地点。

(4)技术特点、工艺技术路线、设备选型及主要技术经济指标。

(5)原材料供应及外部配套条件落实情况。

(6)环境污染防治。

(7)建设工期和进度安排。

(8)项目实施管理、劳动定员及人员培训。

可行性研究报告的写作要求

(9)项目承担单位或项目法人所有制性质及概况（销售收入、利润、税金、固定资产、资产负债率、银行信用等），项目负责人和团队构成基本情况。

(10)投资估算及明细，国拨资金使用明细（原则上不可用于人员工资、差旅费、会议费等事务性支出），资金筹措方式，贷款偿还计划，所需流动资金来源。

(11)项目内部收益率、投资利润率、投资回收期、贷款偿期等指标的计算和评估。

(12)经济效益和社会效益分析。

(13)项目风险分析。

2.可行性研究工作程序

从接到建设项目前期工作通知书，到建设项目正式立项，可行性研究工作程序如图 2－1 所示。

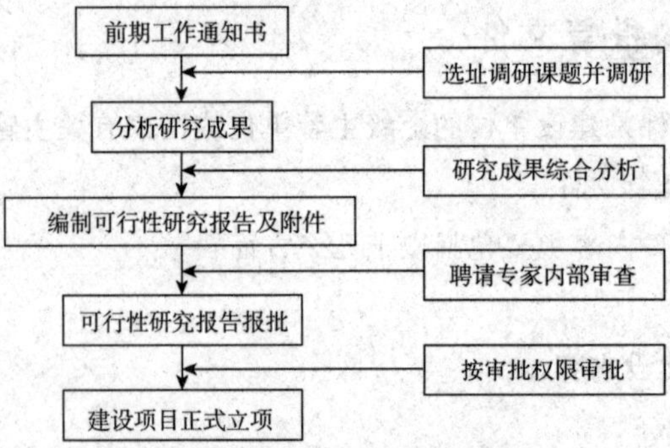

图 2－1　可行性研究工作程序

3.可行性研究报告附件

可行性研究报告附件主要包括项目单位营业执照、税务登记证、组织机构代码证复印件；银行承贷证明(如果有贷款)文件(省分行以上)；开户行出具的企业自有资金证明文件(对账单无效)；地方、部门配套资金及其他资金来源证明文件；近三年财务报表；前期科研成果证明材料(省部级科技成果鉴定材料、专利证书或其他证明材料)；材料真实性声明；有关部门出具的产品生产许可证明文件(医药、生物、农药等)；企业自筹资金承诺书；房屋租赁协议或产权证明复印件；法人授权委托书；被授权人员身份证复印件；申请金额超过500万元，附招标登记表。

四、可行性研究报告的批复文件

大中型项目由国家发展和改革委员会或由国家发展和改革委员会委托的有关单位审批；小型项目分别由行业或国家有关主管部门审批；建设资金自筹的企业大中型项目由城市发展与改革委员会审批，报国家及有关部门备案；地方投资的文教、卫生事业的大中型项目由城市发展与改革委员会审批。

可行性研究报告的批复文件主要包括以下内容：

(1)建设项目名称。

(2)建设单位名称。

(3)项目建设的必要性。

(4)项目选址和建设条件。

(5)功能定位。

(6)建设内容和规模。

(7)项目总平面布置。

(8)市政公用及配套。

(9)总投资与资金来源。

(10)批复意见说明、批复单位及时间。

五、关于立项及项目评估的研究资料

1.关于立项的会议纪要、领导批示

关于立项的会议纪要是由建设单位或其上级主管部门召开研究会议后形成的文件，并由相关领导做出批示。

2.工程立项的专家建议资料

工程立项的专家建议资料是由建设单位或有关部门组织专家会议后所形成的有关建议性方面的文件。

3.项目评估研究资料

项目评估研究资料是由建设单位或主管部门(一般是发展和改革部门)组织会议，对该项目的可行性研究报告进行评估论证之后所形成的资料。

项目评估研究资料基本包括以下内容：

(1)项目建设的必要性。

(2)建设规模和产品方案。

(3)厂址(地址或路线规划方案)。

(4)建设工程的方案和标准。

(5)工艺、技术和设备的先进性、适用性和可靠性；外部协作配备项目和配合条件。

(6)环境保护、投资结算及投资来源。

(7)国民经济评价。

(8)财务评价。

(9)不确定性分析。

(10)社会效益评价。

(11)项目总评估。

第二节　建设用地文件

建设用地文件属于 A2 类，主要包括 6 项内容，其工程资料名称、来源及保存见表 2－2。

表 2－2　建设用地文件

建设用地文件(A2 类)工程资料名称		工程资料来源	工程资料保存			
			施工单位	监理单位	建设单位	城建档案馆
1	选址申请及选址规划意见通知书	建设单位规划部门			●	●
2	建设用地批准文件	土地行政管理部门			●	●
3	拆迁安置意见、协议、方案等	建设单位			●	●
4	建设用地规划许可证及其附件	规划行政管理部门			●	●
5	国有土地使用证	土地行政管理部门			●	●
6	划拨建设用地文件	土地行政管理部门				

注：表中工程资料名称与资料保存单位所对应的栏中“●”表示“归档保存”。

一、选址申请及选址规划意见通知书

1.选址申请

为保证城市规划区内建设工程的选址和布局符合城市规划要求，按照国家规定需要有关部门批准或者核准的建设项目，以划拨方式提供固有土地使用权的，建设单位在报送有关部门批准或者核准前，应当向城乡规划主管部门提出选址申请。申请时一般还需提交以下申报材料：

(1)建设项目新征(占)用地。

1)建设单位出具的申报委托书和填写完整并加盖单位印章的“建设项目规划审批及其他事项

申报表”。

2)市计划主管部门对项目建议书的批复文件原件 1 份。

3)建设单位新征(占)用地申请文件、选址要求及拟建项目情况说明各 1 份。

4)拟建项目设计方案图样(含主要经济技术指标)1 份。

5)在基本比例尺图样上,用铅笔画出新征(占)用地范围或位置的地形图 1 份。

6)依法需进行环境影响评价的建设项目,需持经相应环保部门批准的环境影响评价文件。

7)普测或钉桩成果。

8)其他法律、法规、规章规定的相关要求。

(2)自有用地建设项目。

1)建设单位出具的申报委托书和填写完整并加盖单位印章的“建设项目规划审批及其他事项申报表”。

2)建设用地规划许可证或国有土地使用证、房产证等其他证明土地权属的文件的复印件 1 份。

3)建设单位对拟建项目情况的说明 1 份。建设项目拟加层的,需附设计部门出具的建筑结构基础证明文件。

4)拟建项目设计方案图样(含主要经济技术指标)1 份。

5)在基本比例尺图样上,用铅笔画出新征(占)用地范围或位置的地形图 1 份。

2.建设项目选址意见书申请表

建设项目选址意见书申请表(表 2—3)应由建设单位如实填写,由于填写不实而发生的一切矛盾、纠纷,均由建设单位负责。

随同建设项目选址意见书申请表应附送的图纸、文件应满足下列要求:

(1)批准的建设项目建议书或其他有关计划文件。

(2)原址或有建设项目选址意见的,附 1/500 或 1/1 000 地形图 3 份(应标明原址用地界限或选址意向用地位置);尚未有选址意向的,待明确选址后补送地形图。

(3)属原址改建需改变土地使用性质的,须附送土地权属证件(复印件)1 份,其中,联建的应附送协议等文件。

(4)大中型建设项目应附送有相应资质的规划设计单位做出的选址论证。

(5)其他需要说明的图纸、文件等。

表 2—3 建设项目选址意见书申请表

编号:____________

建设单位	名 称	×××房地产开发有限公司	单位隶属	×××市建委	
	地 址	××市××区××路××号	邮政编码	××××××	
	联系人	×××	电 话	××××××	
	项目建议书批准机关	××市发改委	批准文号	××××××××	

<table>
<tr><td rowspan="8">建设项目基本情况</td><td>项目名称</td><td colspan="2">××大厦</td><td>投资性质</td><td colspan="2">合资</td></tr>
<tr><td>建筑面积</td><td colspan="2">56 600 m²</td><td>总投资</td><td colspan="2">43 456 万元</td></tr>
<tr><td>建筑内容</td><td colspan="2">公寓</td><td>主要产品</td><td colspan="2">建筑住宅项目</td></tr>
<tr><td rowspan="3">市政公用设施用量及供应方式</td><td>用水量</td><td>306 m³/日</td><td colspan="2">用电量</td><td>236 807 kW</td></tr>
<tr><td>总排水量</td><td>245 m³/日</td><td colspan="2">排水方式</td><td>市政雨、污水管网</td></tr>
<tr><td>煤气用量</td><td>120 m³/日</td><td colspan="2">通　信</td><td>—</td></tr>
<tr><td colspan="3">三废、噪声、振动情况</td><td colspan="3">无</td></tr>
<tr><td colspan="3">对周围地区控制要求</td><td colspan="3">无特殊要求</td></tr>
<tr><td rowspan="6">建设项目选址意向</td><td>用地位置</td><td colspan="5">××区××镇××路</td></tr>
<tr><td>用地目前使用单位</td><td colspan="2">××区××镇××村</td><td>用地目前用途</td><td colspan="2">农业</td></tr>
<tr><td>用地面积</td><td colspan="2">5 126 m²</td><td>土地权属</td><td colspan="2">××区××镇</td></tr>
<tr><td>用地范围</td><td colspan="5">东至××路　西至××路　南至××路　北至××路</td></tr>
<tr><td>拆迁民房情况</td><td colspan="5">居民　××　户,面积　×××　m²　农民　××　户,面积　×××　m²</td></tr>
<tr><td>拆迁单位情况</td><td colspan="5">单位　××　家,建筑面积　×××　m²</td></tr>
<tr><td colspan="7">上级主管单位审核意见:
同意
负责人:×××(盖章)
××年×月×日</td></tr>
<tr><td colspan="7">送审的文件、图纸清单</td></tr>
</table>

编号	文件名称	应收份数	实收份数	备 注
1	批准的项目建议书或其他有关计划文件	1	1	
2	地形图	3	3	
3	土地权属证	1	1	
4	联建协议书	1	1	
5	选址论证	1	1	

3.选址规划意见通知书

建设单位的工程项目选址申请经城市规划管理部门审查,符合有关法规标准的,及时收取申请人申请材料,填写“选址规划意见通知书”。

二、建设用地批准书

征占用地的批准文件和对使用国有土地的批准意见分别由政府和国土资源、房屋土地管理部门批准形成(表 2−4)。

表 2—4　建设用地批准书

事项名称	建设用地批准书(国有土地划拨决定书)		
子项简称	建设用地批准书——土地出让		
主管部门	市国土资源局、房管局		
事项类型	行政许可	办件类别	单办件
承诺期限	20 个工作日(依法需要听证、招标、拍实、检验、检测、检疫、鉴定和专家评审的除外)		
勘查天数	不需勘查	审图天数	不需审图
法律依据	法律依据名称		条目
	《中华人民共和国土地管理法实施条例》		第 22、23 条
申请条件	(1)建设项目的有关批准文件; (2)法律、法规规定的其他条件		
所需材料	材料名称: (1)建筑用地批准书申请表; (2)国有土地使用权转让合同原件及复印件; (3)建设用地规划许可证原件及复印件(原件查验后退回); (4)出让全票据及契税根据原件及复印件; (5)标明拟建项目用地范围的 1/2 000(中心城区内)、1/2 000 或 1/1 000(中心城区外)现势地形图 2 份; (6)核定用地图; (7)申报单位(人)委托代理的,需提交授权委托书; (8)法律、法规、规章规定的其他材料		
是否收费	收费		

三、拆迁安置意见、协议、方案

房屋拆迁补偿安置协议是房屋拆迁双方的法律行为。协议关系主要由房屋拆迁双方当事人参加,仅有一方当事人,协议关系便不能成立。

房屋拆迁当事人之间的法律地位平等,体现在两个方面:一是无论当事人双方的经济实力、政治地位如何,不允许任何一方将自己的意志强加给另一方;二是体现房屋拆迁权利、义务的对等性,即一方从对方获得某项权利时,也承担相应的义务。凡显失公正的协议是可撤销的。

协议必须是房屋拆迁双方的合法行为。所谓合法行为,是指按照房屋拆迁法规规定的要求而实施的行为。如当事人的资格,社会组织作为房屋拆迁协议当事人要有法人资格;承办人签订协议要有法人或法人代表的授权证明;委托代理订立协议的要有合法手续;被拆迁人签订协议时,应当出具产权证书、使用权证明等法律文件。凡违反法规规定,采取欺诈手段等所订立的协议都是无效协议。房屋拆迁补偿安置协议是具有法律效力的文件。表现在其权利依法产生后受到法律的保护;其义务依法产生后,则受到法律的强制。

依法订立的协议必须认真恪守,当事人任何一方均无权擅自变更或解除。在履行协议中发生纠纷,协议条款是解决纠纷的主要依据。

房屋拆迁补偿安置协议是一种双务有偿协议,协议的当事人依据协议享有一定的权利,同时又要承担相应的义务。

房屋拆迁安置协议必须采用书面的形式。

四、建设用地规划许可证及其附件

规划管理部门根据城市总体规划的要求和建设项目的性质、内容及选址定点时初步确定的用地范围界线，提出规划设计条件，核发建设用地规划许可证。建设用地规划许可证是确定建设用地位置、面积、界线的法定凭证。

办理建设用地规划许可证时应当注意以下事项：

(1)征用农村集体土地，由城市规划行政主管部门提出选址规划意见通知书，待批准后，方可办理建设用地规划许可证；使用国有土地时，由城市规划行政主管部门提出选址意见通知书，待批准后方可办理建设用地规划许可证。

(2)国有土地管理部门提出拆迁安置意见后，正式确定使用国有土地的范围和数量，并待城市规划行政主管部门审定设计方案后，方可办理建设用地规划许可证。

(3)建设用地规划许可证规定的用地性质、位置和界线，未经原审批单位同意，任何单位和个人不得擅自变更。

建设用地规划许可证附件见表 2－5。

表 2－5 建设用地规划许可证附件

用地单位： 市规地：

用地位置： 图幅号：

用地单位联系人： 电话： 发件日期：

用地项目名称		用地面积/m^2	备注
建设用地			其中
代征用地	城市道路用地		粮田：
代征用地	城市绿化用地		菜地：
其他用地			其他：
合计			
说明：1.本附件与《建设用地规划许可证》具有同等法律效力。 2.遵守事项详见《建设用地规划许可证》。			

五、国有土地使用证

《国有土地使用证》是证明土地使用者（单位或个人）使用国有土地的法律凭证，受法律保护。《国有土地使用证》是住宅不动产的物权的组成部分，由国有土地管理部门办理。

土地登记申请人（使用者）应持有关土地权属来源证明相关材料，向国土资源局提出申请，申请程序如下：

(1)土地登记申请。

1)有关宗地来源的政府批复及批准文件，建设用地许可证，提交国有土地使用权通过招标、拍卖、协议等形式进行操作程序中有效性的相关土地权属材料。

2)因买卖、继承、赠予等形式取得土地使用权的，提交买卖、继承、赠予土地使用权转让协议书和公证书，原土地使用的国有土地使用证书。

3)提交土地登记申请人的身份证、户口簿，企事业单位的土地使用者应提交土地登记法人证明书和组织机构代码证、法人身份证。

(2)地籍调查。对土地登记申请人的土地采取实地调查、核实、测量、绘制宗地草图及红线图，查清土地的位置、权属性质、界线、面积、用途及土地使用者的有关情况，并要求宗地四至邻居界线清楚，无争议，确认后签字盖章。

(3)土地权属审核。土地登记机关对土地使用者提交的土地登记申请书、权属来源材料和地籍调查结果进行审核，决定对申请土地登记的使用者土地权属是否准予登记的法律程序。

(4)颁发国有土地使用权证书。

六、划拨建设用地文件

划拨建设用地文件主要包括《国有建设用地划拨决定书》，是依法以划拨方式设立国有建设用地使用权、使用国有建设用地和申请土地登记的凭证。

第三节　勘察设计文件

勘察设计文件属于 A3 类，主要包括 9 项内容。其工程资料名称、来源及保存见表 2－6。

表 2－6　勘察设计文件

勘察设计文件(A3 类)工程资料名称		工程资料来源	工程资料保存			
			施工单位	监理单位	建设单位	城建档案馆
1	岩土工程勘察报告	勘察单位	●	●	●	●
2	建设用地钉桩通知单(书)	规划行政管理部门	●	●	●	●
3	地形测量和拨地测量成果报告	测绘单位			●	●
4	审定设计方案通知书及审查意见	规划行政管理部门			●	●
5	审定设计方案通知书要求征求有关部门的审查意见和要求取得的有关协议	有关部门			●	●
6	初步设计图及设计说明	设计单位			●	
7	消防设计审核意见	公安机关消防机构	○	○	●	●
8	施工图设计文件审查通知书及审查报告	施工图审查机构	○	○	●	●

续表

9	施工图及设计说明	设计单位	○	○	●	
注：表中工程资料名称与资料保存单位所对应的栏中"●"表示"归档保存"；"○"表示"过程保存"，是否归档保存可自行确定。						

一、岩土工程勘察报告

1.工程地质勘查

对于一个建设项目，为查明建筑物的地质条件而进行的综合性的地质勘察工作，称为工程地质勘查。一般可分为以下四个阶段：

(1)选址勘察阶段。此阶段为第一阶段，其任务是对拟选场地的稳定性和适宜性做出评价。

(2)初步勘察阶段。此阶段为第二阶段，其任务是对建设场地内建设地段的稳定性做出评价。

(3)详细勘察阶段。此阶段为第三阶段，其任务是对建筑地基做出工程地质评价，并为地基基础设计、地基处理与加固、不同地质现象的防治工程提供工程地质资料。

(4)施工勘察阶段。此阶段为第四阶段，其任务是对工程地质条件复杂或有特殊施工要求的建筑地基进行进一步的勘察工作。

2.工程地质勘查报告

工程地质勘查报告是由建设单位委托勘察设计单位勘察形成的，成果包含文字部分与图表部分。具体包括以下内容：

(1)文字部分主要包括前言、地形、地貌、地层结构、含水层构造、不良地质现象、土的冻结深度、地震烈度、对环境工程地质的变化进行预测等。

(2)图表部分包括工程地质分区图、平面图、剖面图、勘探点平面位置图、钻孔柱状图以及不良地质现象的平剖面图、物探剖面图和地层的物理力学性质、试验成果资料等。

二、建设用地钉桩通知单(书)

规划行政主管部门在核发规划许可证时，应当向建设单位一并发放《建设用地钉桩通知单(书)》。建设单位在施工前应当向规划行政主管部门提交填写完整的《建设用地钉桩通知单(书)》，规划行政主管部门应当在收到上报的验线申请后3个工作日内组织验线。经验线合格后方可施工。其表格样式见表2—7。

表2—7　建设用地钉桩通知单(书)

工程名称		许可证号	
建设单位		涉及图幅号	
施工单位		钉桩时间	
建设项目钉线情况说明			
附图			

续表

现场签名	建设单位代表	施工单位代表	规划院代表	规划局代表	

三、地形测量和拨地测量成果报告

工程准备阶段的工程测量工作按工作程序和作业性质分类主要有地形测量和拨地测量。测量成果报告是征用土地的依据性文件,也是工程设计的基础资料。

(1)地形测量。地形测量是指建设用地范围内的地形测量,包括地貌、水文、植被、建筑物和居民点。

(2)拨地测量。征用的建设用地要进行位置测量、形状测量和确定四至,一般称为拨地测量。拨地测量一般采用解析实钉法。

测量报告的内容包括拨地条件、成果表、工作说明、略图、条件坐标、内外作业计算记录等资料,并将拨地资料和定线成果展绘在 1∶1 000 或 1∶500 的地形图上,建立图档。

四、设计文件

设计文件由设计单位形成,建设项目主管部门对有设计能力的单位或者中标单位提出委托设计的委托书,建设单位和设计单位签订设计合同。根据工程建设项目在审批、施工等方面对设计文件深度要求的变化,形成以下设计文件。

1.审定设计方案通知书及审查意见

审定设计方案通知书及审查意见由规划行政管理部门形成。设计方案通知书规定了规划设计的条件,主要包括以下内容:

(1)用地情况。

(2)用地的主要性质。

(3)用地的使用度。

(4)建设设计要求。

(5)市政设计要求。

(6)市政要求。

(7)其他应遵守的事项。

2.有关部门的相关协议

有关部门对审定设计方案通知书的审查意见和要求取得的有关协议,分别由人防、环保、消防、交通、园林、市政、文物、通信、保密、河湖、教育等部门审批形成。

3.初步设计图及设计文件

初步设计图样主要包括总平面图、建筑图、结构图、给水排水图、电气图、弱电图、采暖通风及空气调节图、动力图、技术与经济概算等。

初步设计说明由设计总说明和各专业的设计说明书组成。设计总说明一般应包括下列几个方面的内容：

(1)工程设计的主要依据。

(2)工程设计的规模和设计范围。

(3)设计的指导思想和设计特点。

(4)总指标。

(5)需提请在设计审批时解决或确定的主要问题。

4.消防设计审核意见

消防设计审核意见由消防机构审批形成。

5.施工图设计文件审查通知书及审查报告

(1)工程施工图设计文件审查申请表。施工图会审前应填写工程施工图设计文件审查申请表，见表2－8。

表2－8　工程施工图设计文件审查申请表

编号：×××

工程名称		××公寓		
工程概况	地址	××市××区××路××号		
	建筑面积	56 600 m^2	总投资	43 456 万元
	建筑层数	地上26层，地下4层	建筑高度	90 m
建设单位	名称	××房地产开发有限公司		
	地址	××市××区××路××号	邮编	××××××
	联系人	×××	联系电话	××××××××
设计单位	名称	×××建筑设计院	证书编号	××××××
	联系人	×××	联系电话	××××××××
设计合同	合同编号	××××××××	设计费	××万元
	签订日期	××年×月×日	已付费用	××万元
需同时提交的文件、材料： (1)方案设计、初步设计批准文件和规划、消防、人防、环保、卫生、地震等专业管理部门审查意见； (2)完整的施工图设计文件(蓝图)一式两份(待审查合格后加送原蜡纸图一份以盖审查合格章)； (3)结构计算书和计算软件名称及授权序号、结构计算数据软盘； (4)设计合同一份(复印件)； (5)消防设计专篇说明				

(2)施工图审查记录。图纸会审前，甲方代表应组织各专业专家对施工图进行审查，并填写施工图审查记录(表2－9)，经工程技术主管审核后保存。

表 2－9　施工图审查记录

工程名称：××　　　　　　　　　　　　　　　　　　　　　　　　　公寓编号：×××

<table>
<tr><td>专业类别</td><td>建筑工程、结构工程、给水排水及采暖工程、建筑电气工程</td><td>审查人</td><td>×××</td><td>时间</td><td>××年×月×日</td></tr>
<tr><td>审核人</td><td colspan="3">×××</td><td>时间</td><td>××年×月×日</td></tr>
<tr><td colspan="3">施工图中存在的问题</td><td colspan="3">拟采用解决的方案</td></tr>
<tr><td colspan="3">钻灌桩的桩长超标</td><td colspan="3">将原设计的 26 m 改为 22 m</td></tr>
</table>

6.施工图及设计说明

建筑施工图就是建筑工程上所用的一种能够十分准确地表达出建筑物的外形轮廓、大小尺寸、结构构造和材料做法的图样，它是房屋建筑施工的依据。施工图及设计说明由设计单位形成。

施工图主要包括以下几个方面的内容：

(1)总平面图。

(2)建筑物、构筑物和公用设施详图。

(3)工艺流程和设备安装图等工程建设、安装、施工所需的全部图纸。

(4)施工图设计说明。

(5)结构计算书、预算书和设备材料明细表等文字材料。

第四节　招投标及合同文件

招投标及合同文件属于 A4 类，主要包括 8 项内容，其工程资料名称、来源及保存见表 2－10。

表 2－10　招投标及合同文件

<table>
<tr><td colspan="2" rowspan="2">招投标及合同文件(A4 类)
工程资料名称</td><td rowspan="2">工程资料来源</td><td colspan="4">工程资料保存</td></tr>
<tr><td>施工单位</td><td>监理单位</td><td>建设单位</td><td>城建档案馆</td></tr>
<tr><td>1</td><td>勘察招投标文件</td><td>建设单位　勘察单位</td><td></td><td></td><td>●</td><td></td></tr>
<tr><td>2</td><td>勘察合同 *</td><td>建设单位　勘察单位</td><td></td><td></td><td>●</td><td>●</td></tr>
<tr><td>3</td><td>设计招投标文件</td><td>建设单位　设计单位</td><td></td><td></td><td>●</td><td></td></tr>
<tr><td>4</td><td>设计合同 *</td><td>建设单位　设计单位</td><td></td><td></td><td>●</td><td>●</td></tr>
<tr><td>5</td><td>监理招投标文件</td><td>建设单位　监理单位</td><td></td><td>●</td><td>●</td><td></td></tr>
<tr><td>6</td><td>委托监理合同 *</td><td>建设单位　监理单位</td><td></td><td>●</td><td>●</td><td>●</td></tr>
<tr><td>7</td><td>施工招投标文件</td><td>建设单位　施工单位</td><td>●</td><td>○</td><td>●</td><td></td></tr>
<tr><td>8</td><td>施工合同 *</td><td>建设单位　施工单位</td><td>●</td><td>○</td><td>●</td><td>●</td></tr>
</table>

注：表中工程资料名称与资料保存单位所对应的栏中“●”表示“归档保存”；“○”表示“过程保存”，是否归档保存可自行确定。表中注明“*”的表，宜由施工单位和监理或建设单位共同形成。

一、勘察招投标文件

建设项目的招投标是建设市场中建设单位遵循公开、公平、公正和诚实信用的原则，也是选择承包商的主要方式。招标和投标既是双方互相选择的过程，又是承包商互相竞争的过程。

对拟建工程项目，建设单位招请具备法定资格的承包商投标，称为“招标”；经资格审查后取得招标文件的承包商填写标书，提出报价和其他有关文件，在限定的时间内送达招标单位，称为“投标”。招投标文件包括勘察设计招投标文件、监理招投标文件和施工招投标文件。这些招投标文件由建设单位与勘查、设计、施工、监理单位形成。

项目进行招投标应具备以下条件：

(1)勘查招投标文件。实行勘查招标的建设项目应具备以下条件：

1)具有经过有审批权限的机关批准的设计任务书。

2)具有建设规划管理部门同意的用地范围许可文件。

3)具有符合要求的地形图。

(2)设计招投标文件。建设项目进行项目设计招标应具备以下条件：

1)建设单位必须是法人或依法成立的组织。

2)具有与招标的工程项目相适应的技术、经济管理人员。

3)具有编制招标文件，审查投标单位资格和组织投标、开标、评标、定标的能力。

不具备上述条件时必须委托具有相应资质和能力的建设监理、咨询服务单位代理。

(3)施工招投标文件。施工招投标文件是指建设单位选择工程项目施工单位过程中所进行的招标、投标活动的文件资料。

(4)监理招投标文件。监理招投标文件是指建设单位选择工程项目监理单位过程中所进行的招标、投标活动的文件资料。

(5)设备、材料招标文件。建设工程材料、设备采购是指采购主体对所需要的工程设备、材料，向供货商进行询价或通过招标的方式设定包括商品质量、期限、价格为主的标的，邀请若干供货商通过投标报价进行竞争，采购主体从中选择优胜者并与其达成交易协议，随后按合同实现标的采购方式。

二、勘察、设计合同

1.勘察、设计合同的概念

工程项目勘察、设计合同是指建设单位(委托方也称发包方)与工程勘察、设计单位(承包方或者承接方)为完成特定工程项目的勘察、设计任务，签订的明确双方权利、义务关系的协议。在此类合同中，委托方通常是工程项目的业主(建设单位)或项目管理部门，承包方是持有与其承担任务相符的勘察、设计资格证书的勘察、设计单位。根据勘察、设计合同，承包方完成委托方委托的勘察、设计项目，委托方接受符合约定要求的勘察、设计成果，并付给承包方报酬。

2.建设工程勘察合同示范文本

《建设工程勘察合同(示范文本)》(GF—2016—0203)由合同协议书、通用合同条款和专用合同条款三部分组成。

其中，合同协议书共计 12 条，主要包括工程概况、勘察范围和阶段、技术要求及工作量、合同工期、质量标准、合同价款、合同文件构成、承诺、词语定义、签订时间、签订地点、合同生效和合同份数等内容，集中约定了合同当事人基本的合同权利义务。通用合同条款具体包括一般约定、发包人、勘察人、工期、成果资料、后期服务、合同价款与支付、变更与调整、知识产权、不可抗力、合同生效与终止、合同解除、责任与保险、违约、索赔、争议解决及补充条款等共计 17 条。专用合同条款是对通用合同条款原则性约定的细化、完善、补充、修改或另行约定的条款。

建设工程勘察合同(示范文本)

《建设工程勘察合同(示范文本)》(GF—2016—0203)适用于岩土工程勘察、岩土工程设计、岩土工程物探/测试/检测/监测、水文地质勘察及工程测量等工程勘察活动，岩土工程设计也可使用《建设工程设计合同示范文本(专业建设工程)》(GF—2015—0210)。

3.建设工程设计合同示范文本

建设工程设计合同示范文本可分为以下两个版本。

(1)《建设工程设计合同示范文本(房屋建筑工程)》(GF—2015—0209)。《建设工程设计合同示范文本(房屋建筑工程)》(GF—2015—0209)由合同协议书、通用合同条款和专用合同条款三部分组成。

其中，合同协议书集中约定了合同当事人基本的合同权利义务。通用合同条款是合同当事人根据《中华人民共和国建筑法》《中华人民共和国合同法》等法律法规的规定，就工程设计的实施及相关事项，对合同当事人的权利义务作出的原则性约定。专用合同条款是对通用合同条款原则性约定的细化、完善、补充、修改或另行约定的条款。合同当事人可以根据不同建设工程的特点及具体情况，通过双方的谈判、协商对相应的专用合同条款进行修改补充。

《建设工程设计合同示范文本(房屋建筑工程)》(GF—2015—0209)适用于建设用地规划许可证范围内的建筑物构筑物设计、室外工程设计、民用建筑修建的地下工程设计及住宅小区、工厂厂前区、工厂生活区、小区规划设计及单体设计等，以及所包含的相关专业的设计内容(总平面布置、竖向设计、各类管网管线设计、景观设计、室内外环境设计及建筑装饰、道路、消防、智能、安保、通信、防雷、人防、供配电、照明、废水治理、空调设施、抗震加固等)等工程设计活动。

建设工程设计合同示范文本(房屋建筑工程)

(2)《建设工程设计合同示范文本(专业建设工程)》(GF—2015—0210)。《建设工程设计合同示范文本(专业建设工程)》(GF—2015—0210)也由合同协议书、通用合同条款和专用合同条款三部分组成。其适用于房屋建筑工程以外各行业建设工程项目的主体工程和配套工程(含厂/矿区内的自备电站、道路、专用铁路、通信、各种管网管线和配套的建筑物等全部配套工程)以及与主体工程、配套工程相关的工艺、土木、建筑、环境保护、水土保持、消防、安全、卫生、节能、防雷、抗震、照明工程等工程设计活动。

三、委托监理合同

1.委托监理合同的概念

建设工程委托监理合同简称监理合同，是指委托人与监理人就委托的工程项目管理内容签订的明确双方权利、义务的协议。

工程建设监理制度是我国建筑业在市场经济条件下保证工程质量、规范市场主体行为、提高管理水平的一项重要措施。建设监理与发包人和承包商共同构成了建筑市场的主体，为了使建筑市场的管理规范化、法制化，大型工程建设项目不仅要实行建设监理制度，而且要求发包人必须以合同形式委托监理任务。监理工作的委托与被委托实质上是一种商业行为，所以，必须以书面合同的形式来明确工程服务的内容，以便为发包人和监理单位的共同利益服务。监理合同不仅明确了双方的责任和合同履行期间应遵守的各项约定，成为当事人的行为准则，而且可以作为保护任何一方合法权益的依据。

作为合同当事人一方的工程建设监理公司应具备相应的资格，不仅要求其是依法成立并已注册的法人组织，而且要求它所承担的监理任务应与其资质等级和营业执照中批准的业务范围相一致，既不允许低资质的监理公司承接高等级工程的监理业务，也不允许承接虽与资质级别相适应但工作内容超越其监理能力范围的工作，以保证所监理工程的目标顺利圆满实现。

2.委托监理合同的形式

为了明确监理合同当事人双方的权利和义务关系，应当以书面形式签订监理合同，而不能采用口头形式。由于发包人委托监理任务有繁有简，具体工程监理工作的特点各异，因此监理合同的内容和形式也不尽相同。经常采用的合同形式有以下几种：

(1)双方协商签订的合同。这种监理合同依据法律和法规的要求作为基础，双方根据委托监理工作的内容和特点，通过友好协商订立有关条款，达成一致后签字盖章生效。合同的格式和内容不受任何限制，双方就权利和义务所关注的问题以条款形式具体约定即可。

(2)信件式合同。信件式合同通常由监理单位编制有关内容，由发包人签署批准意见，并留一份备案后退给监理单位执行。这种合同形式适用于监理任务较小或简单的小型工程。也可能是在正规合同的履行过程中，依据实际工作进展情况，监理单位认为需要增加某些监理工作任务时，以信件的形式请示发包人，经发包人批准后作为正规合同的补充合同文件。

(3)委托通知单。正规合同履行过程中，发包人以通知单的形式把监理单位在订立委托合同时建议增加而当时未接受的工作内容进一步委托给监理方。这种委托只是在原定工作范围之外增加少量工作任务，一般情况下原订合同中的权利、义务不变。如果监理单位不表示异议，委托通知单就成为监理单位所接受的协议。

(4)标准化合同。为了使委托监理行为规范化，减少合同履行过程中的争议或纠纷，政府部门或行业组织制订出标准化的合同示范文本，供委托监理任务时作为合同文件采用。标准化合同通用性强，采用规范的合同格式，条款内容覆盖面广，双方只要就达成一致的内容写入相应的具体条款中即可。标准化合同由于对履行过程中所涉及的法律、技术、经济等各方面问题都做出了相应的规定，合理地分担双方当事人的风险并约定了各种情况下的执行程序，不仅有利于双方在签约时讨论、交流和统一认识，而且有助于监理工作的规范化实施。

3.委托监理合同的主要内容

建设工程监理的主要内容是控制建设工程的投资、建设工期和工程质量，进行建设工程合同管理，协调有关单位间的工作关系。监理工作具体包括以下内容：

(1)收到工程设计文件后编制监理规划，并在第一次工地会议7天前报委托人。根据有关规定和监理工作需要，编制监理实施细则。

(2)熟悉工程设计文件，并参加由委托人主持的图纸会审和设计交底会议。

(3)参加由委托人主持的第一次工地会议；主持监理例会并根据工程需要主持或参加专题会议。

(4)审查施工承包人提交的施工组织设计，重点审查其中的质量安全技术措施、专项施工方案与工程建设强制性标准的符合性。

(5)检查施工承包人工程质量、安全生产管理制度及组织机构和人员资格。

(6)检查施工承包人专职安全生产管理人员的配备情况。

(7)审查施工承包人提交的施工进度计划，核查承包人对施工进度计划的调整。

(8)检查施工承包人的试验室。

(9)审核施工分包人资质条件。

(10)查验施工承包人的施工测量放线成果。

(11)审查工程开工条件，对具备条件的签发开工令。

(12)审查施工承包人报送的工程材料、构配件、设备质量证明文件的有效性和符合性，并按规定对用于工程的材料采取平行检验或见证取样的方式进行抽检。

(13)审核施工承包人提交的工程款支付申请，签发或出具工程款支付证书，并报委托人审核、批准。

(14)在巡视、旁站和检验过程中，发现工程质量、施工安全存在事故隐患的，要求施工承包人整改并报委托人。

(15)经委托人同意，签发工程暂停令和复工令。

(16)审查施工承包人提交的采用新材料、新工艺、新技术、新设备的论证材料及相关验收标准。

(17)验收隐蔽工程、分部分项工程。

(18)审查施工承包人提交的工程变更申请，协调处理施工进度调整、费用索赔、合同争议等事项。

(19)审查施工承包人提交的竣工验收申请，编写工程质量评估报告。

(20)参加工程竣工验收，签署竣工验收意见。

(21)审查施工承包人提交的竣工结算申请并报委托人。

(22)编制、整理工程监理归档文件并报委托人。

4.委托监理合同的业务范围

建设工程委托监理的业务范围主要包括以下几个方面：

(1)立项咨询和可行性研究，包括技术上和经济上的方案比较和经济效果评价。

(2)协助业主选择承包人，组织设计、施工及设备采购的招标。

(3)对工程设计进行技术监督和检查，对材料、设备进行质量检查。

(4)施工过程的质量、成本、计划和进度的控制；操作和工艺的监督、监测；工程量的计量及价款的结算等。

四、施工招投标文件

1.施工招标文件的组成

《中华人民共和国标准施工招标文件》(2013 年版)规定，招标文件由以下部分组成。

第一卷

第一章　招标公告(投标邀请书)

第二章　投标人须知

第三章　评标办法

第四章　合同条款及格式

第五章　工程量清单

第二卷

第六章　图纸

第三卷

第七章　技术标准和要求

第四卷

第八章　投标文件格式

2.施工招标文件的编制

施工招标文件的编制应遵循以下原则：

(1)招标文件的编制必须遵守国家有关招标投标的法律、法规和部门规章的规定。

(2)招标文件必须遵循公开、公平、公正的原则，不得以不合理的条件限制或者排斥潜在投标人，不得对潜在投标人实行歧视待遇。

(3)招标文件必须遵循诚实信用的原则，招标人向投标人提供的工程情况，特别是工程项目的审批、资金来源和落实等情况，都要确保真实和可靠。

(4)招标文件介绍的工程情况和提出的要求，必须与资格预审文件的内容相一致。

(5)招标文件的内容要能清楚地反映工程的规模、性质、商务和技术要求等内容，设计图纸应与技术规范或技术要求相一致，使招标文件系统、完整、准确。

(6)招标文件不得要求或者标明特定的建筑材料、构配件等生产供应者以及含有倾向或者排斥投标申请人的其他内容。

五、施工合同

1.建设工程施工合同的含义

建设工程施工合同简称施工合同，是工程发包人为完成一定的建筑、安装工程的施工任务与承包人签订的合同，由承包人负责完成拟定的工程任务，发包人提供必要的施工条件并支付工程价款。

建设工程施工合同属于建设工程合同中的主要合同，是工程建设质量控制、进度控制和投资控制的主要依据。《中华人民共和国合同法》《中华人民共和国建筑法》《中华人民共和国招标投标法》都对建筑工程施工合同的相关方面做出了规定，这些法律条文都是施工合同管理的重要依据。

建设工程施工合同的当事人是发包人和承包人，双方是平等的民事主体。发包人可以是建设工程的业主，也可以是取得工程总承包资格的总承包人。作为业主的发包人可以是具备法人资格的国家机关、事业单位、企业、社会团体或个人，无论是哪种发包人都应具备一定的组织协调能力和履行合同义务的能力(主要是支付工程价款的能力)。承包人应是具备有关部门核定的资质等级并持有营业执照等证明文件的施工企业。

2.建设工程施工合同的特点

(1)合同标的的特殊性。施工合同的标的是各类建筑产品，建筑产品是不动产，建设过程中往往受到自然条件、地质水文条件、社会条件、人为条件等因素的影响。这就决定了每个施工合同的标的物不同于工厂批量生产的产品，具有单件性的特点。所谓“单件性”，是指不同地点建造的相同类型和级别的建筑，施工过程中所遇到的情况不尽相同，在甲工程施工中遇到的困难在乙工程中不一定发生，而在乙工程施工中可能出现甲工程没有发生过的问题，相互间具有不可替代性。

(2)合同履行期限的长期性。由于建筑物结构复杂、体积大，且施工时所用建筑材料类型多、工作量大，建筑物的施工工期都较长(与一般工业产品的生产相比)。在较长的合同期内，双方履行义务往往会受到不可抗力、履行过程中法律法规政策的变化、市场价格的浮动等因素的影响，必然导致合同的内容约定、履行管理相当复杂。

(3)合同内容的复杂性。虽然施工合同的当事人只有两方，但履行过程中涉及的主体却有许多种，合同内容的约定还需与其他相关合同相协调，如设计合同、供货合同、本工程的其他施工合同等。

3.《建设工程施工合同(示范文本)》简介

鉴于建设工程施工合同的内容复杂、涉及面宽，为了避免施工合同的编制者遗漏某些方面的重要条款，或条款约定责任不够公平、合理，由住房和城乡建设部、国家工商行政管理总局制定了《建设工程施工合同(示范文本)》(GF—2017—0201)。

建设工程施工合同(示范文本)

建设工程施工合同文本的条款内容不仅涉及各种情况下双方的合同责任和规范化的履行管理程序，而且涵盖了非正常情况的处理原则，如变更、索赔、不可抗力、合同的被迫终止、争议的解决等方面。

《建设工程施工合同(示范文本)》(GF—2017—0201)中的条款属于推荐使用，应结合具体工程的特点加以取舍、补充，最终形成责任明确、操作性强的合同。《建设工程施工合同(示范文本)》(GF—2017—0201)由合同协议书、通用合同条款和专用合同条款三部分组成。

第五节　开工文件

开工文件属于A5类，主要包括8项内容。其工程资料名称、来源及保存见表2－11。

表2－11　开工文件

开工文件(A5类) 工程资料名称		工程资料来源	工程资料保存			
			施工单位	监理单位	建设单位	城建档案馆
1	建设项目列入年度计划的申报文件	建设单位			●	●
2	建设项目列入年度计划的批复文件或年度计划项目表	建设行政管理部门			●	●
3	规划审批申报表及报送的文件和图纸	建设单位 设计单位			●	
4	建设工程规划许可证及其附件	规划部门			●	●
5	建设工程施工许可证及其附件	建设行政管理部门	●	●	●	●
6	工程质量安全监督注册登记	质量监督机构	○	○	●	●
7	工程开工前的原貌影像资料	建设单位	●	●	●	●
8	施工现场移交单	建设单位	○	○	○	

注：表中工程资料名称与资料保存单位所对应的栏中“●”表示“归档保存”；“○”表示“过程保存”，是否归档保存可自行确定。表中注明“*”的表，宜由施工单位和监理或建设单位共同形成。

一、建设项目列入年度计划的申报与批复文件

(1)建设项目列入年度计划的申报与批复文件由建设单位形成。

(2)建设项目列入年度计划的批复文件或年度计划项目表由建设行政管理部门形成。

二、规划审批申报表及报送的文件和图纸

规划审批申报表及报送的文件和图纸由规划部门形成。

三、建设工程规划许可证及其附件

建设工程规划许可证是由市、县规划委员会对施工方案与施工图纸审查后，确定该工程符合整体规划而出的证书。建设工程规划许可证应包括附件和附图，它们是建设工程许可证的配套证件，具有同等法律效力；按不同工程的不同要求，由发证单位根据法律、法规和实际情况制定。使用建设工程规划许可证及其附件时应注意以下几点：

(1)工程放线完毕，通知测绘院、规划部门验线无误后方可施工。

(2)有关消防、绿化、交通、环保、市政、文物等未尽事宜，应由建设单位负责与有关主管部门联

系，妥善解决。

(3)设计责任由设计单位负责。对于由非正式设计单位进行设计的工程，按规定其设计责任由建设单位负责。

(4)《建设工程规划许可证》及附件发出后，因年度建设计划变更或因故未建满 2 年者，《建设工程规划许可证》及附件自行失效，需建设时，应向审批机关重新申报，经审核批准后方可施工。

(5)凡属按规定应编制竣工图的工程必须按照国家编制竣工图的有关规定编制竣工图，送城市建设档案馆。

建设工程规划许可证及其附件格式如图 2－2 及表 2－12 所示。

中华人民共和国

建设工程规划许可证

建字第 ××× 号

根据《中华人民共和国城乡规划法》第四十条规定，经审核，本建设工程符合城乡规划要求，颁发此证。

发证机关：

建设项目名称	××公寓
建设位置	××市××区××街××号
建设规模	56 600 平方米

附图及附件名称：

本工程建设工程规划许可证附件一份

本工程设计图一份

遵守事项：

一、本证是经城乡规划主管部门依法审核，建设工程符合城乡规划要求的法律凭证。

二、未取得本证或不按本证规定进行建设，均属违法建设。

三、未经发证机关许可，本证的各项规定均不得随意变更。

四、城乡规划主管部门依法有权查验本证，建设单位(个人)有责任提交查验。

五、本证所需附图与附件由发证机关依法确定，与本证具有同等法律效力。

图 2－2　建设工程规划许可证

表 2－12　建设工程规划许可证(附件)

建设单位：××房地产开发有限公司××－规建字－008

建设位置：××市××区××街××号　　　图幅号：122－19

建设单位联系人：×××　　　电话：××××××××　　　发件日期：××年×月×日

建设项目名称	建设规模/m^2	层数		高度/m	栋数	结构类型	造价/万元	备注
		地上	地下					
××公寓	56 600	26	4	90	1	框剪力墙	43 456	

抄送单位：×××××　　　承建单位：××××

四、建设工程施工许可证

建设工程施工许可证(图 2－3)是建筑施工单位符合各种施工条件、允许开工的批准文件，是建设单位进行工程施工的法律凭证，也是房屋权属登记的主要依据之一。

申请建设工程施工许可证应递交以下材料：

(1)中标通知书。

(2)交费通知书。

(3)质量监督报告。

(4)监理单位合同书、资料材料。

(5)发包方与承包方合同书。

(6)施工单位资质材料。

(7)安全施工许可证。

(8)项目经理、施工员、质检员、材料员证书。

(9)施工图审批报告。

(10)银行资信证书。

中华人民共和国

建设工程施工许可证

编号　施×××－03660 建

根据《中华人民共和国建筑法》第八条规定，经审查，本建设工程符合施工条件，准予施工。

特发此证

发证机关(盖章)

日　期：××年×月×日

建设单位	××房地产开发有限公司		
工程名称	××公寓		
建设地址	××市××区××街××号		
建设规模	56 600 平方米	合同价格	43 456 万元
设计单位	××建筑设计院		
施工单位	××建筑工程集团有限责任公司		
监理单位	××市建设监理公司		
合同开工日期	××年×月×日	合同竣工日期	××年×月×日
备注			

注意事项：

一、本证放置施工现场，作为准予施工的凭证。

二、未经发证机关许可，本证的各项内容不得变更。

三、建设行政主管部门可以对本证进行查验。

四、本证自核发之日起三个月内应予施工，逾期应办理延期手续，不办理延期或延期次数、时间超过法定时间的，本证自行废止。

五、凡未取得本证擅自施工的属违法建设，将按《中华人民共和国建筑法》的规定予以处罚。

图 2－3　建设工程施工许可证

五、工程质量安全监督注册登记

1.工程质量监督手续

工程质量监督手续由建设单位在领取施工许可证前向当地建设行政主管部门委托的工程质量监督部门申报报监备案登记。

(1)监督实施范围。凡在省行政区域内，投资额在 20 万元或建筑面积在 500 m^2 及以上的土木建筑、设备安装、建筑工程、管线敷设、装饰装修及市政设施等工程的竣工验收，必须由各级质量监督机构对其实施监督。

(2)实施监督过程中，发现有违反国家有关建设工程质量管理规定行为或工程质量不合格的，质量监督机构有权责令建设单位进行整改。建设单位接到整改通知书后，必须立即进行整改，并将整改情况书面报送工程质量监督机构。

(3)建设单位在质量监督机构监督下进行的工程竣工验收通过后，5 日内未收到工程质量监督机构签发的重新组织验收通知书，即可进入验收备案程序。

(4)工程质量监督机构在工程竣工验收通过后并收到建设单位的竣工报告 15 个工作日内，向负责竣工验收备案部门提交建设工程质量监督报告。

2.建设工程质量安全监督注册登记表格式

根据《建设工程质量管理条例》等有关规定，建设单位在申领建筑工程施工许可证前，按规定应向监督机构申请办理建设工程质量安全监督注册登记手续(表 2—13)。

表 2—13　建设工程质量安全监督注册登记表

工程名称		结构类型	
工程地址		结构层数	
建筑面积	m^2	基础类型	
工程造价	万元	计划开竣工日期	
施工总承包单位		资质证书号	
项目经理		级别、证书号	
专业承包单位		资质证书号	
项目经理		级别、证书号	
勘察单位		资质证书号	
项目勘察负责人		注册资格证	
设计单位		资质证书号	
项目结构设计负责人		注册资格证	
项目建筑设计负责人		注册资格证	
监理单位		资质证书号	
项目总监理工程师		注册资格证	
建设单位提交资料文件	1	施工图设计文件审查合格书或批准书	
	2	中标通知书和施工、监理合同及转分包合同	
	3	施工、监理、分包单位资质复印件(含安全许可证)	
	4	参建各方质量安全责任制(含机构人员组成)	
	5	施工单位办理的意外伤害保险证明	
	6	施工组织设计及监理规划(安全专项方案及细则单列)	
建设单位： 法人代表： 项目负责人： 电话号码： (盖　章) 年　月　日		审核意见： 质量安全监督站(章) 审核人(签字)： 年　月　日	

六、工程开工前的原貌影像资料及施工现场移交单

工程开工前的原貌影像资料由建设单位收集、提供；施工现场移交单由建设单位办理。工程开工前的原貌影像资料及施工现场移交单应提供下列资料：

(1)施工图设计文件审查报告、审查合格书及备案证明原件或批准书(复印件)。

(2)经审查合格施工图纸一套。

(3)中标通知书和施工、监理合同(原件和复印件)。

(4)建设单位、施工单位和监理单位工程项目的负责人或机构组成(单位工程主要技术人员登记表)。

(5)其他需要的文件资料(施工组织设计、监理规划、监理实施细则、检测合同、监理单位见证人员资格证书等)。

第六节　商务文件

商务文件属于 A6 类，主要包括 3 项内容。其工程资料名称、来源及保存见表 2－14。

表 2－14　商务文件

商务文件(A6 类)工程资料名称		工程资料来源	工程资料保存			
			施工单位	监理单位	建设单位	城建档案馆
1	工程投资估算资料	建设单位			●	
2	工程设计概算资料	建设单位			●	
3	工程施工图预算资料	建设单位			●	
注：表中工程资料名称与资料保存单位所对应的栏中“●”表示“归档保存”。						

一、工程投资估算资料

投资估算是投资决策阶段的项目建议书，它包括从工程筹建到竣工验收、交付使用所需的全部费用。具体包括建筑安装工程费、设备及工器具购置费、工程建设其他费用、预备费、固定资产投资方向调节税、建设期贷款利息等。

投资估算由建设单位编制或委托设计单位(或工程造价咨询单位)编制，主要依据相应建设项目投资估算招标，参照以往类似工程的造价资料编制。

1.建筑安装工程费

建筑安装工程费是指建设单位为从事该项目建筑安装工程所支付的全部生产费用。其包括直接用于各单位工程的人工、材料、机械使用费，其他直接费及分摊到各单位工程中的管理费与利税。

2.设备及工器具购置费

设备及工器具购置费是指建设单位按照建设项目设计文件要求而购置或自备的设备及工器具所需的全部费用。其包括需要安装与不需要安装设备及未构成固定资产的各种工具、器具、仪器、生产家具的购置费用。

3.工程建设其他费用

工程建设其他费用是指除上述工程设备与工器具费用外的，根据有关规定在固定资产投资中支付，并列入建设项目总概算或单项工程综合概算的费用。

4.预备费

预备费是指初步设计和概算中难以预料的工程费用。其包括实行按施工图概算加系数包干的概算包干费用。

二、工程设计概算资料

设计概算是初步设计概算的简称，是指在初步设计或扩大初步设计阶段，由设计单位根据初步设计图纸、定额、指标、其他工程费用定额等，对工程投资进行的概略计算，这是初步设计文件的重要组成部分，是确定工程设计阶段的投资依据，经过批准的设计概算是控制工程建设投资的最高限额。工程设计概算文件由建设单位委托工程造价咨询单位形成。

三、工程施工图预算资料

施工图预算是建筑企业和建设单位签订承包合同和办理工程结算的依据，也是建筑企业编制计划、实行经济核算和考核经营成果的依据。在实行招标承包制的情况下，施工图预算是建设单位确定标底和建筑企业投标报价的依据。

施工图预算文件由建设单位委托工程造价咨询单位形成。施工图预算由一系列计算数字和文字说明组成。工程项目(如工厂、学校等)总预算包含若干个单项工程(如车间、教室楼等)综合预算；单项工程综合预算包含若干个单位工程(如土建工程、机械设备及安装工程)预算。

本章小结

本章主要介绍了建筑工程准备阶段文件的编制及管理工作，建设项目决策立项阶段项目建议书、可行性研究报告的编制，建设用地规划报建阶段用地的申请及报批、勘察设计阶段相应报告的内容和说明、招标投标阶段文件的基本格式等。重点介绍了决策立项阶段项目建议书、可行性研究报告的编制内容和方法、招投标及合同文件、开工文件的内容和填写方法。

思考与练习

一、填空题

1.项目建议书编制完毕后，应按照国家颁布的有关文件规定及________申请立项审批。

2.可行性研究报告由________的工程咨询单位编制。

3.划拨建设用地文件主要包括《国有建设用地划拨决定书》，是依法以划拨方式设立________、使用________和申请________。

4.工程地质勘查分为以下四个阶段：__________、__________、__________和__________。

5.岩土工程勘察报告是由建设单位委托勘察设计单位勘察形成的，成果包含__________与__________。

6.工程准备阶段的工程测量工作按工作程序和作业性质分类主要有__________和__________。

7.经常采用的监理合同的形式有__________、__________、__________、__________。

二、单项选择题

1.项目建议书应由(　　)编制并申报。

A.建设单位　　B.施工单位

C.监理单位　　D.咨询公司

2.关于项目建议书的编制要求，下列说法不正确的是(　　)。

A.项目建议书通常由政府、全国性专业性公司及现有企事业单位或新组成的项目法人提出

B.项目建议书的编制通常由建设单位项目法人委托有专业经验的咨询单位、设计单位完成

C.依据现有关标准规定，建设项目是指一个总体设计或初步设计范围内，由一个或几个单位工程组成，经济上统一核算，行政上实行统一管理的建设单位

D.项目建议书开始办理征地、拆迁安置等手续

3.项目建议书的批复文件内容不包括(　　)。

A.确定项目建设的机构、人员、法人代表、法定代表人

B.建设项目名称

C.建设规模及主要建设内容

D.总投资及资金来源

4.立项的会议纪要、领导批示由(　　)形成。

A.建设单位　　B.其上级主管单位

C.建设单位或其上级主管单位　　D.监理单位

5.施工图及设计说明资料来源于(　　)。

A.设计单位　　B.测绘单位

C.勘察单位　　D.规划行政管理部门

6.开标由(　　)主持，邀请所有的投标人参加。

A.投标人　　B.咨询公司人员

C.招标人　　D.监理单位人员

三、简答题

1.基本建设工程项目建议书主要包括哪些内容?

2.可行性研究报告的内容主要包括哪几个方面?

3.可行性研究报告附件主要包括哪些内容?

4.土地登记申请人(使用者)应持有关土地权属来源证明相关材料,向国土资源局提出申请,其程序有哪些?

5.设计总说明一般应包括哪几个方面的内容?

6.简述项目进行招投标应具备的条件。

第三章 建设监理资料

知识目标

通过本章的学习，了解建设监理资料的种类；熟悉监理管理资料、进度控制资料、质量控制资料、造价控制资料、合同管理资料的内容；掌握各类监理资料的填写内容。

能力目标

能正确填写工程监理资料的各种表格；能进行工程监理资料的接收、清单、登记、发放、归档等管理工作。

第一节 监理管理资料

监理管理资料属于B1类，主要包括11项内容。其工程资料名称、来源及保存见表3－1。

表3－1 监理管理资料

监理管理资料(B1类) 工程资料名称		工程资料来源	工程资料保存			
			施工单位	监理单位	建设单位	城建档案馆
1	监理规划	监理单位		●	●	●
2	监理实施细则	监理单位	○	●	●	●
3	监理月报	监理单位		●	●	
4	监理会议纪要	监理单位	○	●	●	●
5	监理工作日志	监理单位			●	
6	监理工作总结	监理单位		●	●	●
7	工作联系单(表B.1.1)	监理单位 施工单位	○	○		
8	监理工程师通知(表B.1.2)	监理单位	○	○		
9	监理工程师通知回复单*(表C.1.7)	施工单位	○	○		
10	工程暂停令(表B.1.3)	监理单位	○	○	○	●

续表

监理管理资料(B1类) 工程资料名称		工程资料来源	工程资料保存			
			施工单位	监理单位	建设单位	城建档案馆
11	工程复工报审表*(表C.3.2)	施工单位	●	●	●	●
注:表中工程资料名称与资料保存单位所对应的栏中“●”表示“归档保存”;“○”表示“过程保存”,是否归档保存可自行确定。表中注明“*”的表,宜由施工单位和监理或建设单位共同形成。						

一、监理规划

1.监理规划的概念及作用

监理规划是在监理委托合同签订后,由总监理工程师主持制定的、指导开展监理工作的纲领性文件。它起着指导监理单位内部自身业务工作的作用。它是项目监理组织对项目管理过程的组织、控制、协调等工作设想的文字表述,是监理人员有效地进行监理工作的依据和指导性文件。

监理规划的主要作用如下:

(1)监理规划可以指导监理单位的项目监理组织全面开展监理工作。

(2)监理规划是建设工程监理主管机构对监理单位实施监督管理的重要依据。

(3)监理规划是业主确认监理单位是否全面、认真履行建设工程监理合同的主要依据。

(4)监理规划是监理单位重要的存档资料。

2.监理规划的编制原则和程序

监理规划可在签订建设工程监理合同及收到工程设计文件后由总监理工程师组织编制,并应在召开第一次工地会议前报送建设单位。

监理规划的编审应遵循下列程序:

(1)总监理工程师组织专业监理工程师编制。

(2)总监理工程师签字后由工程监理单位技术负责人审批。

3.监理规划的基本内容

《建设工程监理规范》(GB/T 50319—2013)中明确规定,监理规划应包括下列主要内容:

(1)工程概况。

(2)监理工作的范围、内容、目标。

(3)监理工作依据。

(4)监理组织形式、人员配备及进退场计划、监理人员岗位职责。

(5)监理工作制度。

(6)工程质量控制。

(7)工程造价控制。

(8)工程进度控制。

(9)安全生产管理的监理工作。

(10)合同与信息管理。

(11)组织协调。

(12)监理工作设施。

二、监理实施细则

1.监理实施细则的概念与范围

监理实施细则是指针对某一专业或某一方面建设工程监理工作的操作性文件。对专业性较强、危险性较大的分部分项工程，项目监理机构应编制监理实施细则；对工程规模较小、技术较简单且有成熟管理经验和措施的，可不必编制监理实施细则。

监理实施细则应在相应工程施工开始前由专业监理工程师编制，并应报总监理工程师审批。

2.监理实施细则的编制依据

《建设工程监理规范》(GB/T 50319—2013)规定，监理实施细则的编制应依据下列资料：

建设工程监理规范

(1)监理规划。

(2)工程建设标准、工程设计文件。

(3)施工组织设计、(专项)施工方案。

除《建设工程监理规范》(GB/T 50319—2013)中规定的相关依据外，监理实施细则在编制过程中，还可以融入工程监理单位的规章制度和经认证发布的质量体系，以达到监理内容的全面、完整，有效提高建设工程监理自身的工作质量。

3.监理实施细则的主要内容

《建设工程监理规范》(GB/T 50319—2013)明确规定了监理实施细则应包含的内容，即专业工程特点、监理工作流程、监理工作要点与监理工作方法及措施。

三、监理月报

监理月报是项目监理机构每月向建设单位提交的建设工程监理工作及建设工程实施情况分析总结报告。监理月报应由总监理工程师组织编写，编写完成由总监理工程师签认后报建设单位和本监理单位。

1.监理月报的编制依据

(1)《建设工程监理规范》(GB/T 50319—2013)。

(2)工程质量验收系列规范、规程和技术标准。

(3)监理单位的有关规定。

2.监理月报的内容

(1)本月工程概况。

(2)监理工作控制要点及目标。

(3)工程进度：本月实际完成情况与计划进度比较，对进度完成情况及采取措施效果进行分析。

(4)工程质量：本月工程质量情况分析；本月采取的工程质量措施及效果。

(5)工程计量与工程款支付：工程量审核情况、工程款审批情况及月支付情况、工程款支付情况分析、本月采取的措施及效果。

(6)合同其他事项的处理情况：工程变更、工程延期、费用索赔。

(7)本月监理工作小结、下月监理工作重点。

监理月报封面样式如图 3－1 所示。

××工程 **监　理　月　报** 年　度： 月　份： 总监理工程师： ××监理公司 ××项目监理部 年　　月　　日

图 3－1　监理月报封面

四、监理会议纪要

监理会议纪要应由项目监理部根据会议记录整理，经总监理工程师审阅，并经与会各方代表会签。监理会议纪要包括工地会议纪要和专题会议纪要。

1.第一次工地会议纪要

第一次工地会议是在中标通知书发出后，监理工程师准备发出开工通知前召开。其目的是检查工程的准备情况（含各方机构、人员），以确定开工日期，发出开工令。第一次工地会议由总监理工程师主持，业主、承包商、指定分包商、专业监理工程师等参加。

第一次工地会议纪要主要包括以下内容：

(1)建设单位、施工单位和监理单位分别介绍各自驻现场的组织机构、人员及其分工。

(2)建设单位根据委托监理合同宣布对总监理工程师的授权。

(3)建设单位介绍工程开工准备情况。

(4)施工单位介绍施工准备情况。

(5)建设单位和总监理工程师对施工准备情况提出意见与要求。

(6)总监理工程师介绍监理规划的主要内容。

(7)研究确定各方在施工过程中参加工地例会的主要人员，召开工地会议周期、地点及主要议题。

监理工程师将会议全部内容整理成纪要文件。纪要文件应包括参加会议人员名单；承包商、业主和监理工程师对开工准备工作的情况；与会者讨论时发表的意见及补充说明；监理工程师的结论意见。

第一次工地会议纪要表格样式见表 3－2。

表 3－2　第一次工地会议纪要

<table>
<tr><td colspan="2">单位工程
名　　称</td><td colspan="3"></td><td colspan="2">工程造价
/万元</td><td></td></tr>
<tr><td colspan="2">建筑面积
/m^2</td><td colspan="2"></td><td>结构类型
层　　数</td><td colspan="3"></td></tr>
<tr><td colspan="2">建设单位</td><td colspan="3"></td><td colspan="2">项目负责人</td><td></td></tr>
<tr><td colspan="2">勘察单位</td><td colspan="3"></td><td colspan="2">项目负责人</td><td></td></tr>
<tr><td colspan="2">设计单位</td><td colspan="3"></td><td colspan="2">项目负责人</td><td></td></tr>
<tr><td colspan="2">施工单位</td><td colspan="3"></td><td colspan="2">项目经理</td><td></td></tr>
<tr><td colspan="2">监理单位</td><td colspan="3"></td><td colspan="2">总监理工程师</td><td></td></tr>
<tr><td>会议时间</td><td colspan="2">年　月　日</td><td>地　点</td><td colspan="2"></td><td>主持人</td><td></td></tr>
<tr><td colspan="8">签到栏：</td></tr>
<tr><td colspan="8">会议内容纪要：</td></tr>
<tr><td colspan="8">建设单位驻现场的组织机构、人员及分工情况：</td></tr>
<tr><td colspan="8">施工单位驻现场的组织机构、人员及分工情况：</td></tr>
<tr><td colspan="8">监理单位驻现场的组织机构、人员及分工情况：</td></tr>
<tr><td colspan="8">建设单位根据委托监理合同宣布对总监理工程师的授权：</td></tr>
<tr><td colspan="8">建设单位介绍工程开工准备情况：</td></tr>
<tr><td colspan="8">施工单位介绍施工准备情况：</td></tr>
<tr><td colspan="8">建设单位对施工准备情况提出的意见和要求：</td></tr>
<tr><td colspan="8">总监理工程师对施工准备情况提出的意见和要求：</td></tr>
<tr><td colspan="8">总监理工程师介绍监理规划的主要内容：</td></tr>
<tr><td colspan="8">研究确定的各方在施工过程中参加工地例会的主要人员：
建设单位：

施工单位：

监理单位：

召开工地例会周期、地点及主要议题：</td></tr>
</table>

2.工地会议纪要

工地会议是在开工以后，按照协商的时间，由监理工程师定期组织召开的会议。其是监理工程师对工程建设过程进行监督协调的有效方式，它的主要目的是分析、讨论工程建设中的实际问题，并做出决定。

工地会议纪要主要包括以下内容：

(1)检查上次例会议定事项的落实情况，分析未完事项原因。

(2)检查分析工程项目进度计划完成情况，提出下一阶段进度目标及落实措施。

(3)检查分析工程项目质量情况，针对存在的质量问题提出改进措施。

(4)检查工程量核定及工程款支付情况。

(5)解决需要协调的有关事项。

(6)其他有关事宜。

工地会议纪要表格样式见表3－3。

表3－3　工地会议纪要

编号：__________

工程名称			
会议名称		总监理工程师	
会议时间	年　月　日	地　点	
签到栏：			
会议内容纪要			
检查上次例会议定事项的落实情况，分析未完事项原因：			
检查分析工程项目进度计划完成情况，提出下一阶段进度目标及其落实措施：			
检查分析工程项目质量情况，针对存在的质量问题提出改进措施：			
检查工程量核定及工程款支付情况：			
解决需要协调的有关事项：			
其他有关事宜：			

3.专题会议纪要

专题会议是为解决施工过程中的某一问题而召开的不定期会议，会议应有主要议题。专题会议纪要表格样式见表3－4。

表3－4　专题会议纪要

编号：__________

工程名称			
会议名称		主持人	
会议时间	年　月　日	地　点	
签到栏：			
会议内容纪要			

五、监理工作日志

监理工作日志是一项非常重要的监理资料，项目监理组必须认真、详细、如实、及时地予以记录。记录前，应对当天的施工情况、监理工作情况进行汇总、整理，做到书写清楚、版面整齐、条理分明、内容全面。

监理工作日志应以项目监理部的监理工作为记载对象，从监理工作开始起至监理工作结束止，由专人负责逐日记载。具体应符合以下要求：

(1)准确记录时间、气象。监理人员在书写监理日志时，往往只重视时间记录，而忽视了气象记录，气象记录的准确性与工程质量有直接的联系。

(2)做好现场巡查，真实、准确、全面地记录工程相关问题。

(3)关心安全文明施工管理，做好安全检查记录。

(4)书写工整、用语规范、内容严谨。

(5)书写好监理日记后，要及时交总监审查，以便及时沟通和了解，从而促进监理工作正常有序地开展。

监理工作日志表格样式见表3－5。

表3－5　监理工作日志

工程名称：__________　　　　编号：__________

施工部位		日期	
气象情况	最高气温　℃　最低气温　℃　风力：　级		
1			
2			
3			
4			
5			
主要事项记载： 记录人：__________			

六、监理工作总结

项目竣工后，项目监理机构应对监理工作进行总结，监理工作总结经总监理工程师签字并加盖工程监理单位公章后报送建设单位。监理工作总结主要包括下列内容：

(1)工程概况。

(2)勘察、设计技术文件简况。

(3)施工单元项目组织状况。

(4)建设监理现场机构设置与实际变化过程。

(5)投资、质量、进度控制与合同管理的措施和方法。

(6)材料报验和工程报验情况。

(7)监理工作情况。

(8)经验与教训。

(9)工程交付使用后的注意事项。

监理工作总结封面参考样式如图 3－2 所示。

××工程监理工作总结

项目总监理工程师：____________

总工办主任：____________

公司经理：____________

监理单位：________（盖章）________

××监理有限公司

年　　月　　日

图 3－2　监理工作总结封面

七、监理管理资料常用表格

1.工作联系单

工人在施工过程中，监理工作联系单用于工程有关各方之间传递意见、决定、通知、要求与信息，即与监理有关的某一方需向另一方或几方告知某一事项或督促某项工作或提出某项建议等，对方执行情况不需要书面回复时均用此表。当不需回复时应有签收记录，并应注明收件人的姓名、单位和收件日期，并由有关单位各保存一份。工作联系单表格样式见表 3－6。

表 3－6[表 B.1.1]　工作联系单

工程名称	××大厦工程	编号	×××
致：××工程监理公司××项目经理部、××建筑安装工程有限公司××项目部 我方已与设计单位定于××年×月×日×时进行本工程设计交底和图纸会审工作，请贵方做好有关准备工作。 单位：××置业公司 负责人(签字)：××× 日期：××年×月×日			

填表说明：

(1)工程建设有关方相互之间的日常书面工作联系包括告知、督促、建议等事项。

(2)《建设工程监理规范》(GB/T 50319—2013)中规定，项目监理机构应协调工程建设相关方的关系。项目监理机构与工程建设相关方之间的工作联系，除另有规定外，宜采用工作联系单形式进行。

(3)工作联系单的发出单位有权签发的负责人包括建设单位的现场代表、施工单位的项目经理、监理单位的项目总监理工程师、设计单位的工程设计负责人及项目其他参建单位的相关负责人。

(4)工作联系单的内容包括施工过程中与监理有关的某一方需向另一方或几方告知某一事项或督促某项工作、提出某项建议等。

2.监理工程师通知

项目监理机构在实施监理过程中，发现工程存在安全事故隐患的，应签发监理通知，要求施工单位整改。按委托监理合同授予的权限，对承包单位所发出的指令、提出的要求，除另有规定外，均应采用监理工程师通知单表。监理工程师现场发出的口头指令及要求，也应采用此表予以确认。

监理工程师通知应符合现行国家标准《建设工程监理规范》(GB/T 50319—2013)的有关规定。监理单位填写的监理工程师通知应一式两份，并应由监理单位、施工单位各保存一份。

监理工程师通知样式见表 3－7。

表 3－7[表 B.1.2]　监理工程师通知

工程名称	××大厦工程	编号	×××
致：××建筑安装工程有限公司××项目部（施工项目经理部） 事由：关于 7F 梁板钢筋验收事宜 内容： 我部监理工程师在 7F 梁板钢筋安装验收过程发现现场钢筋安装存在以下问题： 1.______轴______轴处框架梁处楼板上层钢筋保护层过厚，偏差大于《混凝土结构工程施工质量验收规范》(GB 50204—2015)的相关规定。 2.楼板留洞(______轴______轴/______轴______轴)补强钢筋长度不符合设计要求。 要求贵项目部立即对 7F 梁板钢筋架设高度及补强钢筋长度按设计要求进行整改，自检合格后再报送我部验收，整改未合格前不得进入下道工序施工。 监理单位：××项目监理部 总/专业监理工程师：××× 日期：××年×月×日			

填表说明：

(1)本表可由总监理工程师或专业监理工程师签发，对于一般问题可由专业监理工程师签发，对于重大问题应由总监理工程师或经其同意后签发。

(2)"事由"应填写通知内容的主题，相当于标题。

(3)"内容"应写明发生问题的具体部位、具体内容，并写明监理工程师的要求、依据。

3.监理工程师通知回复单

监理工程师通知回复单是指监理单位发出监理通知，施工承包单位对监理工程师通知或工程质量整改通知执行完成后，报项目监理机构请求复查的回复用表。

监理工程师通知回复单样式见表3－8。

表3－8[表C.1.7]　监理工程师通知回复单

<table>
<tr><td rowspan="3">工程名称</td><td rowspan="3">××工程</td><td>施工编号</td><td>×××</td></tr>
<tr><td>监理编号</td><td>×××</td></tr>
<tr><td>日期</td><td>××年×月×日</td></tr>
<tr><td colspan="4">致：××监理公司（监理单位）

我方接到编号为×××的监理工程师通知后，已按要求完成了对硬质阻燃塑料管(PVC)暗敷设工程质量问题的整改工作，现报上，请予以复查。

详细内容：
我项目部收到编号为×××的《监理工程师通知单》后，立即组织有关人员对现场已完成的硬质阻燃塑料管(PVC)暗敷设工程进行了全面的质量复查，共发现此类问题10处，并立即进行了如下整改处理：
(1)对于稳埋盒、箱先用后坠找正，位置正确后再进行固定稳埋。
(2)暗装的盒口或箱口与墙面平齐，不出现凸出墙面或凹陷的现象。
(3)暗箱的贴脸与墙面缝隙预留适中。
(4)用水泥砂浆将盒底部四周填实抹平，盒子收口平整。

专业承包单位××建筑工程公司
施工总承包单位×××
项目经理/责任人×××
项目经理/责任人×××</td></tr>
<tr><td colspan="4">复查意见：
经对编号为×××《监理通知回复单》提出的复查，项目部已按《监理工程师通知单》整改完毕，经检查符合要求。
(如不符合要求，应具体指明不符合要求的项目或部位，签署"不符合要求，要求承包单位继续整改"的意见)
监理单位：××监理公司××项目监理部
总/专业监理工程师：×××
日　期××年×月×日</td></tr>
</table>

填表说明：

(1)收到施工单位报送的《监理通知回复单》后，一般可由原发出通知单的专业监理工程师对现场整改情况和附件资料进行核查，认可整改结果后，由专业监理工程师签认。

(2)本表一式两份，并应由监理单位，施工单位各保存一份。

4.工程暂停令

监理人员在施工监理过程中，发现施工现场存在重大安全隐患，总监理工程师应及时签发《工程暂停令》，暂停部分或全部在施工程的施工，责令限期整改，并抄报建设单位。施工单位整改后应书面回复，经监理人员复查合格，总监理工程师批准后，方可复工。项目监理机构发现下列情况之一时，总监理工程师应及时签发工程暂停令。

(1)建设单位要求暂停施工且工程需要暂停施工的。

(2)施工单位未经批准擅自施工或拒绝项目监理机构管理的。

(3)施工单位未按审查通过的工程设计文件施工的。

(4)施工单位违反工程建设强制性标准的。

(5)施工存在重大质量、安全事故隐患或发生质量、安全事故的。

工程暂停令样式见表3－9。

表3－9[表B.1.3] 工程暂停令

工程名称	××工程	施工编号	×××
		监理编号	×××
		日期	××年×月×日
致：××建筑工程有限公司××项目部（施工总承包单位/专业承包单位） 由于××大厦工程基坑开挖导致基坑西侧管线竖向位移从××年×月×日起连续×天超出设计报警值原因，现通知你方于××年×月×日×时起，对本工程基坑开挖部位实施暂停（工序）施工，并按要求做好下述各项工作： 要求： **暂停基坑开挖，采取有效措施控制因基坑变形而导致的基坑西侧管线竖向位移，待管线位移得到有效控制后再上报工程复工报审表申请复工。** 监理单位××项目监理部 总监理工程师××× 日期××年×月×日			

填表说明：

(1)本表应注明工程暂停的原因、部位和范围、停工期间应进行的工作等。

(2)本表应一式三份，并应由建设单位、监理单位、施工单位各保存一份。

5.工程复工报审表

暂停施工事件发生时，项目监理机构应如实记录所发生的情况。当暂停施工原因消失、具备复工条件，施工单位提出复工申请时，项目监理机构应审查施工单位报送的复工报审表及有关材料，符合要求后，总监理工程师应及时签发复工令；施工单位未提出复工申请的，总监理工程师应根据工程实际情况指令施工单位恢复施工。

工程复工报审表用于工程项目停工的恢复施工报审用表，施工单位报项目监理机构复核和批复复工时间。《工程复工报审表》应一式四份，并应由建设单位、监理单位、施工单位、城建档案馆各保存一份。

工程复工报审表样式见表 3－10。

表 3－10［表 C.3.2］ 工程复工报审表

<table>
<tr><td rowspan="3">工程名称</td><td rowspan="3">××工程</td><td>施工编号</td><td>×××</td></tr>
<tr><td>监理编号</td><td>×××</td></tr>
<tr><td>日期</td><td>××年×月×日</td></tr>
<tr><td colspan="4">致：<u>××建设工程监理有限公司××监理项目部</u>（监理单位）
编号为 <u>×××</u> 号《工程暂停令》所停工的 <u>基坑开挖</u> 部位(工序)已满足复工条件，我方申请于<u>××</u>年<u>×</u>月<u>×</u>日复工，请予以审批。
附件：证明文件资料
基坑监测报告
项目经理部(盖章)××项目经理部
项目经理(签字)×××
日期××年×月×日</td></tr>
<tr><td colspan="4">审核意见：
施工单位采取了有效措施控制基坑变形，通过基坑监测数据分析，基坑南侧市政管线竖向位移已得到有效控制，具备复工条件，同意复工要求。
项目监理机构(盖章)××项目监理部
总监理工程师(签字)×××
日期××年×月×日</td></tr>
<tr><td colspan="4">审批意见：
具备复工条件，同意复工。
建设单位(盖章)××置业公司
建设单位代表(签字)×××
日期××年×月×日</td></tr>
</table>

填表说明：

(1)附件。应详细说明具备复工的条件，证明文件必须齐全真实，任何形式的不符合复工报审条件的工程项目，承包单位不得提请报审。

(2)审查意见。应由总监理工程师根据核实结果填写。

(3)总监理工程师应指定专业监理工程师对复工条件进行复核，并在合同约定的时间内完成对复工申请的审批。当同意复工时，填写“具备复工条件，同意复工”；否则填写“不具备复工条件，暂不同意复工”，并注明不同意复工的原因和对承包单位的要求。

第二节　进度控制资料

进度控制资料属于 B2 类，主要包括两项内容。其工程资料名称、来源及保存见表 3—11。

表 3—11　进度控制资料

进度控制资料(B2 类)工程资料名称		工程资料来源	工程资料保存			
			施工单位	监理单位	建设单位	城建档案馆
1	工程开工报审表 *（表 C.3.1）	施工单位	●	●	●	●
2	施工进度计划报审表 *（表 C.3.3）	施工单位	○	○		
注：表中工程资料名称与资料保存单位所对应的栏中“●”表示“归档保存”；“○”表示“过程保存”，是否归档保存可自行确定。表中注明“ * ”的表，宜由施工单位和监理或建设单位共同形成。						

一、工程开工报审资料

1.工程开工报审表

当现场具备开工条件且已做好各项施工准备后，施工单位应及时填写工程开工报审表经项目监理部审批、总监理工程师审批后报建设单位。

(1)工程开工报审程序。工程开工报审的一般程序如下：

1)承包单位自查认为施工准备工作已完成，具备开工条件时，向项目监理机构报送《工程开工报审表》及相关资料。

2)专业监理工程师审核承包单位报送的《工程开工报审表》及相关资料，现场核查各项准备工作的落实情况，报项目总监理工程师审批。

3)项目总监理工程师根据专业监理工程师的审核，签署审查意见，具备开工条件时按《委托监理合同》的授权报建设单位备案或审批。

工程开工报审表样式见表 3—12。

表 3—12[表 C.3.1]　工程开工报审表

工程名称	××工程	施工编号	×××
		监理编号	×××
		日期	××年×月×日
致： ××监理公司××大厦工程项目监理部（监理单位） 我方承担的××大厦工程，已完成了以下各项工作，具备了开工条件，特此申请施工，请检查并签发开工指令。 附件：证明文件资料 施工现场质量管理检查记录表 施工总承包单位××建筑工程有限公司 项目经理××× 日期××年×月×日			

续表

审核意见： 1.建设单位已组织工程建设各方完成了设计交底和图纸会审工作，且图纸会审中的相关意见已落实。 2.施工组织设计已由项目监理机构审核同意。 3.施工单位已建立了完整的施工现场质量及安全生产管理体系。 4.施工管理人员及特种施工人员资质已审查并已到位，主要施工机械已进场并具备使用条件，主要工程材料已进行采购。 5.施工现场“五通一平”工作已按施工组织设计的要求完成。 经审查，本工程施工现场准备工作满足开工要求，请建设单位审批。 项目监理机构（盖章）××监理公司××大厦工程项目监理部 总监理工程师（签字加盖执业印章）××× 日期××年×月×日
审批意见： 本工程已取得施工许可证，相关资金已经落实并按合同约定拨付给施工单位，同意开工。 建设单位（盖章）××建筑工程有限公司 建设单位代表（签字）××× 日期××年×月×日

（2）填表说明。

1）工程满足开工条件后，承包单位报项目监理机构复核和批复开工时间。

2）整个项目一次开工，只填报一次，如工程项目中含有多个单位工程且开工时间不同，则每个单位工程都应填报一次。

3）总监理工程师审核开工条件并经建设单位同意后签发工程开工令。

4）本表一式四份，并应由建设单位、监理单位、施工单位、城建档案馆各保存一份。

（3）填表注意事项。

1）工程名称：是指相应的建设项目或单位工程名称，应与施工图的工程名称一致。

2）证明文件资料：是指证明已具备开工条件的相关资料。承包单位应将施工组织设计的审批、施工现场质量管理检查记录表的内容审核情况、施工测量放线资料、现场主要管理人员和特殊工种人员资格证与上岗证、现场管理人员、机具、施工人员进场情况、工程主要材料落实情况及施工现场道路、水、电、通信等是否已达到开工条件等证明文件作为附件同时报送。

3）审核意见：总监理工程师应组织专业监理工程师对施工单位的准备情况进行检查，除检查所报内容外，还应对施工现场临时设施是否满足开工要求，地下障碍物是否清除或查明，测量控制桩、实验室是否经项目监理机构审查确认等进行检查并逐项记录检查结果。当总监理工程师确认具备开工条件时,应签署审核意见,并应报建设单位批准后,总监理工程师签发工程开工令。否则,应简要指出不符合开工条件要求之处。

4)本表必须由项目经理签字并加盖施工单位公章。

2.工程开工令

建设单位对《工程开工报审表》签署统一意见后,总监理工程师可签发《工程开工令》(表3-13),指示施工单位开工。《工程开工令》中的开工日期作为施工单位计算工期的起始日期。本表应一式三份,由项目监理机构、建设单位和施工单位各保存一份。

表3-13 工程开工令

<table>
<tr><td>工程名称</td><td>××工程</td><td>编号</td><td>×××</td></tr>
<tr><td colspan="4">致:××建筑工程有限公司(施工单位)
经审查,本工程已具备施工合同约定的开工条件,现同意你方开始施工,开工日期为:××年×月×日。

附件:工程开工报审表

项目监理机构(盖章) ××监理公司××大厦工程项目监理部
总监理工程师(签字、加盖执业印章)×××
××年×月×日</td></tr>
</table>

3.工程复工令

《工程复工令》见表3-14。

表3-14 工程复工令

<table>
<tr><td>工程名称</td><td>××工程</td><td>编号</td><td>×××</td></tr>
<tr><td colspan="4">致:建筑工程有限公司项目部(施工项目经理部)

我方已发出编号为×××《工程暂停令》,要求暂停施工的基坑开挖部位(工序),经查已具备复工条件。经建设单位同意,现通知你方于××年×月×日×时起恢复施工。

附件:工程复工报审表

项目监理机构(盖章)××监理公司××项目监理部
总监理工程师(签字、加盖执业印章)×××
××年×月×日</td></tr>
</table>

填表说明：

(1)本表内必须注明复工的部位和范围、复工日期等，并附《工程复工报审表》等其他相关说明文件。

(2)本表应一式三份，由项目监理机构、建设单位和施工单位各保存一份。

二、施工进度计划及审批资料

1.施工组织设计/(专项)施工方案报审表

施工单位编制的施工组织设计应由施工单位技术负责人审核签字并加盖施工单位公章。有分包单位的，分包单位编制的施工组织设计/(专项)施工方案报审表均应由施工单位按规定完成相关审批手续后，报送项目监理机构审核。《施工组织设计/(专项)施工方案报审表》(表3－15)应一式三份，由项目监理机构、建设单位和施工单位各保存一份。

表3－15 施工组织设计/(专项)施工方案报审表

工程名称：××大厦工程　　　　编号：×××

致：××监理公司××项目监理部(项目监理机构) 我方已完成　××大厦　工程施工组织设计/(专项)施工方案的编制和审批，请予以审查。 附件：☑施工组织设计 ☐专项施工方案 ☐施工方案 施工项目经理部(盖章)××建筑工程有限公司 项目经理(签字)××× ××年×月×日
审查意见： 施工组织设计(方案)合理、可行，且审批手续齐全，拟同意承包单位按该施工组织设计(方案)组织施工，请总监理工程师审核。 若不符合要求，专业监理工程师审查意见应简要指出不符合要求之处，并提出修改补充意见后签署"暂不同意(部分或全部应指明)承包单位按该施工组织设计(方案)组织施工，待修改完善后再报，请总监理工程师审核"的意见。 专业监理工程师(签字)××× ××年×月×日

审核意见： 同意专业监理工程师审查意见，同意承包单位按该施工组织设计（方案）组织施工。 如不同意专业监理工程师的审查意见，应简要指明与专业监理工程师审查意见中的不同之处，签署修改意见；并签认“不同意承包单位按该施工组织设计（方案）组织施工（修改后再报）”的最终结论。 项目监理机构（盖章）××监理公司××项目监理部 总监理工程师（签字、加盖执业印章）××× ××年×月×日
审批意见（仅对超过一定规模的危险性较大分部分项工程专项方案）： 建设单位（盖章）___ 建设单位代表（签字）___ ___年___月___日

2.施工进度计划报审表

承包单位应根据建设工程施工合同的约定，按时编制施工总进度计划、年进度计划、季进度计划、月进度计划，并按时填写《施工进度计划报审表》（表3－16），报项目监理机构审批。

表3－16［表C.3.3］ 施工进度计划报审表

工程名称：××大厦工程　　　　编号：×××

致：××监理公司××项目监理部（项目监理机构） 根据施工合同的约定，我方已完成××大厦工程施工进度计划的编制与批准，请予以审查。 附件：☑施工总进度计划：工程总进度计划 ☐阶段性进度计划 施工项目经理部（盖章）××建筑工程有限公司××项目部 项目经理（签字）××× 日期××年×月×日
审查意见： 经审查，本工程总进度计划内容完整，总工期满足合同要求，符合国家相关工期管理规定，同意按此计划组织施工。 专业监理工程师（签字）××× 日期××年×月×日

审核意见：
同意按此施工进度计划组织施工。
项目监理机构（盖章）**××监理公司××项目监理部**
总监理工程师（签字）**×××**
日期**××年×月×日**

填表说明：

（1）监理机构对施工进度的审查或批准，并不解除承包单位对施工进度计划的责任和义务。

（2）施工单位应按施工合同约定的日期，将总体进度计划提交监理工程师，监理工程师按合同约定的时间予以确认或提出修改意见。

（3）群体工程中单位工程分期进行施工的，施工单位应按照建设单位提供图纸及有关资料的时间，分别编制各单位工程的进度计划，并向项目监理机构报审。进度计划经专业监理工程师的审核，提出审查意见报总监理工程师，总监理工程师审核后如同意施工单位所报计划，则应签署"本施工进度计划具有可行性和可操作性，与工程实际情况相符合，满足合同工期及总控制计划的要求，予以通过。同意按此计划组织施工"。如不同意承包单位所报计划，则签署"不同意按此进度计划施工"，并就不同意的原因及理由简要列明。

（4）施工单位报审的总体进度计划必须经其企业技术负责人审批，且编制、审核、批准人员签字及单位公章齐全。

第三节 质量控制资料

质量控制资料属于 B3 类，主要包括 5 项内容。其工程资料名称、来源及保存见表 3－17。

表 3－17 质量控制资料

质量控制资料(B3 类)工程资料名称		工程资料来源	工程资料保存			
			施工单位	监理单位	建设单位	城建档案馆
1	质量事故报告及处理资料	施工单位	●	●	●	●
2	旁站监理记录＊(表 B.3.1)	监理单位	○	●	●	
3	见证取样和送检见证人员备案表(表 B.3.2)	监理单位或建设单位	●	●	●	
4	见证记录＊(表 B.3.3)	监理单位	●	●	●	
5	工程技术文件报审表＊(表 C.2.1)	施工单位	○	○		

注：表中工程资料名称与资料保存单位所对应的栏中“●”表示“归档保存”；“○”表示“过程保存”，是否归档保存可自行确定。表中注明“＊”的表，宜由施工单位和监理或建设单位共同形成。

一、旁站监理记录、见证取样资料

1.旁站监理记录

旁站监理记录是指监理人员在房屋建筑工程施工阶段监理中，对关键部位、关键工序的施工质量，实施全过程现场跟班的监理活动所见证的有关情况的记录。

旁站监理记录样式见表 3－18。

表 3－18[表 B.3.1] 旁站监理记录

工程名称	××工程	编号	×××
旁站的关键部位、关键工序	屋面____/____轴混凝土浇筑	施工单位	××建筑工程有限公司
旁站开始时间	××年×月×日×时×分	旁站结束时间	××年×月×日×时×分
旁站的关键部位、关键工序施工情况： **采用商品混凝土，混凝土强度等级为 C25，配合比编号为×××。现场采用汽车泵 1 台进行混凝土的浇筑施工。** **检查混凝土坍落度 4 次，实测坍落度为 150 mm，符合混凝土配合比的要求。制作混凝土试块 2 组(编号：××、××，其中编号为××的试块为见证试块)，混凝土浇筑过程符合施工验收规范的要求。**			
发现问题及处理情况： **混凝土浇筑后没有及时进行覆盖。** **在混凝土表面覆盖塑料布进行养护。** 旁站监理人员(签字)××× ××年×月×日			

填表说明：

(1)本表为项目监理机构记录旁站工作情况的通用格式，一式一份，由项目监理机构留存。项目监理机构可根据需要增加附表。

(2)本表中“施工情况”应记录所旁站部位(工序)的施工作业内容、主要施工机械、材料、人员和完成的工程数量等内容及监理人员检查旁站部位施工质量的情况。“处理情况”指的是旁站人员对所发现问题的处理。

(3)对旁站时发现的问题可先口头通知承包单位改正，然后应及时签发《监理工程师通知》。

2.见证取样和送检见证人员备案表

见证取样和送检见证人员备案表应由监理单位填写，一式五份，并由质量监督站、检测单位、建设单位、监理单位、施工单位各保存一份。

每个单位工程须设定1~2名取样和送检见证人，见证人由施工现场监理人员担任，或由建设单位委派具备一定试验知识的、责任心强、工作认真的专业人员担任。施工和材料、设备供应单位人员不得担任。

见证人员应经市建委统一培训考试合格并取得“见证人员岗位资格证书”后，方可上岗任职(取得国家和北京市监理工程师资格证书者免考)。单位工程见证人设定后，建设单位应向承监该工程的质量监督机构递交《见证取样和送检见证人备案表》进行备案。见证人更换须办理变更备案手续。所取试样必须送到相应资质的检测单位。

见证取样和送检见证人备案表样式见表3－19。见证记录样式见表3－20。

表3－19[表B.3.2]　见证取样和送检见证人备案表

<table>
<tr><td>工程名称</td><td></td><td>编　号</td><td></td></tr>
<tr><td>质量监督站</td><td></td><td>日　期</td><td></td></tr>
<tr><td>检测单位</td><td colspan="3"></td></tr>
<tr><td>施工总承包单位</td><td colspan="3"></td></tr>
<tr><td>专业承包单位</td><td colspan="3"></td></tr>
<tr><td rowspan="6">见证人员签字</td><td></td><td rowspan="6">见证取样和送检印章</td><td rowspan="6"></td></tr>
<tr><td></td></tr>
<tr><td></td></tr>
<tr><td></td></tr>
<tr><td></td></tr>
<tr><td></td></tr>
<tr><td colspan="2">建设单位(章)</td><td colspan="2">监理单位(章)</td></tr>
</table>

表3－20[表B.3.3]　见证记录

<table>
<tr><td>工程名称</td><td colspan="2"></td><td>编　号</td><td colspan="2"></td></tr>
<tr><td>样品名称</td><td></td><td>试件编号</td><td></td><td>取样数量</td><td></td></tr>
</table>

续表

取样部位/地点		取样日期	
见证取样说明			
见证取样和送检印章			
签字栏	取样人员		见证人员

二、工程材料、构配件、设备报审资料

《工程材料、构配件、设备报审表》用于施工单位对工程材料、构配件、设备在施工单位自检合格后，向项目监理机构报审。本表应一式两份，项目监理机构、施工单位各一份。

工程材料、构配件、设备报审资料样式见表3－21。

表3－21　工程材料、构配件、设备报审资料

工程名称	××工程	编号	×××
致：**××监理公司××项目监理部**（项目监理机构） 于××年×月×日进场的拟用于工程**现浇混凝土柱、梁、板以及所有门窗洞口过梁**部位的**配筋**，经我方检验合格，现将相关资料报上，请予以审查。 附件： 1.工程材料、构配件或设备清单 2.质量证明文件 **(1)出厂合格证5页。(如出厂合格证无原件，有抄件或原件复印件亦可。但抄件或原件复印件上要注明原件存放单位，抄件人和抄件、复印件单位签名并盖公章)** **(2)厂家质量检验报告5页。** **(3)进场复试报告5页。(复试报告一般应提供原件)** 3.自检结果 **工程材料质量证明资料齐全，观感质量及进场复试检验结果合格。** 施工项目经理部(盖章)**××建筑工程公司** 项目经理(签字)××× ××年×月×日			
审查意见： 项目监理机构(盖章)××**监理公司**××**项目监理部** 专业监理工程师(签字)××× ××年×月×日			

填表说明：

(1)质量证明文件是指生产单位提供的合格证、质量证明书、性能检测报告等证明资料。进口材料、构配件、设备应有商检的证明文件；新产品、新材料、新设备应有相应资质机构的鉴定文件。如无证明文件原件，需提供复印件，但应在复印件上加盖证明文件提供单位的公章。

(2)自检结果是指施工单位对所购材料、构配件、设备清单、质量证明资料核对后，对工程材料、构配件、设备实物及外部观感质量进行验收核实的结果。

(3)由建设单位采购的主要设备由建设单位、施工单位、项目监理机构进行开箱检查，并由三方在开箱检查记录上签字。

(4)进口材料、构配件和设备应按照合同约定，由建设单位、施工单位、供货单位、项目监理机构及其他有关单位进行联合检查，检查情况及结果应形成记录，并由各方代表签字认可。

三、测量控制资料

《施工控制测量成果报验表》用于施工单位施工控制测量完成并自检合格后，报送项目监理机构复核确认。《施工控制测量成果报验表》应一式三份，由项目监理机构、建设单位、施工单位各保存一份。施工控制测量成果报验表样式见表3－22。

表3－22　施工控制测量成果报验表

工程名称	××工程	编号	×××
致：××监理公司××项目监理部(项目监理机构) 我方已完成××大厦工程定位放线的施工控制测量，经自检合格，请予以查验。 附件：1.施工控制测量依据资料 2.施工控制测量成果表 施工项目经理部(盖章)××建筑工程有限公司 项目技术负责人(签字)××× 日期××年×月×日			
审查意见： 经审查，控制网复核方位角传递均联系两个方向，水平角观测误差均在原来的读盘上两次复测无误；距离测量复核无误。 应对工程基准点、基准线，主轴线控制点实施有效保护。 项目监理机构(盖章)××监理公司××项目监理部 专业监理工程师(签字)××× 日期××年×月×日			

第四节 造价控制资料

造价控制资料属于 B4 类，主要包括 5 项内容。其工程资料名称、来源及保存见表 3－23。

表 3－23 造价控制资料

造价控制资料(B4 类) 工程资料名称		工程资料来源	工程资料保存			
			施工单位	监理单位	建设单位	城建档案馆
1	工程款支付申请表(表 C.3.6)	施工单位	○	○	●	
2	工程款支付证书(表 B.4.1)	监理单位	○	○	●	
3	工程变更费用报审表 *	施工单位	○	○	●	
4	费用索赔申请表	施工单位	○	○	●	
5	费用索赔审批表(表 B.4.2)	监理单位	○	○	●	
注：表中工程资料名称与资料保存单位所对应的栏中“●”表示“归档保存”；“○”表示“过程保存”，是否归档保存可自行确定。表中注明“ * ”的表，宜由施工单位和监理或建设单位共同形成。						

一、工程款支付资料

1.工程款支付申请表

工程款支付申请时承包单位根据施工合同中有关工程款支付约定的条款，向项目监理机构申请支付工程预付款、工程进度款、工程结算款。申请支付的工程款金额应包括合同内工程款、工程变更增减费用、批准的索赔费用，扣除应扣预付款、保留金及施工中约定的其他费用。

施工单位提交的工程款支付申请由专业监理工程师审查；专业监理工程师进行工程计量，对工程支付申请提出审查意见；总监理工程师签发工程款支付证书。

工程款支付申请表的样式及填写范例见表 3－24。此表应一式三份，并应由建设单位、监理单位、施工单位各保存一份。

表 3－24[C.3.6] 工程款支付申请表

致：**××监理公司**(监理单位) 我方已完成了 **±0.000～＋10.500 的主体结构工程施工** 工作，按照施工合同的规定，建设单位应在××年×月×日前支付该项工程款共(大写)**壹佰叁拾伍万柒仟贰佰捌拾玖元整**(小写：**¥1 357 289.00**)，现报上 ×× 工程付款申请表，请予以审查并开具工程款支付证书。 附件： ①工程量清单。 ②计算方法。 (略) 施工总承包单位(章) **××建筑工程公司** 项目经理 ×××

2.工程款支付证书

工程款支付证书是项目监理机构在收到承包单位的工程款支付申请表、项目监理机构收到经建设单位签署审批意见的《工程复工报审表》后，根据建设单位的审批意见签发。

工程款支付证书的样式见表 3－25。

表 3－25[B.4.1]　工程款支付证书

工程名称	××大厦工程	编号	×××
致：××建筑工程有限公司（建设单位） 根据施工合同的约定，经审核编号为 ××× 工程款支付报审表，扣除有关款项后，同意本期支付工程款共计（大写）贰佰柒拾万叁仟肆佰玖拾捌元整（小写：¥2 703 498）。 其中： 1.施工单位申报款为：贰佰玖拾陆万伍仟零肆拾元整 2.经审核施工单位应得款为：贰佰捌拾叁万柒仟零伍拾伍元整 3.本期应扣款为：壹拾叁万叁仟伍佰伍拾柒元整 4.本期应付款为：贰佰柒拾万叁仟肆佰玖拾捌元整 附件：工程款支付报审表及附件 项目监理机构（盖章）××监理公司××项目监理部 总监理工程师（签字、加盖执业印章）××× 日期××年×月×日			

填表说明：

(1)项目监理机构应按《建设工程监理规范》(GB/T 50319—2013)的规定程序进行工程计量和付款签证。

(2)工程款支付证书是在工程预付款、工程进度款、工程结算款等支付时使用。

(3)项目监理部在收到承包单位《工程款支付申请表》后，由负责造价控制的监理工程师根据合同的约定及有关标准、定额进行审核，确定应支付的工程款额度。

(4)监理工程师审核后，由总监理工程师审查并签署《工程款支付证书》。

(5)《工程款支付证书》应一式三份，由建设单位、监理单位、施工单位各保存一份。

二、工程变更资料

工程变更一般是指施工条件和设计的变更，根据国际咨询工程师联合会(FIDIC)制定的《土木工程施工合同条件》，施工单位根据工程变更单完成的工程量，应填写《工程变更费用报审表》(表 3－26)并报项目监理部审查。

表 3－26[表 C.3.7]　工程变更费用报审表

编号：（××监）

工程名称	××工程			编号	××××		
致：××监理公司（监理单位） 根据第（××）号工程变更单，申请费用如下表，请审核。							
项目名称	变更前			变更后			工程量增（＋）减（－）/元
	工程量/m^3	单价/元	合价/元	工程量/m^3	单价/元	合价/元	
土方工程	58 025	7.00	406 175.00	62 365	7.00	436 555.00	＋30 380
合计			406 175.00			436 555.00	＋30 380
施工单位名称：××建筑工程有限公司 项目经理（签字）：××× 日期：××年×月×日							
审核意见： 1.工程量符合实际情况。 2.此变更符合《工程变更单》所包括的工作内容。 3.定额项目选用合理，单价、合价计算正确。 同意施工单位提出的该项变更费用申请。 监理工程师（签字）：××× 监理单位名称：××监理公司 总监理工程师（签字）：××× 日期××年×月×日							

三、费用索赔资料

1.索赔意向通知书

索赔意向通知是承包商应在已经察觉或理应察觉索赔事由发生后一定期限内，向业主或设备监理工程师递交《索赔意向通知书》（表 3－27），表明承包商就该索赔事由期望得到业主给予补偿的要求。索赔意向通知应在觉察索赔事由发生后28天内提交，合同另有规定的，提交通知期限重新规定。超过了该期限，业主或设备监理工程师有权拒绝赔偿。

表3—27　索赔意向通知书

工程名称	××工程	编号	×××
致：××置业公司××监理公司××项目监理部 根据施工合同专用合同条款第×(条款)约定，由于发生了甲供材料未及时进场，致使工程工期延误，造成我司现场施工人员窝工事件，且该事件的发生非我方原因所致。为此，我方向××置业公司(单位)提出索赔要求。 附件：索赔事件资料 提出单位(盖章)××建筑工程有限公司××项目经理部 负责人(签字)××× ××年×月×日			

填表说明：

(1)事件发生的时间和情况的简单描述。

(2)合同依据的条款和理由。

(3)有关后续资料的提供，包括及时记录和提供事件发展的动态。

(4)对工程成本和工期产生的不利影响及其严重程度的初步评估。

(5)声明/告知拟进行相关索赔的意向。

2.费用索赔报审表

费用索赔报审是承包单位向建设单位提出费用索赔，报项目管理机构审查、确认和批复。总监理工程师应在施工合同约定的期限内签发《费用索赔报审表》(表3—28)，或发出要求承包单位提交有关费用索赔的进一步详细资料的通知。费用索赔报审表应符合现行国家标准《建设工程监理规范》(GB/T 50319—2013)的有关规定。费用索赔报审表应一式三份，并应由建设单位、监理单位、施工单位各保存一份。

表3—28　费用索赔报审表

工程名称	××工程	编号	×××
致：××监理公司××项目监理部(项目监理机构) 根据施工合同××条款，由于甲供材料未及时进场，致使工程工期延误，且造成我公司现场施工人员停工的原因，我方申请索赔金额(大写)柒仟伍佰元整，请予以审批。 索赔理由：因甲供进口大理石石材，未按时到货，造成我司现场施工人员窝工，及其他后序工作无法按时进行。 附件：☑索赔金额计算 ☐证明材料 施工项目经理部(盖章)××建筑工程公司××项目经理部 项目经理(签字)××× ××年×月×日			

审核意见： □不同意此项索赔 ☑同意此项索赔，索赔金额为（大写）<u>**柒仟伍佰元整**</u> **同意/不同意——索赔的理由：由于停工5天中有2天为施工单位承担责任，另外3天需赔付机械租赁费及人员窝工费。** **3×(1 000+15×100)＝7 500(元)** **注：根据协议机械租赁费每天按1 000元、人员窝工费每天按100元计算。** 附件：□索赔审查报告 项目监理机构（盖章）××**监理公司××项目监理部** 总监理工程师（签字、加盖执业印章）××× ××年×月×日
审批意见： **同意监理意见。** 建设单位（盖章）××**置业公司** 建设单位代表（签字）××× ××年×月×日

填表说明：

(1)“根据施工合同××条款”填写提出费用索赔所依据的施工合同条目。

(2)“由于××的原因”填写导致费用索赔的事件。

(3)“索赔理由”填写造成承包单位直接经济损失，非承包单位的责任所发生情况的详细理由及事件经过。

(4)“索赔金额计算”是指索赔金额计算书，索赔的费用内容一般包括人工费、设备费、材料费、管理费等。

(5)“证明材料”是指所需的各种证明材料，包括合同文件；监理工程师批准的施工进度计划；合同履行过程中的来往函件；施工现场记录；工地会议纪要；工程照片；监理工程师发布的各种书面指令；工程进度款支付凭证；检查和试验记录；汇率变化表；各类财务凭证；其他有关资料。

(6)“审核意见”。专业监理工程师应首先审查索赔事件发生后，承包单位是否在施工合同规定的期限内向监理工程师递交过索赔意向通知，如超过此期限，专业监理工程师和建设单位有权拒绝索赔要求；其次，审核承包单位的索赔条件是否成立；最后应审核索赔的详细理由及经过，索赔金额的计算及证明材料；如不满足索赔条件，专业监理工程师应在“不同意此项索赔”前“□”内打“√”；如符合条件，专业监理工程师就初定的索赔金额向总监理工程师报告，由总监理工程师分别与承包单位及建设单位进行协商，达成一致或监理工程师公正地自主决定后，在“同意此项索赔”前“□”内打“√”，并把确定金额写明，如承包人对监理工程师的决定不同意，则可按合同中的仲裁条款提交仲裁机构仲裁。

(7)“同意/不同意索赔的理由”。同意索赔的理由应简要列明;对不同意索赔,或虽同意索赔但其中的不合理部分,如有下列情况应简要说明:

1)索赔事件不属于建设单位或监理工程师的责任,而是其他第三方的责任。

2)建设单位和承包单位共同负有责任,承包单位必须划分和证明双方责任大小。

3)事实依据不足。

4)施工合同依据不足。

5)承包单位未遵守意向通知要求。

6)施工合同中的开脱责任条款已经免除了建设单位的补偿责任。

7)承包单位已经放弃索赔要求。

8)承包单位没有采取适当措施避免或减少损失。

9)承包单位必须提供进一步证据。

10)损失计算夸大等。

第五节　合同管理资料

合同管理资料属于B5类，主要包括4项内容。其工程资料名称、来源及保存见表3－29。

表3－29　合同管理资料

合同管理资料(B5类)工程资料名称		工程资料来源	工程资料保存			
			施工单位	监理单位	建设单位	城建档案馆
1	委托监理合同＊	监理单位		●	●	●
2	工程延期申请表(表C.3.5)	施工单位	●	●	●	●
3	工程延期审批表(表B.5.1)	监理单位	●	●	●	●
4	分包单位资质报审表＊(表C.1.3)	施工单位	●	●	●	

注：表中工程资料名称与资料保存单位所对应的栏中“●”表示“归档保存”；表明注明“＊”的表，宜由施工单位和监理或建设单位共同形成。

一、委托监理合同

建设工程监理合同简称监理合同，是指工程建设单位聘请监理单位代其对工程项目进行管理，明确双方权利、义务的协议。在我国一般采用《建设工程监理合同(示范文本)》(GF—2012—0202)，该监理合同由协议书、通用条款和专用条款组成。

建设工程监理合同(示范文本)

(1)协议书。协议书是监理合同的总协议，包括工程概况、词语限定、组成监理合同的文件、总监理工程师基本信息、签约酬金、期限、双方承诺及合同订立。

(2)通用条款。通用条款涵盖了合同中所用的定义与解释、监理人的义务、委托人的义务、违约责任、支付、合同生效、变更、暂停、解除与终止、争议解决及其他内容。

(3)专用条款。根据地域特点、专业特点和委托监理项目的特点，对标准条件中的某些条款进行补充、修改。

二、工程延期及报审资料

工程延期审批是发生在施工合同约定由建设单位承担的延长工期事件后，承包单位提出的工期索赔，报项目监理机构审核确认。总监理工程师在签认工程延期前应与建设单位、承包单位协商，宜与费用索赔一并考虑处理。总监理工程师应在施工合同约定的期限内签发工程延期报审表，或发出要求承包单位提交有关延期的进一步详细资料的通知。

工程临时/最终延期报审表应符合现行国家标准《建设工程监理规范》(GB/T 50319—2013)的有关规定。监理单位填写的工程延期审批表应一式三份，并由项目监理机构、建设单位、施工单位各保存一份。其样式及填写范例见表3－30。

表 3－30　**工程临时/最终延期报审表**

<table>
<tr><td>工程名称</td><td>××工程</td><td>编号</td><td>×××</td></tr>
<tr><td colspan="4">致<u>××监理公司××项目监理部</u>(项目监理机构)
根据施工合同<u>2.1、2.2</u>(条款)，由于<u>非我方原因停水、停电</u>原因，我方申请工程临时/最终—延期<u>2</u>(日历天)，请予批准。
附件：
1.工程延期依据及工期计算：16 小时/8 小时＝2(天)
2.证明材料：(1)停水通知/公告；(2)停电通知/公告

施工项目经理部(盖章)××建筑工程有限公司××项目部
项目经理(签字)×××
××年×月×日</td></tr>
<tr><td colspan="4">审核意见：
☑同意工程临时/最终—延期<u>2</u>(日历天)。工程竣工日期从施工合同约定的<u>××</u>年<u>×</u>月<u>×</u>日延迟到<u>××</u>年<u>×</u>月<u>×</u>日。
☐不同意延期，请按约定竣工日期组织施工。

项目监理机构(盖章)××监理公司××项目监理部
总监理工程师(签字加盖执业印章)×××
××年×月×日</td></tr>
<tr><td colspan="4">审批意见：
同意临时延长工期 2 天。

建设单位(盖章)××置业公司
建设单位代表(签字)×××
××年×月×日</td></tr>
</table>

三、分包单位资质报审资料

分包单位资格报审是指总承包单位在分包工程开工前，应对分包单位的资格报审项目监理机构审查确认。未经总监理工程师确认，分包单位不得进场施工，总监理工程师对分包单位资格的确认不解除总承包单位应负的责任。施工合同中已明确或经过招标确认的分包单位(即建设单位书面确认的分包单位)，承包单位可不再对分包单位资格进行报审。《分包单位资质报审表》(表 3－31)由施工单位填报，建设单位、监理单位、施工单位各保存一份。

表 3－31[表 C.1.3]　**分包单位资格报审表**

<table>
<tr><td>工程名称</td><td>××工程</td><td>编号</td><td>×××</td></tr>
<tr><td colspan="4">致：<u>××监理公司××项目监理部</u>（项目监理机构）
经考察，我方认为拟选择的<u>××安装工程有限公司</u>（分包单位）具有承担下列工程的施工或安装资质和能力，可以保证本工程按施工合同第<u>××</u>条款的约定进行施工或安装。请予以审查。</td></tr>
</table>

分包工程名称（部位）	分包工程量	分包工程合同额
电气安装工程	××	××
给水排水安装工程	××	××
合计		

附件：1.**分包单位资质材料。**

2.**分包单位业绩材料。**

3.**分包单位专职管理人员和特种作业人员的资格证书。**

4.**施工单位对分包单位的管理制度。**

施工项目经理部（盖章）<u>××建筑工程有限公司××项目经理部</u>

项目经理（签字）<u>×××</u>

日期<u>××年×月×日</u>

审查意见：

该分包单位具备分包条件，拟同意分包，请总监理工程师审核。

专业监理工程师（签字）<u>×××</u>

日期<u>××年×月×日</u>

审核意见：

同意分包。

项目监理机构（盖章）<u>××监理公司××项目监理部</u>

总监理工程师（签字）<u>×××</u>

日期<u>××年×月×日</u>

填写说明：

(1)分包单位。分包单位按所报分包单位《企业法人营业执照》全称填写。

(2)分包单位资质材料。分包单位资质材料是指按《建筑业企业资质管理规定》，经住房城乡建设主管部门进行资质审查核发的，具有相应专业承包企业资质等级和建筑业劳务分包企业资质的《建筑业企业资质证书》和《企业法人营业执照》副本。

(3)分包单位业绩材料。分包单位业绩材料是指分包单位近三年完成的与分包工程工作内容类似工程及工程质量的情况。

(4)分包工程名称（部位）。分包工程名称是指拟分包给所报分包单位的工程项目名称（部位）。

(5)分包工程量。分包工程量是指分包工程项目的工作量（工程量）。

(6)分包工程合同额。分包工程合同额是指在拟签订的分包合同中签订的金额。

(7)审查意见。专业监理工程师应对承包单位所报材料逐一进行审核，主要审查以下内容：

1)对取得施工总承包企业资质等级证书的分包单位，审查其核准的营业范围与拟承担的分包工程是否相符。

2)对取得专业承包企业资质证书的分包单位，审查其核准的等级和范围与拟承担分包工程是否相符。

3)对取得建筑业劳务分包企业资质的，审查其核准的资质与拟承担的分包工程是否相符。

4)在此基础上，项目监理机构和建设单位认为必要时，会同承包单位对分包单位进行考查，主要核实承包单位的申报材料与实际情况是否属实。

专业监理工程师在审查承包单位报送分包单位有关资料，考查核实的(必要时)基础上，提出审查意见、考察报告(必要时)附报审表后，根据审查情况，如认定该分包单位具备分包条件，则批复“该分包单位具备分包条件，拟同意分包，请总监理工程师审核”，如认为不具备分包条件应简要指出不符合条件之处，并签署“拟不同意分包，请总监理工程师审查”的意见。

(8)审核意见。总监理工程师对专业监理工程师的审查意见、考察报告进行审核，如同意专业监理工程师意见，签署“同意分包”；如不同意专业监理工程师意见，应简要指明与专业监理工程师的审查意见的不同之处，并签认是否同意分包的意见。

本章小结

本章主要介绍了建设监理资料的编制及管理工作，主要包括监理管理资料、进度控制资料、质量控制资料、造价控制资料、合同管理资料。重点介绍了各种监理资料的概念、资料表格样式及填写要求。通过本章的学习，应掌握监理资料的编制原理及资料表格填写的基本要求，为走上工作岗位、编制工程资料打下牢固的基础。

思考与练习

一、填空题

1.监理规划是在监理委托合同签订后，由__________主持制定的、指导开展监理工作的纲领性文件。

2.监理规划应在__________前报送建设单位。

3.监理规划编审时，总监理工程师签字后由__________单位技术负责人审批。

4.__________是项目监理机构每月向建设单位提交的建设工程监理工作及建设工程实施情况分析总结报告。

5.监理会议纪要包括__________和__________。

6.工人在施工过程中，__________用于工程有关各方之间传递意见、决定、通知、要求与信息。

7.__________是指监理单位发出监理通知，施工承包单位对监理工程师通知或工程质量整改通知执行完成后，报项目监理机构请求复查的回复用表。

8.__________是指承包单位在对工程质量事故详细调查、研究的基础上，提出处理方案后报项目监理机构审查、确认和批复等。

9.__________是指监理人员在施工现场对工程实体关键部位或关键工序的施工质量进行的监督检查活动。

10.__________是指项目监理机构对施工单位进行的设计及结构安全的试块、试件及工程材料现场取样、封样、送检工作的监督活动。

二、单项选择题

1.下列不属于监理规划主要作用的是(　　)。

A.指导监理单位的项目监理组织全面开展监理工作

B.监理规划是建设工程监理主管机构对监理单位实施监督管理的重要依据

C.监理规划是业主确认监理单位是否全面、认真履行建设工程监理合同的主要依据

D.监理规划指导具体监理业务的开展

2.《建设工程监理规范》(GB/T 50319—2013)中,监理实施细则不应包含的内容有(　　)。

A.监理工程师职责　　B.监理工作流程

C.监理工作控制要点　　D.监理工作方法及措施

3.下列不符合监理工作日志要求的是(　　)。

A.准确记录时间、气象

B.做好现场巡查,真实、准确、全面地记录工程相关问题

C.关心施工质量、进展问题

D.书写好监理日记后,要及时交总监审查,以便及时沟通和了解,从而促进监理工作正常有序地开展

4.下列文件中,(　　)是编制设计阶段监理规划的重要依据。

A.监理文件　　B.施工合同

C.设计文件　　D.设计合同

三、简答题

1.建设工程监理规划包括哪些基本内容?

2.监理月报应包括哪些主要内容?

3.第一次工地会议主要包括哪些内容?

4.监理工作总结应包括哪些主要内容?

5.简述工程开工报审的一般程序。

6.监理工程师对施工进度计划的审核主要包括哪些内容?

第四章 施工管理与控制资料

知识目标

通过本章的学习，了解施工管理与控制资料的种类；熟悉施工管理资料、施工技术资料、进度造价资料的内容；掌握各类监理资料的填写内容。

能力目标

能对施工管理与控制资料进行分类，具备编制施工管理与控制资料的能力。

第一节 施工管理资料

施工管理资料是施工阶段各方责任主体对施工过程采取组织、技术、质量措施进行管理，实施过程控制，记录施工过程中组织、管理、监督实体形成情况资料文件的统称。

施工管理资料属于C1类，主要包括11项内容。其工程资料名称、来源及保存见表4－1。

表4－1 施工管理资料

施工管理资料(C1类)工程资料名称		工程资料来源	工程资料保存			
			施工单位	监理单位	建设单位	城建档案馆
1	工程概况表(表C.1.1)	施工单位	●	●	●	●
2	施工现场质量管理检查记录*(表C.1.2)	施工单位	○	○		
3	企业资质证书及相关专业人员岗位证书	施工单位	○	○		
4	分包单位资质报审表*(表C.1.3)	施工单位	●	●	●	
5	建设工程质量事故调查、勘察记录(表C.1.4)	调查单位	●	●	●	●
6	建设工程质量事故报告书	调查单位	●	●	●	●
7	施工检测计划	施工单位	○	○		
8	见证记录*	监理单位	●	●		

续表

施工管理资料(C1类)工程资料名称		工程资料来源	工程资料保存			
			施工单位	监理单位	建设单位	城建档案馆
9	见证试验检测汇总表(表C.1.5)	施工单位	●	●		
10	施工日志(表C.1.6)	施工单位	●			
11	监理工程师通知回复表*(表C.1.7)	施工单位	○	○		
注:表中工程资料名称与资料保存单元所对应的栏中"●"表示"归档保存";"○"表示"过程保存",是否归档保存可自行确定。表中注明"*"的表,宜由施工单位和监理或建设单位共同形成。						

一、工程概况表

工程概况表是对工程基本情况的简述,应包括单位工程的一般情况、构造特征、机电系统等。工程概况表由施工单位填写,并应由建设单位、监理单位、施工单位、城建档案馆各保存一份。填写时,工程名称应填写全称,并与建设工程规划许可证、施工许可证及施工图纸中的名称一致。其样式及填写范例见表4－2。

表4－2[C.1.1] 工程概况表

工程名称		××工程	编号	××××
一般情况	建设单位			
	建设用途	**住宅**	设计单位	**××建筑设计院**
	建设地点	**××区×路××号**	监理单位	**××监理公司**
	总建筑面积	**4 680 m^2**	施工单位	**××建筑工程公司**
	计划开工日期	**××年×月×日**	计划竣工日期	**××年×月×日**
	结构类型	**框架**	基础类型	**筏形**
	层　次	**地上六层**	建筑檐高	**18.6 m**
	地上面积	**4 680 m^2**	地下面积	**1 185 m^2**
	人防等级	**—**	抗震等级	**二级,设防烈度8度**
构造特征	地基与基础	**基础为筏形基础,设有地梁**		
	柱、内外墙	**柱为C30混凝土,围护墙为陶粒砌块和红机砖**		
	梁、板、楼盖	**梁板为C30混凝土**		
	外墙装饰	**浮雕涂料**		
	内墙装饰	**耐擦洗涂料**		
	楼地面装饰	**大部分为现制水磨石,部分为细石混凝土地面**		
	屋面构造	**保温层、找平层、SBS改性沥青防水卷材层**		
	防火设备	**各层均设消火栓箱**		
机电系统名称		**本工程含动力,照明为交流电源,火灾报警为集中报警装置**		
其他				

二、施工现场质量管理检查记录

施工现场质量管理检查记录应符合现行《建筑工程施工质量验收统一标准》(GB 50300—2013)的有关规定;施工单位填写的施工现场质量管理检查记录应一式两份,并应由监理单位、施工单位各保存一份。其样式及填写范例见表 4－3。

表 4－3[C.1.2]　施工现场质量管理检查记录

<table>
<tr><td>工程名称</td><td colspan="2">××大厦工程</td><td>施工许可证
(开工证)</td><td>×××</td><td>编号</td><td>×××</td></tr>
<tr><td>建设单位</td><td colspan="3">××集团公司</td><td>项目负责人</td><td colspan="2">×××</td></tr>
<tr><td>设计单位</td><td colspan="3">××建筑设计院</td><td>项目负责人</td><td colspan="2">×××</td></tr>
<tr><td>勘察单位</td><td colspan="3">××勘察设计院</td><td>项目负责人</td><td colspan="2">×××</td></tr>
<tr><td>监理单位</td><td colspan="3">××监理公司</td><td>总监理工程师</td><td colspan="2">×××</td></tr>
<tr><td>施工单位</td><td>××建筑工程公司</td><td>项目经理</td><td>×××</td><td colspan="2">项目技术负责人</td><td>×××</td></tr>
<tr><td>序号</td><td colspan="2">项目</td><td colspan="4">内容</td></tr>
<tr><td>1</td><td colspan="2">现场质量管理制度</td><td colspan="4">质量例会制度;月评比及奖罚制度;三检及交接检制度;质量与经济挂钩制度</td></tr>
<tr><td>2</td><td colspan="2">质量责任制</td><td colspan="4">岗位责任制;设计交底制;技术交底制;挂牌制度</td></tr>
<tr><td>3</td><td colspan="2">主要专业工程操作上岗证书</td><td colspan="4">测量工、钢筋工、起重工、木工、混凝土工、电焊工、架子工等,有证</td></tr>
<tr><td>4</td><td colspan="2">专业承包单位资质管理制度</td><td colspan="4">—</td></tr>
<tr><td>5</td><td colspan="2">施工图审查情况</td><td colspan="4">审查报告及审查批准书××设××号</td></tr>
<tr><td>6</td><td colspan="2">地质勘查资料</td><td colspan="4">地质勘探报告</td></tr>
<tr><td>7</td><td colspan="2">施工组织设计编制及审批</td><td colspan="4">施工组织设计编制、审批齐全</td></tr>
<tr><td>8</td><td colspan="2">施工技术标准</td><td colspan="4">有模板、钢筋、混凝土灌注等 20 多种</td></tr>
<tr><td>9</td><td colspan="2">工程质量检验制度</td><td colspan="4">有原材料及施工检验制度;抽测项目的检验计划</td></tr>
<tr><td>10</td><td colspan="2">混凝土搅拌站及计量设置</td><td colspan="4">有管理制度和计量设施精确度及控制措施</td></tr>
<tr><td>11</td><td colspan="2">现场材料、设备存放与管理制度</td><td colspan="4">钢材、砂石、水泥及玻璃、地面砖的管理办法</td></tr>
<tr><td>12</td><td colspan="2"></td><td colspan="4"></td></tr>
<tr><td colspan="7">检查结论:
施工现场质量管理制度完整,符合要求,工程质量有保障。
监理工程师(建设单位项目负责人):××××年×月×日</td></tr>
</table>

填表说明:

(1)本表在开工之前由施工单位负责人填写,直接将有关资料的名称填写上,资料较多时,也可将有关资料进行编号,将编号填写上,注明份数。填写后,将有关文件的原件或复印件附在后边,请总监理工程师验收核查。验收核查不合格,施工单位必须限期改正。在验收核查后返还施工单位,并签字认可。

(2)“工程名称”“建设单位”“设计单位”“监理单位”应填写全称，与合同或招标投标文件中的工程名称及单位名称一致。

(3)建设单位、设计单位的“项目负责人”栏应是合同中的签字人或签字人以文字形式委托的该项目负责人，工程完工后竣工验收备案表中的单位项目负责人应与此一致。

(4)“施工许可证(开工证)”填写当地住房城乡建设主管部门批准发给的施工许可证(开工证)的编号。

三、企业资质证书及相关专业人员岗位证书

1.企业资质证书

企业资质证书实际上就是指企业有能力完成一项工程的证明书。从事建筑活动的建筑施工企业、勘察单位、设计单位和工程监理单位，应当按照其拥有的注册资本、净资产、专业技术人员、技术装备和已完成的建筑工程业绩等资质条件申请资质，经审查合格，取得相应等级的资质证书后，方可在其资质等级许可的范围内从事建筑活动。

2.相关专业人员岗位证书

从事建筑活动的相关专业技术人员，应当依法取得相应的执业资格证书，并在执业资格证书许可的范围内从事建筑活动。

四、分包单位资质报审表

分包单位资质报审是总承包单位实施分包时，提请项目监理机构对其分包单位资质审查确认的批复。施工合同中已明确的分包单位，承包单位可不再对分包单位资质进行报审。分包单位资质报审表应符合现行国家标准《建设工程监理规范》(GB/T 50319—2013)的有关规定。施工总承包单位填报的分包单位资质报审表应一式三份，并应由建设单位、监理单位、施工总承包单位各保存一份。分包单位资质报审表样式见表 4－4。

表 4－4[表 C.1.3]　分包单位资质报审表

<table>
<tr><td rowspan="3">工程名称</td><td rowspan="3">××大厦工程</td><td>施工编号</td><td>×××</td></tr>
<tr><td>监理编号</td><td>×××</td></tr>
<tr><td>日期</td><td>××年×月×日</td></tr>
<tr><td colspan="4">致：<u>××监理公司××项目监理部</u>(监理机构)
经考察，我方认为拟选择的<u>××建筑工程公司</u>(分包单位)具有承担下列工程的施工或安装资质和能力，可以保证本工程按施工合同的约定进行施工或安装，请予以审查。
附件：1.分包单位资质材料
2.分包单位业绩材料
3.分包单位专职管理人员和特种作业人员的资格证书
4.施工单位对分包单位的管理制度</td></tr>
<tr><td>分包工程名称(部位)</td><td>工程量</td><td>分包工程合同额</td><td>备注</td></tr>
<tr><td>××主体结构工程</td><td>包括混凝土结构、砌体结构、钢筋(管)混凝土结构等工程</td><td>×××元</td><td></td></tr>
<tr><td></td><td></td><td></td><td></td></tr>
</table>

续表

合计	×××元	

施工项目经理部(盖章) ××建筑工程公司

项目经理(签字) ×××

专业监理工程师审查意见：

经核查,××建筑工程公司具备主体结构工程施工资质,未超资质范围承担业务;已取得施工许可证,且在有效期内;各类人员资质符合要求,人员配置满足施工要求;具有同类施工资历,且无不良记录。

专业监理工程师(签字)×××

日期××年×月×日

总监理工程师审核意见：

同意××建筑工程公司进场施工。

监理单位(盖章)××监理公司××项目监理部

总监理工程师(签字)×××

日期××年×月×日

填表说明：

(1)在施工合同中已约定由建设单位(或与施工单位联合)招标确定的分包单位,施工单位可不再报审。

(2)分包单位资质材料还应包括特殊行业施工许可证、国外(境外)企业在国内施工工程许可证、拟分包工程的内容和范围等证明资料。

(3)分包单位资质材料应注意资质年审合格情况,防止越级分包。

(4)分包单位业绩材料是指分包单位近三年完成的与分包工程内容类似的工程及质量情况。

五、建设工程质量事故调查、勘察记录

调查单位填写建设工程质量事故调查、勘察记录应一式五份,并应由调查单位、建设单位、监理单位、施工单位、城建档案馆各保存一份。

建设工程质量事故调查、勘察记录样式及填写范例见表4－5。

表4－5[表C.1.4] 建设工程质量事故调查、勘察记录

工程名称	××大厦工程		编号	×××
			日期	××年×月×日
调查(勘察)时间	××年×月×日×时×分至×时×分			
调查(勘察)地点	×××区×××(工程项目所在地)			
参加人员	单位	姓名	职务	电话
被调查人	×××建筑工程公司	×××	项目经理	×××
陪同调查(勘察)人员	×××	×××	施工员	×××
	×××	×××	质检员	×××
调查(勘察)笔录	××年×月×日在六层柱混凝土施工时,由于振捣工没有按照混凝土振捣操作规程操作,致使六层轴交接处一根柱混凝土发生漏筋、孔洞等质量缺陷			

续表

现场证物照片	√有 □无　共5张　共4页		
事故证据资料	√有 □无　共8条　共4页		
被调查人签字	×××	调查(勘察)人签字	×××

填表说明：

(1)填写该表时应写明工程名称、时间、地点、参加人员及其所在单位、姓名、职务、联系电话。

(2)"调查(勘察)时间""调查(勘察)地点"栏应填写工程质量事故发生的时间、具体部位、造成质量事故的原因,以及现场观察的现象,并初步估计造成的经济损失。

(3)当工程质量事故发生后,应尽量采用影像的形式真实记录现场的情况,以作为事故原因分析的依据。当留有现场证物相片或事故证据资料时,应在"有""无"选择框处画"√"并标注数量。

六、建设工程质量事故报告书

建设工程质量事故发生后,事故发生单位必须在 24 h 内,以口头、电话或书面形式及时报告监督总站和有关部门,并在 48 h 内根据规定向总站填报《建设工程质量事故报告书》。

工程事故报告中的工程名称、事故部位、事故性质要写具体、清楚,应预计损失费用,写清数量和金额。简述事故过程,分析原因,提出处理意见,技术负责人签字。

建设工程质量事故报告书样式及填写范例见表 4－6。

表 4－6　建设工程质量事故报告书

编号：×××

<table>
<tr><td>工程名称</td><td colspan="2">××综合楼</td><td colspan="2">建设地点</td><td>××区××路××号</td></tr>
<tr><td>建设单位</td><td colspan="2">××大学</td><td colspan="2">设计单位</td><td>××建筑设计院</td></tr>
<tr><td>施工单位</td><td colspan="2">××建筑工程公司</td><td colspan="2">建筑面积工作量</td><td>6 321.00 m² 631.00 万元</td></tr>
<tr><td>结构类型</td><td colspan="2">框架结构</td><td colspan="2">事故发生时间</td><td>××年×月×日</td></tr>
<tr><td>上报时间</td><td colspan="2">××年×月×日</td><td colspan="2">经济损失</td><td>2 000.00 元</td></tr>
<tr><td colspan="6">事故经过、后果与原因分析：
××年×月×日在六层柱混凝土施工时,由于振捣工没有按照混凝土振捣操作规程操作致使六层①－Ⓐ轴交接处一根柱混凝土发生漏筋、漏石、孔洞等质量缺陷。</td></tr>
<tr><td colspan="6">事故发生后采取的措施：
经研究决定对该柱采取返工处理,重新进行混凝土浇筑。</td></tr>
<tr><td colspan="6">事故责任单位、责任人及处理意见：
事故责任单位:混凝土施工班组
责任人:振捣工
处理意见：
(1)对直接责任人进行质量意识教育,切实加强混凝土操作规程培训学习及贯彻执行,持证上岗,并处以适当经济处罚。
(2)对所在班组提出批评,切实加强过程控制。</td></tr>
<tr><td>负责人</td><td>×××</td><td>报告人</td><td>×××</td><td>日期</td><td>××年×月×日</td></tr>
</table>

七、见证记录

依据建筑工程施工技术有关管理规程的规定，施工单位的现场试验人员应在建设单位或工程监理人员的见证下，对工程中涉及结构安全的试块、试件和材料进行现场取样，送至有见证检测资质的建筑工程质量监测单位进行检测。

见证取样项目和送检次数应符合国家和各市有关标准、法规的要求，重要工程或工程的重要部位可增加见证取样和送检次数。送检试样在施工试验中随机抽取，不得另外进行。单位工程施工前，项目技术负责人应与建设、监理单位共同制订有见证取样的送检计划，并确定承担有见证试验的检测机构。

见证取样和送检时，取样人员应在试样或其包装上做出标识、封志。标识和封志应标明样品名称和数量、工程名称、取样部位、取样日期，并有取样人和见证人签字。见证人员应做见证记录，见证记录列入工程施工档案。承担有见证试验的检测单位，在检查确认委托试验文件和试样上的见证标识、封志无误后方可进行试验，否则应拒绝试验。

各种有见证取样和送检的资料必须真实、完整，不得伪造、涂改、抽换或丢失。对涉及结构安全和使用功能的重要分部工程应进行抽样检测，并应按照各专业分部（子分部）验收计划，在分部（子分部）工程验收前完成。抽测工作实行见证取样。

八、见证试验检测汇总表

有见证取样送检项目的试验报告应加盖“有见证试验专用章”，然后由施工单位填写《见证试验检测汇总表》，与其他施工资料一起纳入工程技术档案，作为评定工程质量的依据。其中：“试验项目”是指规范规定的应进行见证取样的某一项目；“应试验组/次数”是指该项目按照设计、规范、相关标准要求及试验计划应送检的总次数；“见证试验组/次数”是指该项目按见证取样要求的实际试验次数。

见证试验检测汇总表样式及填写范例见表4－7。

表4－7［表C.1.5］ 见证试验检测汇总表

工程名称	××工程		编　号	×××
			填表日期	××年×月×日
建设单位	×××建设集团有限公司		检测单位	×××质量检测单位
监理单位	×××监理公司		见证人员	×××
施工单位	×××建筑工程公司		取样人员	×××
试验项目	应试验组/次数	见证试验组/次数	不合格次数	备注
混凝土试块	65	27	0	
砌筑砂浆试块	20	8	0	
钢筋原材	42	15	0	
直螺纹钢筋接头	20	8	0	

续表

SBS 防水卷材	5	3	0	
制表人(签字)	×××			

九、施工日志

施工日志以单位工程为记载对象，记录从工程开工之日起至工程竣工之日止的施工情况，是验收施工质量的原始记录，也是编制施工文件、积累资料，总结施工经验的重要依据。要求由各专业工长分别填写，并要逐日记载。保持内容的真实性、连续性和完整性。若工程施工期间有间断，应在日志中加以说明(可在停工最后一天或复工第一天里描述)。

施工日志样式及填写范例见表4－8。

施工日志填写内容应根据工程实际情况确定，一般应包含工程概况、当日生产情况、技术质量安全情况、施工中发生的问题及处理情况、各专业配合情况、安全生产情况等。

施工日志可以采用计算机录入、打印，也可按规定样式手工填写，并装订成册，必须保证字迹清晰、内容齐全。

表4－8 [表C.1.6]施工日志

<table>
<tr><td rowspan="2">工程名称</td><td rowspan="2">×××工程</td><td>编号</td><td>×××</td></tr>
<tr><td>日期</td><td>××年×月×日</td></tr>
<tr><td>施工单位</td><td colspan="3">×××建筑工程公司</td></tr>
<tr><td>天气状况</td><td>风力</td><td colspan="2">最高/最低温度</td></tr>
<tr><td>晴</td><td>2～3级</td><td colspan="2">24 ℃/19 ℃</td></tr>
<tr><td colspan="4">施工情况记录(施工部位、施工内容、机械使用情况、劳动力情况、施工中存在的问题等)：
地下二层
(1)Ⅰ段(___/___轴)顶板钢筋绑扎，埋件固定，塔式起重机作业，型号××，钢筋班组15人，组长：×××。
(2)Ⅱ段(___/___轴)梁开始钢筋绑扎，塔式起重机作业，型号××，钢筋班组18人。
(3)Ⅲ段(___/___轴)该部位施工图纸由设计单位提出修改，待设计通知单下发后，组织相关人员施工。
(4)Ⅳ段(___/___轴)剪力墙、柱模板安装，塔式起重机作业，型号××，木工班组21人。
(5)发现问题：Ⅰ段顶板(___/___轴)钢筋保护层厚度不够，马镫铁间距未按要求布置。</td></tr>
<tr><td colspan="4">技术、质量、安全工作记录(技术、质量安全活动、检查验收、技术质量安全问题等)：
(1)建设、设计、监理、施工单位在现场召开技术质量安全工作会议，参加人员：×××(职务)等。
会议决定：
1)±0.000以下结构于×月×日前完成。
2)地下三层回填土×月×日前完成，地下二层回填土×月×日前完成。
3)对施工中发现问题(××××××××××××××××××问题)，立即返修，整改复查，符合设计、规范要求。
(2)安全生产方面：由安全员带领3人巡视检查，主要是“三宝、四边、五临边”，检查全面到位，无隐患。
(3)检查评定验收：各施工班组施工工序合理、科学，Ⅱ段(___/___轴)梁、Ⅳ段(___/___轴)剪力墙、柱予以验收，实测误差达到规范要求。</td></tr>
<tr><td>记录人(签字)</td><td colspan="3">×××</td></tr>
</table>

第二节　施工技术资料

施工技术资料属于 C2 类，主要包括 7 项内容。其工程资料名称、来源及保存见表 4－9。

表 4－9　施工技术资料

<table>
<tr><th colspan="2" rowspan="2">施工管理资料(C2 类)工程资料名称</th><th rowspan="2">工程资料来源</th><th colspan="4">工程资料保存</th></tr>
<tr><th>施工单位</th><th>监理单位</th><th>建设单位</th><th>城建档案馆</th></tr>
<tr><td>1</td><td>工程技术文件报审表 *（表 C.2.1）</td><td>施工单位</td><td>○</td><td>○</td><td></td><td></td></tr>
<tr><td>2</td><td>施工组织设计及施工方案</td><td>施工单位</td><td>○</td><td>○</td><td></td><td></td></tr>
<tr><td>3</td><td>危险性较大分部分项工程施工方案专家论证表（表 C.2.2）</td><td>施工单位</td><td>○</td><td>○</td><td></td><td></td></tr>
<tr><td>4</td><td>技术交底记录（表 C.2.3）</td><td>施工单位</td><td>○</td><td></td><td></td><td></td></tr>
<tr><td>5</td><td>图纸会审记录 * *（表 C.2.4）</td><td>施工单位</td><td>●</td><td>●</td><td>●</td><td>●</td></tr>
<tr><td>6</td><td>设计变更通知单 * *（表 C.2.5）</td><td>设计单位</td><td>●</td><td>●</td><td>●</td><td>●</td></tr>
<tr><td>7</td><td>工程洽商记录（技术核定单）* *（表 C. 2. 6）</td><td>施工单位</td><td>●</td><td>●</td><td>●</td><td>●</td></tr>
<tr><td colspan="7">注：表中工程资料名称与资料保存单位所对应的栏中“●”表示“归档保存”；“○”表示“过程保存”，是否归档保存可自行确定。表中注明“*”的表，宜由施工单位和监理或建设单位共同形成。</td></tr>
</table>

一、工程技术文件报审表

工程技术文件是反映建设工程项目的规模、内容、标准、功能等的文件。施工单位填报的工程技术文件报审表应一式两份，并应由监理单位、施工单位各保存一份。工程技术文件报审表样式及填写范例见表 4－10。

表 4－10[表 C.2.1]　工程技术文件报审表

<table>
<tr><td rowspan="3">工程名称</td><td rowspan="3">××工程</td><td>施工编号</td><td>×××</td></tr>
<tr><td>监理编号</td><td>×××</td></tr>
<tr><td>日期</td><td>××年×月×日</td></tr>
<tr><td colspan="4">致：<u>××监理公司</u>（监理单位）
我方已编制完成了<u>×××</u>技术文件，并经相关技术负责人审查批准，请予以审定。
附：技术文件____页____册

施工总承包单位<u>×××</u>　　项目经理/负责人<u>×××</u>
专业承包单位<u>×××</u>　　项目经理/负责人<u>×××</u></td></tr>
</table>

续表

<table>
<tr><td>专业监理工程师审查意见：

工程技术文件合理、可行，请总监理工程师审核。

专业监理工程师×××
日期××年×月×日</td></tr>
<tr><td>总监理工程师审批意见：

审定结论：☑同意 □修改后再报 □重新编制

监理单位××监理公司
总监理工程师×××
日期××年×月×日</td></tr>
</table>

二、施工组织设计及施工方案

施工组织设计是根据拟建工程的特点，对人力、材料、机械、资金、施工条件等方面的因素做出科学合理的安排，并形成规划和指导拟建工程从施工准备到竣工验收中各项生产活动的综合性的经济技术文件，是专门对施工过程科学地组织协调的设计文件。

施工组织设计按编制对象范围的不同可分为施工组织总设计、单位工程施工组织设计、分部分项工程施工组织设计三种。

施工组织设计的内容就是根据不同工程的特点和要求及现有的和可能创造的施工条件，从实际出发，决定各种生产要素（材料、机械、资金、劳动力和施工方法等）的结合方式。施工组织总设计是对施工进行总体部署的战略性施工纲领；单位工程施工组织设计则是详尽的、实施性的施工计划，用以具体指导现场施工活动。

三、危险性较大分部分项工程施工方案专家论证表

施工各单位填报危险性较大分部分项工程施工方案专家论证表应一式两份，并应由监理单位、施工单位各保存一份。危险性较大分部分项工程施工方案专家论证表样式及填写范例见表4－11。

表4－11［表C.2.2］ 危险性较大分部分项工程施工方案专家论证表

<table>
<tr><td>工程名称</td><td colspan="3">**××工程**</td><td>编号</td><td colspan="2">×××</td></tr>
<tr><td>施工总承包单位</td><td colspan="3">**××建筑集团公司**</td><td>项目负责人</td><td colspan="2">×××</td></tr>
<tr><td>专业承包单位</td><td colspan="3">**××建筑公司**</td><td>项目负责人</td><td colspan="2">×××</td></tr>
<tr><td>分项工程名称</td><td colspan="6">**模板工程及支撑体系**</td></tr>
<tr><td colspan="7">专家一览表</td></tr>
<tr><td>姓名</td><td>性别</td><td>年龄</td><td>工作单位</td><td>职务</td><td>职称</td><td>专业</td></tr>
<tr><td></td><td></td><td></td><td></td><td></td><td></td><td></td></tr>
<tr><td></td><td></td><td></td><td></td><td></td><td></td><td></td></tr>
<tr><td></td><td></td><td></td><td></td><td></td><td></td><td></td></tr>
</table>

续表

专家论证意见： ××年×月×日	
签字栏	组长： 专家：

四、技术交底记录

技术交底记录应包括施工组织设计交底、专项施工方案技术交底、分项工程施工技术交底、“四新”(新材料、新产品、新技术、新工艺)技术交底和设计变更技术交底。各项交底应有文字记录,交底双方签认应齐全。

(1)施工单位总工程师向项目经理部负责人进行技术交底的内容应包括以下几个方面：

1)工程概况、各项技术经济指标和要求。

2)主要施工方法、关键性的施工技术措施及实施中可能出现的问题。

3)特殊工程部位的技术处理细节及其注意事项。

4)新技术、新工艺、新材料、新结构施工技术要求与实施方案及注意事项。

5)施工组织设计中的网络计划、进度要求、施工部署、施工机械、劳动力安排与组织。

6)施工质量标准和安全技术。

(2)项目经理部负责人向单位工程负责人、质量检查员、安全员技术交底的内容应包括以下几个方面：

1)工程情况和当地地形、地貌、工程地质及各项技术经济指标。

2)设计图纸的具体要求、做法及其施工难度的要求。

3)施工组织设计或施工方案的具体要求及其实施步骤与方法。

4)施工中具体做法,采用的工艺标准和本企业的工法;关键部位及其实施过程中可能遇到的问题与解决办法。

5)施工进度要求、工序交接、施工部署与施工班组任务确定。

6)施工中所采用主要施工机械型号、数量及其进场时间、作业程序安排等有关问题。

7)新工艺、新结构、新材料的有关操作规程、技术规定及其注意事项。

8)施工质量标准和安全技术具体措施及其注意事项。

(3)单位工程负责人或技术主管工程师向各作业班组长和各工种工人进行技术交底的内容应包括以下几个方面：

1)侧重交代清楚每个作业班组负责施工的分部分项工程的具体技术要求和采用的施工工艺标准或企业内部施工方法。

2)各分部分项工程的施工质量标准。

3)质量通病预防办法及其注意事项。

4)施工安全交底及介绍以往同类工程的安全事故教训与应采取的具体安全对策。

技术交底记录样式及填写范例见表4－12。

表4－12[表C.2.3]　技术交底记录

工程名称	××工程	编号	×××
		交底日期	××年×月×日
施工单位	××建筑工程公司	分项工程名称	灰土地基
交底摘要	灰土地基(垫层)施工技术交底	页数	共 3 页,第 1 页
交底内容： （略）			
签字栏	交底人	×××	审核人 ×××
	接受交底人	×××	

五、图纸会审记录

图纸会审应由建设单位组织设计、监理和施工单位技术负责人及有关人员参加。设计单位对各专业问题进行交底，施工单位负责将设计交底内容按专业汇总、整理，形成图纸会审记录。

图纸会审记录应根据专业（建筑、结构、给水排水及采暖、电气、通风空调、智能系统等）汇总、整理。图纸会审记录一经各方签字确认后即成为设计文件的一部分，是现场施工的依据。

施工单位整理汇总的图纸会审记录应一式五份，并应由建设单位、设计单位、监理单位、施工单位、城建档案馆各保存一份。

图纸会审记录样式及填写范例见表4－13。表中设计单位签字栏应为项目专业设计负责人的签字，建设单位、监理单位、施工单位签字栏应为项目技术负责人或相关专业负责人的签字。

表4－13[表C.2.4]　图纸会审记录

工程名称	××工程		编号	×××
			日期	××年×月×日
设计单位	×××建筑设计院		专业名称	建筑结构
地点	×××会议室		页数	共　页　第　页
序号	图号	图纸问题		答复意见
1	结－1	结构说明3中，混凝土材料：地下室底板外墙使用抗渗混凝土，未给出抗渗等级		抗渗等级为P8
2	结－3，结－5	地下一层顶板____/____轴分布筋未标注		分布筋双向双排，均为A8@200
3	结－10	Z14中标高为25.20～28.00 m与剖面图不符		Z14标高应改为21.50～28.00 mm
4	建－1，结－3，结－12	地下室外墙防水层使用SBSⅡ型防水卷材，是否需加砌砖墙做防水保护层		砌120厚砖墙做保护层
5				
签字栏	建设单位	监理单位	设计单位	施工单位
	×××	×××	×××	×××

六、设计变更通知单

设计变更是由设计方提出的，对原设计图纸的某个部位局部或全部进行修改的一种记录，设计单位应及时下达设计变更通知单，内容翔实，必要时应附图，并逐条注明应修改图纸的图号。设计变更通知单样式及填写范例见表4-14。设计变更通知单应由设计专业负责人及建设(监理)和施工单位的相关负责人签认。

设计单位签发的设计变更通知单应一式五份，并应由建设单位、设计单位、监理单位、施工单位、城建档案馆各保存一份。

表4-14[表C.2.5] 设计变更通知单

<table>
<tr><td rowspan="2">工程名称</td><td colspan="2" rowspan="2">××工程</td><td>编号</td><td colspan="2">×××</td></tr>
<tr><td>日期</td><td colspan="2">××年×月×日</td></tr>
<tr><td>设计单位</td><td colspan="2">××建筑设计院</td><td>专业名称</td><td colspan="2">建筑结构</td></tr>
<tr><td>变更摘要</td><td colspan="2">建筑结构设计变更</td><td>页数</td><td colspan="2">共 页 第 页</td></tr>
<tr><td>序号</td><td>图号</td><td colspan="4">变更内容</td></tr>
<tr><td>1</td><td>结施-2、3</td><td colspan="4">DL1、DL2梁底标高-2.000改为-1.800，切DL1上挑耳取消</td></tr>
<tr><td>2</td><td>结施-14</td><td colspan="4">Z10中配筋A18改为A20，根数不变</td></tr>
<tr><td>3</td><td>结施-30</td><td colspan="4">KL-42，44的梁高700改为900</td></tr>
<tr><td>4</td><td>结施-40</td><td colspan="4">二层梁顶LL-18梁高出板面0.55改为0.60</td></tr>
<tr><td>5</td><td>结施-50</td><td colspan="4">结构图中标注尺寸878全部改为873</td></tr>
<tr><td></td><td></td><td colspan="4"></td></tr>
<tr><td></td><td></td><td colspan="4"></td></tr>
<tr><td></td><td></td><td colspan="4"></td></tr>
<tr><td></td><td></td><td colspan="4"></td></tr>
<tr><td></td><td></td><td colspan="4"></td></tr>
<tr><td></td><td></td><td colspan="4"></td></tr>
<tr><td rowspan="2">签字栏</td><td>建设单位</td><td>监理单位</td><td colspan="2">设计单位</td><td>施工单位</td></tr>
<tr><td>×××</td><td>×××</td><td colspan="2">×××</td><td>×××</td></tr>
</table>

七、工程洽商记录(技术核定单)

洽商是建筑工程施工过程中一种协调业主和施工方，施工方和设计方的记录。工程洽商记录应收集所附的图纸及说明文件等。洽商记录应分专业办理，内容翔实，必要时应附图，并逐条注明应修改图纸的图号。工程资料中只对技术洽商进行存档。

工程洽商记录应由设计专业负责人及建设、监理和施工单位的相关负责人签认。设计单位如委托建设(监理)单位办理签认，应办理委托手续。

工程洽商提出单位填写的工程洽商记录应一式五份，并应由建设单位、设计单位、监理单位、施工单位、城建档案馆各保存一份。工程洽商记录样式及填写范例见表4-15。

表 4－15[表 C.2.6]　工程洽商记录(技术核定单)

工程名称	××工程		编号	×××
			日期	××年×月×日
提出单位	×××		专业名称	建筑
洽商摘要	关于主变间、地下电缆夹层装修做法		页数	共　页　第　页
序号	图号	洽商内容		
1	建－1	主变间、主变间夹层、地下电缆夹层，原设计顶棚为喷大白浆，现改为耐擦洗涂料		
2	建－1	主变间内墙、地下电缆夹层墙面，原设计为 1∶3 石灰膏砂浆打底，纸筋灰罩面，现改为水泥砂浆打底、压光		
3	建－1	主变间内墙、地下电缆夹层内墙，面层原设计为喷大白浆，现改为耐擦洗涂料		
签字栏	建设单位	监理单位	设计单位	施工单位
	×××	×××	×××	×××

第三节　进度计划资料

进度造价资料属于 C3 类，主要包括 9 项内容。其工程资料名称、来源及保存见表 4－16。

表 4－16　进度造价资料

进度造价资料(C3 类)工程资料名称		工程资料来源	工程资料保存			
			施工单位	监理单位	建设单位	城建档案馆
1	工程开工报审表＊(表 C.3.1)	施工单位	●	●	●	●
2	工程复工报审表＊(表 C.3.2)	施工单位	●	●	●	●
3	施工进度计划报审表＊(表 C.3.3)	施工单位	○	○		
4	施工进度计划	施工单位	○	○		
5	人、机、料动态表(表 C.3.4)	施工单位	○	○		
6	工程延期申请表(表 C.3.5)	施工单位	●	●	●	●
7	工程款支付申请表(表 C.3.6)	施工单位	○	○	●	
8	工程变更费用报审表＊(表 C.3.7)	施工单位	○	○	●	
9	费用索赔申请表＊(表 C.3.8)	施工单位	○	○	●	

注：表中工程资料名称与资料保存单位所对应的栏中“●”表示“归档保存”；“○”表示“过程保存”，是否归档保存可自行确定。表中注明“＊”的表，宜由施工单位和监理或建设单位共同形成。

一、工程开工、复工报审表

工程开工报审表应符合现行国家标准《建设工程监理规范》(GB/T 50319—2013)的有关规定。施工单位填写的工程开工报审表应一式四份，并应由建设单位、监理单位、施工单位、城建档案馆各保存一份。工程开工报审表格式可参见本书第三章第二节中的相关内容。

工程复工报审表应符合现行国家标准《建设工程监理规范》(GB/T 50319—2013)的有关规定。施工单位填写的工程复工报审表应一式四份，并应由建设单位、监理单位、施工单位、城建档案馆各保存一份。工程复工报审表格式可参见本书第三章第一节中的相关内容。

二、施工进度计划报审表

施工单位填写的施工进度计划报审表应一式三份，并应由建设单位、监理单位、施工单位各保存一份。施工进度计划报审表格式可参见本书第三章第二节中的相关内容。

三、施工进度计划

施工进度计划是施工组织设计的中心内容，分为施工总进度计划、单位工程施工进度计划、分部分项工程进度计划和季度(月、旬、周)进度计划四个层次。

施工计划的编制步骤如下：

(1)划分施工过程。

(2)计算工作量。

(3)确定劳动量和机械台班数量。

(4)确定各施工过程的持续施工时间(天或周)。

(5)编制施工进度计划的初始方案。

(6)检查和调整施工进度计划初始方案。

四、人、机、料动态表

人、机、料动态表应由施工单位填报，一式两份，监理单位、施工单位各保存一份。人、机、料动态表样式见表4-17。

表4-17[表C.3.4]　____年____月人、机、料动态表

工程名称			编　号					
			日　期					
致________(监理单位) 根据____年____月施工进度情况，我方现报上____年____月人、机、料统计表。								
劳动力	工种							合计
	人数							
	持证人数							

续表

主要机械	机械名称		生产厂家	规格、型号	数量	
主要材料	名称	单位	上月库存量	本月进场量	本月消耗量	本月库存量
附件： 施工单位＿＿＿＿＿＿ 项目经理＿＿＿＿＿＿						

填表说明：

(1)“劳动力”栏按施工现场实际工种情况填写并进行合计。

(2)“主要机械”栏按施工现场实际使用的主要机械填写，核准其生产厂家、规格型号、数量。

(3)“主要材料”栏应填写工程使用主要材料，如水泥、钢筋，并填写相应材料的上月库存量、本月进场量、本月消耗量，以得本月最终库存量。

(4)“附件”应填写开始使用的一个月内的起重机、外用电梯等的安检资料及计量设备检定资料。

五、工程延期申请表

工程延期申请表是依据合同规定，非施工单位原因造成的工期延期，导致施工单位要求工期补偿时采用的申请用表。施工单位填报的工程延期申请表应一式三份，由建设单位、监理单位、施工单位各保存一份。工程延期申请表样式及填写范例见表 4－18。

表 4－18[**表** C.3.5]　**工程延期申请表**

工程名称	××大厦工程	编　　号	×××
		日　　期	××年×月×日

致 **××监理公司**（监理单位）

根据施工合同 **×条×款的约定** ，由于 **非我方原因停水** 的原因，我方申请工程临时/最终延期 **1** 天(日历天)，请予以批准。

附件：

1.工程延期依据及工期计算：8 **小时**/1 **天**

2.证明材料：停水通知/公告

专业承包单位 ×××　　　　项目经理/负责人 ×××

施工总承包单位 ×××　　　　项目经理/负责人 ×××

填表说明：

(1)施工单位在工程延期的情况发生后，应在合同规定的时限内填报工程临时延期报审表，向项目监理机构申请工程临时延期。工程延期事件结束，施工单位向工程项目监理机构最终申请确定工程延期的日历天数及延迟后的竣工日期。

(2)施工单位应详细说明工程延期依据、工期计算、申请延长竣工日期，并附上证明材料。

(3)收到施工单位报送的工程临时延期报审后，经专业监理工程师按标准规范及合同文件有关章节要求，对本表及其证明材料进行核查并提出意见，签认《工程延期申请表》，并由总监理工程师审核后报建设单位审批。工程延期事件结束，施工单位向工程项目监理机构最终申请确定工程延期的日历天数及延迟后的竣工日期；项目监理机构在按程序审核评估后，由总监理工程师签认《工程延期申请表》，不同意延期的应说明理由。

本章小结

本章主要介绍了施工管理与控制资料的编制及管理工作，主要包括施工管理资料、施工技术资料、施工进度造价资料。重点介绍了各种施工管理与控制资料表格样式及填写要求。

思考与练习

一、填空题

1.__________是施工阶段各方责任主体对施工过程采取组织、技术、质量措施进行管理，实施过程控制，记录施工过程中组织、管理、监督实体形成情况资料文件的统称。

2.工程概况表由__________填写，并应由建设单位、监理单位、施工单位、城建档案馆各保存一份。

3.施工现场质量管理检查记录应符合现行__________的有关规定。

4.__________实际上就是指企业有能力完成一项工程的证明书。

5.__________是总承包单位实施分包时，提请项目监理机构对其分包单位资质审查确认的批复。

6.见证取样和送检时，取样人员应在试样或其包装上做出__________、__________。

7.图纸会审应由__________、__________和__________及有关人员参加。

8.__________是建筑工程施工过程中一种协调业主和施工方，施工方和设计方的记录。

9.工程开工报审表应符合现行国家标准__________的有关规定。

10.__________是指作为合法的所有者及权利方申请或要求其认为应该得到的资格、权益或付款。

二、单项选择题

1.(　　)是对工程基本情况的简述，应包括单位工程的一般情况、构造特征、机电系统等。

A.工程概况表　　B.工程管理资料

C.工程技术资料　　D.工作总结

2.建设工程质量事故发生后，事故发生单位必须在(　　)内，以口头、电话或者书面形式及时报告监督总站和有关部门，并在(　　)内根据规定向总站填报《建设工程质量事故报告书》。

A. 12 h,48 h　　B. 12 h,24 h

C. 24 h,48 h　　D. 8 h,12 h

3.施工日志应由项目经理部确定(　　)负责填写，记录从工程开工之日起至竣工之日的全部技术质量管理和生产经营活动。

A.资料员　　B.施工员

C.技术负责人　　D.专人

4.按编制对象范围的不同分类，施工组织设计不包括(　　)。

A.施工组织总设计　　B.单位工程施工组织设计

C.分部分项工程施工组织设计　　D.分项工程施工组织设计

5.下列(　　)不属于技术交底记录。

A.专项施工方案技术交底

B.分项工程施工技术交底

C."四新"(新材料、新产品、新技术、新工艺)技术交底

D.勘察技术交底

三、简答题

1.工程施工现场质量管理检查记录表格有哪些填写要求？

2.分包单位资质报审表的填写应注意哪些事项？

3.建设工程质量事故调查、勘察记录表的填写应注意哪些事项？

4.项目经理部负责人向单位工程负责人、质量检查员、安全员技术交底的内容包括哪几个方面？

5.什么是设计变更通知单？

6.简述施工计划的编制步骤。

7.工程延期申请表的填写应注意哪些事项？

第五章 施工物资资料

知识目标

通过本章的学习，了解施工物资资料的种类；熟悉出厂质量证明文件及检测报告的内容、进场检验通用表格的内容、进场复试报告的内容；掌握各类监理资料的填写内容。

能力目标

能对施工物资资料进行分类，具备编制施工物资资料的能力。

第一节 出厂质量证明文件及检测报告

出厂质量证明文件及检测报告属于C4类，主要包括6项内容。其工程资料名称、来源及保存见表5—1。

表5—1 出厂质量证明文件及检测报告

施工物资资料(C4类)工程资料名称		工程资料来源	工程资料保存			
			施工单位	监理单位	建设单位	城建档案馆
1	砂、石、砖、水泥、钢筋、隔热保温、防腐材料、轻集料出厂质量证明文件	施工单位	●	●	●	●
2	其他物资出厂合格证、质量保证书、检测报告和报关单或商检证等	施工单位	●	○	○	
3	材料、设备的相关检验报告、型式检测报告、3C强制认证合格证书或3C标志	采购单位	●	○	○	
4	主要设备、器具的安装使用说明书	采购单位	●	○	○	
5	进口的主要材料设备的商检证明文件	采购单位	●	○	●	●
6	涉及消防、安全、卫生、环保、节能的材料、设备的检测报告或法定机构出具的有效证明文件	采购单位	●	●	●	

注：表中工程资料名称与资料保存单位所对应的栏中“●”表示“归档保存”；“○”表示“过程保存”，是否归档保存可自行确定。

一、出厂质量证明文件及检测报告管理要点

(1)工程物资主要包括建筑材料、成品、半成品、构配件、设备等,建筑工程所使用的工程物资均应有出厂质量证明文件[包括产品合格证、出厂检验(试验)报告、产品生产许可证和质量保证书等]。

(2)涉及结构安全和使用功能的材料需要代换且改变了设计要求时,必须有设计单位签署的认可文件。涉及安全、卫生、环保的物资应有相应资质等级检测单位的检测报告,如压力容器、消防设备、生活供水设备、卫生洁具等。

(3)凡使用的新材料、新产品,应由具备鉴定资格的单位或部门出具鉴定证书,同时,具有产品质量标准和试验要求,使用前应按其质量标准和试验要求进行试验或检验。新材料、新产品还应提供安装、维修、使用和工艺标准等相关技术文件。

(4)进口材料和设备等应有商检证明[国家认证委员会公布的强制性(CCC)产品除外]、中文版的质量证明文件、性能检测报告及中文版的安装、维修、使用、试验要求等技术文件。

二、出厂质量证明文件及检测报告相关表格

1.预拌混凝土出厂合格证

施工现场使用预拌混凝土前应有技术交底和具备混凝土工程的标准养护条件。预拌混凝土搅拌单位必须按规定向施工单位提供质量合格的混凝土并随车提供预拌混凝土证明文件。预拌混凝土出厂价格证由搅拌单位负责提供,应包括:订货单位、合格证编号、工程名称与浇筑部位、混凝土强度等级、抗渗等级、供应数量、供应日期、配合比编号、原材料名称、品种及规格、试验编号、混凝土 28 d 抗压强度值、抗渗等级性能试验、抗压强度统计结果及结论;技术负责人签字、填表人签字、供货单位盖章。

预拌混凝土出厂合格证由预拌混凝土供应单位提供,城建单位、施工单位各保存一份,其样式及填写范例见表 5-2。

2.预制混凝土构件出厂合格证

预制混凝土构件应有出厂合格证,其出厂合格证中的各项内容应填写齐全,不得有错填和漏填。如构件名称、合格证编号、构件型号及规格、供应数量、制造厂名称、企业资质等级证编号、标准图号及设计图纸号、混凝土设计强度等级及浇筑日期、构件出厂日期、构件性能检验评定结果及结论、技术负责人签字、填表人签字及单位盖章等内容。

对于国家实行产品许可证的大型屋面板,预应力短(长)向圆孔板,按相关规定应有产品许可证编号。

资料员应及时收集、整理和验收预制构件的出厂合格证,任何单位不得涂改、伪造、损毁或抽撤预制构件的出厂合格证。如果预制构件的合格证是抄件(如复印件),则应注明原件的编号、存放单位、抄件时间,并有抄件人、抄件单位签字和盖章。

表 5－2　预拌混凝土出厂合格证

编号：×××

订货单位	××项目部			合格证编号	×××
工程名称与浇筑部分	××工程五层　轴　轴顶板				
强度等级	C25	抗渗等级	/	供应数量/m^3	45
供应日期	××年×月×日		至	××年×月×日	
配合比编号	××××－×××				
原材料名称	水泥	砂	石	掺和料	外加剂
品种及规格	P·O 42.5R	中砂	5～25 碎石	Ⅱ级粉煤灰	NF－2
试验编号	×××	×××	×××	×××	×××
每组抗压强度值/MPa	试验编号	强度值	试验编号	强度值	备注：
	×××	41.8	/	/	
	/	/	/	/	
	/	/	/	/	
抗渗试验	试验编号	指标	试验编号	指标	
	/	/			
	/	/			
抗压强度统计结果					结论：
组数 n		平均值	最小值		合　格
/		/	/		
供应单位技术负责人		填表人			加工单位（盖章）
×××		×××			
填表日期：××年×月×日					

预制混凝土构件出厂合格证应由加工单位提供，由施工单位保存，其样式及填写范例见表5－3。

表 5－3　预制混凝土构件出厂合格证

编号：×××

工程名称	××工程		合格证编号	×××	
构件名称	×××	型号规格	1	供应数量	45
制造厂家	××预制构件		企业等级证	一级	
标准图号或设计图纸号	×××		混凝土设计强度等级	C20	
混凝土浇筑日期	××年×月×日		构件出厂日期	××年×月×日	

续表

性能检验评定结果	混凝土抗压强度	受力主筋		
	达到设计强度/%	试验编号	力学性能	工艺性能
	132	×××	**钢筋屈服点、抗拉强度、伸长率均符合要求**	**见钢筋原材料进场报告 056**
性能检验评定结果	外观检查			
	质量状况		规格尺寸	
	外观无缺楞掉角，混凝土表面平整		**楼梯踏步尺寸符合设计要求（1 200 mm×200 mm）**	
	结构性能			
	承载力/kPa	挠度/mm	抗裂检验/kPa	裂缝宽度/mm
	2.00	**1.50**	**1.40**	**0.10≤0.15[w_{max}\]**
备注：			结论： **产品合格，同意出厂**	
供应单位技术负责人		填表人		供应单位 （盖章）
×××		×××		
填表日期：××年×月×日				

3.钢构件出厂合格证

钢构件出厂时，其质量必须合格，并符合《钢结构工程施工质量验收标准》(GB 50205—2020)中的有关规定。钢构件出厂合格证应包括：工程名称、委托单位、合格证编号、钢材材质报告及其复试报告编号、焊条或焊丝及焊药型号、供货总量、加工及出厂日期、构件名称及编号、构件数量、防腐状况及使用部位、技术负责人签字、填表人签字及单位盖章等。合格证要填写齐全，不得漏填或错填。数据真实，结论正确，符合标准要求。钢构件出厂合格证填写式样见表5－4。

表5－4　钢构件出厂合格证

编号：×××

工程名称		××工程	委托单位	**××钢构件厂**	合格证编号	×××
钢材材质	—	出厂日期	××年×月×日		焊药名称型号	—
供应总量/t	**80**	防腐状况	**已做防腐处理**		焊条或焊丝名称、型号	**E4303 32 mm×350 mm**
序号	构件名称及编号	构件数量	构件重量/kg	原材报告编号	复试报告编号	使用部位
1	**天井1号桁架**	**5**	**55**	×××	×××	**屋面**
备注：						

续表

供应单位技术负责人	填表人	供应单位 （盖章）
×××	×××	
填表日期：××年×月×日		
注：本表由钢构件供应单位提供，建设单位、施工单位各保存一份。		

4.给水排水及采暖工程常用物资所需质量证明文件及要求

建筑给排水及采暖工程常用物资所需质量证明文件及要求见表5—5。

表5—5　建筑给水排水及采暖工程常用物资所需质量证明文件及要求

序号	物资名称	供应单位提供的质量证明文件	检验报告应含基本检测项目
1	镀锌钢管	质量证明书	
2	无缝钢管	质量证明书	
3	焊接钢管	质量证明书	
4	二次镀锌管道及附件	质量证明书、检验报告	锌层厚度、附着强度、外观
5	建筑给水塑料管道	质量证明书、检验报告、备案证明	生活饮用给水管道的卫生性能、纵向回缩率、维卡软化温度等
6	建筑排水塑料管道	质量证明书、检验报告、备案证明	纵向回缩率、维卡软化温度等，螺旋消声管材要有消声检测证明
7	铜管道及配件	质量证明书、检验报告	生活饮用给水管道的卫生性能
8	柔性接口排水铸铁管	质量证明书、产品合格证、备案证明	
9	不锈钢钢管	质量证明书、检验报告	生活饮用给水管道的卫生性能
10	钢管外涂塑管道（室外景观）	质量证明书	涂覆材料、涂层颜色、外观质量、涂层厚度、针孔检测、附着力
11	法兰	产品合格证或质量证明书、检验报告	国标或行标
12	沟槽连接件	质量证明书、检验报告	用于生活饮用水系统应有胶圈卫生性能
13	快速接头（园林绿化）	产品合格证、检验报告	壳体试验、密封试验、上密封试验、连接尺寸、标志包装、铸件质量/表面质量、装配质量、阀体壁厚
14	刚性密闭套管	质量证明书（外购）	
15	柔性防水套管	质量证明书（外购）	
16	人防密闭套管	质量证明书（外购）	
17	型钢（角钢、槽钢、扁钢、工字钢）	质量证明书	
18	电焊条	产品合格证、质量证明书	
19	水表、热量表	产品合格证、计量检定证书	
20	压力表、温度计	产品合格证	
21	各种阀类（截止阀、闸阀、蝶阀、球阀等）	产品合格证、检验报告	强度、严密度

续表

序号	物资名称	供应单位提供的质量证明文件	检验报告应含基本检测项目
22	安全阀、减压阀	产品合格证、调试报告及定压合格证书	
23	消防供水设备、消火栓箱	产品合格证、检验报告	强制检验
24	消火栓、灭火器、消防接口、消防枪炮、防火阻燃材料	产品合格证、检验报告	形式认可
25	洒水喷头、湿式报警阀、水流指示器、消防用压力开关、消防水带	产品合格证、检验报告	强制认证
26	散热器	质量证明书、检验报告	耐压强度、热工性能
27	整体或拼装水箱	质量证明书、检验报告(生活水箱)	卫生性能
28	卫生洁具	质量证明书、检验报告、备案证明	冲击功能、吸水率、抗龟裂试验、水封试验、污水排放试验、环保检测
29	疏水器、过滤器、除污器	质量证明书	
30	地漏、清扫口	产品合格证	
31	金属波纹补偿器	产品合格证、检验报告、成品补偿器预拉伸证明书	外观、尺寸偏差、形位偏差、补偿量、刚度检测、应变、耐压力、气密性、稳定性
32	绝热材料	产品合格证、检验报告	容重、导热性能、燃烧性能
33	布基胶带	产品合格证、检验报告	总厚度、初粘、持粘、剥离力、抗拉强度
34	锅炉、压力容器	质量证明书、检验报告、安装使用说明书	焊缝无损探伤
35	热交换器	质量证明书、安装使用说明书	
36	水泵、变频供水设备	产品合格证、质量证明书、安装使用说明一书	

注：1.各类管材应有产品质量证明文件。

2.阀门、调压装置、消防设备、卫生洁具、给水设备、中水设备、排水设备、采暖设备、热水设备、散热器、锅炉及附属设备、各类开(闭)式水箱(罐)、分(集)水器、安全阀、水位计、减压阀、热交换器、补偿器、疏水器、除污器、过滤器、游泳池水系统设备等应有产品质量合格证及相关检验报告。

3.对于国家有规定的特定设备及材料，如消防、卫生、压力容器等，应附有相应资质检验单位提供的检验报告，如安全阀、减压阀的调试报告、锅炉(承压设备)焊缝无损探伤检测报告、给水管道材料卫生检验报告、卫生器具环保检测报告、水表和热量表计量检定证书等。

4.绝热材料应有产品质量合格证和材质检验报告。

5.主要设备、器具应有安装使用说明书。

6.对涉及建筑工程质量、安全、节能、环保的建筑材料，实行供应备案管理。

7.已实施产品强制认证制度的消防产品包括点型感烟火灾探测器、点型感温火灾探测器、火灾报警控制器、洒水喷头、湿式报警阀、水流指示器、消防用压力开关、消防水带、手动火灾报警按钮、消防联动控制设备。实施形式认可制度的消防产品包括灭火剂、防火门、消火栓、灭火器、消防接口、消防枪炮、消防应急灯具、火灾报警设备(可燃气体报警控制器、可燃气体探测器、家用可燃气体报警器)、防火阻燃材料(钢结构、饰面型、电缆、无机防火堵料、有机防火堵料、阻火包)。实施强制检验制度的消防产品包括气体灭火系统、干粉灭火系统、气溶胶灭火系统、防火卷帘门、防排烟风机、防火阀、排烟防火阀、消防供水设备、消火栓箱等。

8.境内制造、使用的锅炉压力容器，制造企业必须取得《中华人民共和国锅炉压力容器制造许可证》。

9.安装于建筑工程中用于贸易结算的电度表、水表、煤气表、热量表等计量仪表的生产厂家必须提供产品合格证和法定计量检测单位出具的计量检定证书。

10.国家实施生产许可证产品目录包括电焊条、空气压缩机、家用燃气快速热水器、泵、燃气调压器(箱)、铜及铜合金管材、耐火材料、锅炉及压力容器用钢管(管坯)、锅炉、压力容器用钢板、制冷设备等产品。

第二节 进场检验通用表格

进场检验通用表格属于C4类，主要包括3项内容。其工程资料名称、提供单位、工程资料保存单位见表5－6。

表5－6 进场检验通用表格

施工物资资料(C4类)工程资料名称		工程资料来源	工程资料保存			
			施工单位	监理单位	建设单位	城建档案馆
1	材料、构配件进场检验记录＊(表C.4.1)	施工单位	○	○		
2	设备开箱检验记录＊(表C.4.2)	施工单位	○	○		
3	设备及管道附件试验记录＊(表C.4.3)	施工单位	●	○	●	
注:表中工程资料名称与资料保存单位所对应的栏中“●”表示“归档保存”;“○”表示“过程保存”,是否归档保存可自行确定。						

一、材料、构配件进场检验记录

材料、构配件进场检验记录由直接使用所检查的材料及配件的施工单位填写，作为工程物资进场报验资料进入资料管理流程。工程物资进场后，施工单位应及时组织相关人员检查外观、数量及供货单位提供的质量证明文件等，合格后填写材料、构配件进场检验记录。施工单位填写的材料、构配件进场检验记录应一式两份，并应由监理单位、施工单位各保存一份。

材料、构配件进场检验记录应符合现行国家有关标准的规定。施工单位填写的材料、构配件进场检验记录应一式两份，并应由监理单位、施工单位各保存一份。材料、构配件进场检验记录样式及填写范例见表5－7。

表5－7[表C.4.1] 材料、构配件进场检验记录

工程名称		××工程			编号	×××	
					检验日期	××年×月×日	
序号	名称	规格	进场数量	生产厂家	外观检验项目	试件编号	备注
				质量证明书编号	检验结果	复验结果	
1	普通硅酸盐水泥	P·O 42.5	200 t	×××	外观、质量证明文件	×××	
				×××	合格	合格	
2	砂	中砂	500 m^3	×××	外观、质量证明文件	×××	
				×××	合格	合格	
3	螺纹钢筋	A22HRB335	2.353 t	×××	外观、质量证明文件	×××	
				×××	合格	合格	

续表

序号	名称	规格	进场数量	生产厂家	外观检验项目	试件编号	备注
				质量证明书编号	检验结果	复验结果	
4	**圆盘**	ϕ8Q235A	**8.46** t	×××	**外观、质量证明文件**	×××	
				×××	**合格**	**合格**	
5							
6							

检查意见(施工单位):

以上材料、构配件经外观检查合格,管径壁厚均匀,材质、规格型号及数量经复验均符合设计、规范要求,产品质量证明文件齐全。

附件:共____页

验收意见(监理/建设单位)

☑同意 ☐重新检验 ☐退场 验收日期:

签字栏					
签字栏	施工单位	**×××建筑工程公司**	专业质检员	专业工长	质检员
			×××	×××	×××
	监理或建设单位	×××		专业工程师	×××

填表说明:

(1)工程名称填写应准确、统一,日期应准确。

(2)物资名称、规格、数量、检验项目和结果等填写应规范、准确。

(3)检验结论及相关人员签字应清晰可辨认,严禁其他人代签。

(4)按规定应进场复试的工程物资,必须在进场检查验收合格后取样复试。

二、设备开箱检验记录

建筑工程所使用的设备进场后,应由施工单位、建设(监理)单位、供货单位共同开箱检查,并进行记录,然后填写工程物资进场报验单报请监理单位核查确认,并填写设备开箱检验记录。设备开箱检验记录应由施工单位填写,一式两份,并应由监理单位、施工单位各保存一份。设备开箱检查项目主要包括设备的产地、品种、规格、外观、数量、附件情况、标识和质量证明文件、相关技术文件等。设备开箱检验记录样式及填写范例见表5－8。

表5－8[表C.4.2] 设备开箱检验记录

工程名称	**××给水工程**	编　号	×××
		检验日期	**××年×月×日**
设备名称	**离心水泵**	规格型号	×××
生产厂家	**××设备制造公司**	产品合格证编号	×××

总数量	×××台	检验数量	×××台
进场检验记录			
包装情况	包装完整良好，无损坏，标识明确		
随机文件	设备装箱单 1 份，中文质量合格证明 1 份，安装使用说明书 1 份		
备件与附件	配套法兰、螺栓、螺母等齐全		
外观情况	外观良好，无损坏锈蚀现象		
测试情况	良好		

缺、损附备件明细					
序号	附备件名称	规格	单位	数量	备注

检查意见(施工单位)：

设备包装、外观状况、测试情况良好，随机文件、备件与附件齐全，符合设计及施工质量验收规范要求。

附件：共____页

验收意见(监理/建设单位)：

合格

☑同意　☐重新检验　☐退场　验收日期：××年×月×日

签字栏	供应单位	×××	责任人	×××
	施工单位	×××	专业工长	×××
	监理或建设单位	×××	专业工程师	×××

填表说明：

(1)凡有数据要求的项目必须填写实际测量的数据。

(2)“检查意见”栏需进行详细记录，对于发现包装、文件、部件的缺损情况应做出准确的文字描述。没有数据要求的项目可填写“符合规范要求”的字样。

(3)在实际检查未涉及表格所列的项目时，可将此项目用“/”在“检查意见”栏中划除。

(4)发现的问题必须由建设(监理)单位、供应单位和安装单位形成共同的验收意见，将形成的处理意见填写在表格的“验收意见”栏中，各单位各保存一份，以备对处理意见解决情况进行核实检查。

三、设备及管道附件试验记录

设备、阀门、闭式喷头、密闭水箱或水罐风机盘管、成组散热器及其他散热设备等在安装前按规定进行试验时，均应填写设备及管道附件试验记录，并应由建设单位、监理单位、施工单位各保存一份。设备及管道附件试验记录样式及填写范例见表 5—9。

表 5—9[表 C.4.3]　设备及管道附件试验记录

工程名称	××办公楼	编号	15—03—C028—001
使用部位	采暖系统阀门	试验日期	××年×月×日

续表

<table>
<tr><td colspan="2">试验要求</td><td colspan="4">阀门工程压力为 1.6 MPa,金属密封;强度试验压力为公称压力的 1.5 倍,严密性试验压力为公称压力 1.1 倍;试验压力在试验时间内应保持不变,且壳体填料及阀瓣封面无渗漏。</td></tr>
<tr><td colspan="2">设备/管道附件名称</td><td>阀门</td><td colspan="2">阀门</td><td></td></tr>
<tr><td colspan="2">材质、型号</td><td>铜截止阀</td><td colspan="2">铸钢法兰闸阀</td><td></td></tr>
<tr><td colspan="2">规格</td><td>DN40～DN20</td><td colspan="2">DN70～DN150</td><td></td></tr>
<tr><td colspan="2">试验数量</td><td>48</td><td colspan="2">4</td><td></td></tr>
<tr><td colspan="2">试验介质</td><td>自来水</td><td colspan="2">自来水</td><td></td></tr>
<tr><td colspan="2">公称或工作压力/MPa</td><td>1.6</td><td colspan="2">1.6</td><td></td></tr>
<tr><td rowspan="5">强度试验</td><td>试验压力/MPa</td><td>2.4</td><td colspan="2">2.4</td><td></td></tr>
<tr><td>试验持续时间/s</td><td>180</td><td colspan="2">180</td><td></td></tr>
<tr><td>试验压力降/MPa</td><td>0</td><td colspan="2">0</td><td></td></tr>
<tr><td>渗漏情况</td><td>无</td><td colspan="2">无</td><td></td></tr>
<tr><td>试验结论</td><td></td><td colspan="2"></td><td></td></tr>
<tr><td rowspan="5">严密性试验</td><td>试验压力/MPa</td><td>1.8</td><td colspan="2">1.8</td><td></td></tr>
<tr><td>试验持续时间/s</td><td>120</td><td colspan="2">120</td><td></td></tr>
<tr><td>试验压力降/MPa</td><td>0</td><td colspan="2">0</td><td></td></tr>
<tr><td>渗漏情况</td><td>无</td><td colspan="2">无</td><td></td></tr>
<tr><td>试验结论</td><td>合格</td><td colspan="2"></td><td></td></tr>
<tr><td rowspan="3">签字栏</td><td rowspan="2">施工单位</td><td rowspan="2">××建筑有限公司</td><td>专业技术负责人</td><td>专业质检员</td><td>专业工长</td></tr>
<tr><td>×××</td><td>×××</td><td>×××</td></tr>
<tr><td>监理或建设单位</td><td>××监理有限责任公司</td><td colspan="2">专业工程师</td><td>×××</td></tr>
</table>

第三节　进场复试报告

进场复试报告属于 C4 类,主要包含 23 项内容。其工程资料名称、提供单位、工程资料保存单位见表 5－10。

表 5－10　进场复试报告

施工物资资料(C4 类)工程资料名称		工程资料来源	工程资料保存			
			施工单位	监理单位	建设单位	城建档案馆
1	钢材试验报告	检测单位	●	●	●	●
2	水泥试验报告	检测单位	●	●	●	●

续表

施工物资资料(C4类)工程资料名称		工程资料来源	工程资料保存			
			施工单位	监理单位	建设单位	城建档案馆
3	砂试验报告	检测单位	●	●	●	●
4	碎(卵)石试验报告	检测单位	●	●	●	●
5	外加剂试验报告	检测单位	●	●	○	●
6	防水涂料试验报告	检测单位	●	○	●	
7	防水卷材试验报告	检测单位	●	○	●	
8	砖(砌块)试验报告	检测单位	●	●	●	●
9	预应力筋复试报告	检测单位	●	●	●	●
10	预应力锚具、夹具和连接器复试报告	检测单位	●	●	●	●
11	装饰装修用门窗复试报告	检测单位	●	○	●	
12	装饰装修用人造木板复试报告	检测单位	●	○	●	
13	装饰装修用花岗石复试报告	检测单位	●	○	●	
14	装饰装修用安全玻璃检验报告	检测单位	●	○	●	
15	装饰装修用外墙面砖试验报告	检测单位	●	○	●	
16	钢结构用钢材复试报告	检测单位	●	●	●	●
17	钢结构用防火涂料复试报告	检测单位	●	●	●	●
18	钢结构用焊接材料复试报告	检测单位	●	●	●	●
19	钢结构用高强度大六角头螺栓连接复试报告	检测单位	●	●	●	●
20	钢结构用扭剪型高强度螺栓连接副复试报告	检测单位	●	●	●	●
21	幕墙用铝塑板、石材、玻璃、结构胶复试报告	检测单位	●	●	●	●
22	散热器、采暖系统保温材料、通风与空调工程绝热材料、风机盘管机组、低压配电系统电缆的见证取样复试报告	检测单位	●	○	●	
23	节能工程材料复试报告	检测单位	●	●	●	
注:表中工程资料名称与资料保存单位所对应的栏中“●”表示“归档保存”;“○”表示“过程保存”,是否归档保存可自行确定。						

一、主要原材料复试报告

1.钢材试验报告

建筑工程常用钢材的种类主要有热轧带肋、热轧光圆、低碳钢热轧盘条、余热处理钢筋、冷轧带肋钢筋等。钢筋产品合格证由钢筋生产厂质量检验部门提供,其内容包括钢号、规格、数量、机械性能(屈服点、抗拉强度、延伸率、冷弯)、化学成分(碳、磷、硅、锰、硫、钒等)的数据及结论、出厂日期、检验部门印章、合格证的编号。合格证要填写齐全,不得漏填或错填,数据真实,结论正确,符合标准要求,并由使用单位注明其代表数量及使用部位。

钢材试验报告由试验单位提供,建设单位、施工单位、城建档案馆各保存一份。其样式及填写范例见表5—11。

表 5—11　钢材试验报告

编号：×××

试验编号：××××—×××

委托编号：××××—×××

<table>
<tr><td>工程名称</td><td colspan="4">××工程　一层框架柱</td><td colspan="2">试件编号</td><td colspan="2">010</td></tr>
<tr><td>委托单位</td><td colspan="4">×××</td><td colspan="2">试验委托人</td><td colspan="2">×××</td></tr>
<tr><td>钢材种类</td><td>热轧带肋</td><td>规格或牌号</td><td colspan="2">HRB335ϕ25</td><td colspan="2">生产厂家</td><td colspan="2">××钢铁集团公司</td></tr>
<tr><td>代表数量</td><td>20 t</td><td>来样日期</td><td colspan="2">××年×月×日</td><td colspan="2">试验日期</td><td colspan="2">××年×月×日</td></tr>
<tr><td>公称直径(厚度)</td><td colspan="4">25.00 mm</td><td colspan="2">公称面积</td><td colspan="2">490.0 mm^2</td></tr>
<tr><td rowspan="12">试验结果</td><td colspan="6">力学性能试验结果</td><td colspan="2">弯曲性能</td></tr>
<tr><td>屈服点/MPa</td><td>抗拉强度/MPa</td><td>伸长率/%</td><td>$\sigma_{b实}/\sigma_{s实}$</td><td>$\sigma_{s实}/\sigma_{b标}$</td><td>弯心直径</td><td>角度/°</td><td>结果</td></tr>
<tr><td>385</td><td>605</td><td>26</td><td>1.57</td><td>1.15</td><td>75</td><td>180</td><td>合格</td></tr>
<tr><td>385</td><td>605</td><td>26</td><td>1.57</td><td>1.15</td><td>75</td><td>180</td><td>合格</td></tr>
<tr><td></td><td></td><td></td><td></td><td></td><td></td><td></td><td></td></tr>
<tr><td colspan="7">化学分析</td><td rowspan="6">其他：</td></tr>
<tr><td rowspan="2">分析编号</td><td colspan="6">化学成分/%</td></tr>
<tr><td>C</td><td>Si</td><td>Mn</td><td>P</td><td>S</td><td>C_{eq}</td></tr>
<tr><td></td><td></td><td></td><td></td><td></td><td></td><td></td></tr>
<tr><td></td><td></td><td></td><td></td><td></td><td></td><td></td></tr>
<tr><td colspan="7"></td></tr>
<tr><td colspan="7"></td></tr>
<tr><td colspan="9">结论：
依据《钢筋混凝土用钢 第 2 部分：热轧带肋钢筋》(GB/T 1499.2—2018)标准，符合热轧带肋 HRB335 级力学性能。</td></tr>
<tr><td>批准人</td><td colspan="2">×××</td><td>审核人</td><td colspan="2">×××</td><td>试验人</td><td colspan="2">×××</td></tr>
<tr><td>试验单位</td><td colspan="8">××建筑构件厂(中心试验室)</td></tr>
<tr><td>报告日期</td><td colspan="8">××年×月×日</td></tr>
</table>

2.水泥试验报告

水泥必须有质量证明文件。水泥生产单位应在水泥出厂 7 d 内提供 28 d 强度以外的各项试验结果，28 d 强度结果应在水泥发出日起 32 d 内补报。用于承重结构的水泥、使用部位有强度等级要求的水泥，水泥出厂超过三个月(快硬硅酸盐水泥为一个月)和进口水泥在使用前必须进行复试，有试验报告。混凝土和砌筑砂浆用水泥应实行有见证取样和送检。用于钢筋混凝土结构、预应力混凝土结构中的水泥，检测报告应有有害物含量检测内容。水泥试验报告由试验单位提供，建设单位、施工单位、城建档案馆各保存一份。其样式及填写范例见表 5—12。

表 5－12 水泥试验报告

编号：×××

试验编号：**2015－0666**

委托编号：**2015－06379**

工程名称	××工程 三层墙体砌筑			试样编号	×××		
委托单位	××建筑工程公司			试验委托人	×××		
品种及强度等级	P·S **42.5**	出厂编号及日期		××年×月×日	厂别牌号	×××	
代表数量/t	**200**	来样日期		××年×月×日	试验日期	××年×月×日	
试验结果	一、细度	1.80μm 方孔筛余量			%		
		2.比表面积			m²/kg		
	二、标准稠度用水量/P				**25.4** %		
	三、凝结时间	初凝		**03** h **30** min	终凝	**05** h **25** min	
	四、安定性	雷氏法		mm	饼法	—	
	五、其他	—		—	—	—	
	六、强度/MPa						
	抗折强度				抗压强度			
	3 d		28 d		3 d		28 d	
单块值	平均值	单块值	平均值	单块值	平均值	单块值	平均值
4.5	**4.4**	**8.7**	**8.7**	**23.0**	**23.5**	**52.5**	**53.1**
				23.8		**53.2**	
4.3		**8.8**		**23.2**		**52.7**	
				24.1		**53.8**	
4.3		**8.7**		**23.8**		**53.2**	
				22.9		**53.1**	
结论： **依据《通用硅酸盐水泥》GB 175—2007)标准，符合 P·S 42.5 水泥强度要求，安定性合格，凝结时间合格。**							
批准人	×××	审核人	×××	试验人	×××		
试验单位	**××建筑公司试验室**						
报告日期	**××年×月×日**						

3.碎(卵)石试验报告

碎(卵)石的产品质量必须合格，应先试验后使用，要有出厂质量合格证和试验单。使用前应按照品种、规格、产地、批量的不同进行取样试验。碎(卵)石的必试项目有筛分析，含泥量，泥块含量，针、片状颗粒含量，压碎指标。对于用来配制有特殊要求的混凝土的碎(卵)石，还需做相应的项目试验。

试验报告单应字迹清楚，项目齐全、准确、真实，不得漏填或填错，且无未了事项，并不得涂改、伪造、损毁或随意抽撤。

碎(卵)石试验报告由试验单位提供,建设单位、施工单位、城建档案馆各保存一份。样式及填写范例见表 5—13。

表 5—13　碎(卵)石试验报告

编号:×××

试验编号:××××—×××

委托编号:××××—×××

工程名称	××工程		试样编号	×××	
委托单位	××建筑工程公司		试验委托人	×××	
种类、产地	卵石　×××		公称粒径	5~10 mm	
代表数量	600 t	来样日期	××年×月×日	试验日期	××年×月×日
试验结果	一、筛分析	级配情况	☑连续粒级　□单粒级		
		级配结果	符合 5~10 mm 卵石连续级配		
		最大粒径	10.0 mm		
	二、含泥量	0.6%			
	三、泥块含量	0.2%			
	四、针、片状颗粒含量	0%			
	五、压碎指标值	0%			
	六、表观密度	—			
	七、堆积密度	—			
	八、碱活性指标	—			
	九、其他	含水率/氯离子含量/孔隙率/坚固性/有机质含量/抗压强度试验/轻物质含量			
结论: 依据《普通混凝土用砂、石质量及检验方法标准》(JGJ 52—2006)标准,含泥量合格,泥块含量合格,针片状含量合格,符合 5~10 mm 卵石连续级配,累计筛余 0。					
批准人	×××	审核人	×××	试验人	×××
试验单位	××建筑工程公司试验室				
报告日期	××年×月×日				

4.外加剂试验报告

外加剂主要包括减水剂、早强剂、缓凝剂、泵送剂、防水剂、防冻剂、膨胀剂、引气剂和速凝剂等。混凝土外加剂试验项目及所需数量要求见表 5—14。

表 5—14　试验项目及所需数量

试验项目		外加剂类别	试验类别	试验所需数量			
				混凝土拌和批数	每批取样数目	基准混凝土总取样数目	受检混凝土总取样数目
减水率		除早强剂、缓凝剂外的各种外加剂	混凝土拌合物	3	1次	3次	3次
泌水率比		各种外加剂		3	1个	3个	3个
含气量				3	1个	3个	3个
凝结时间差				3	1个	3个	3个
1 h 经时变化量	坍落度	高性能减水剂、泵送剂		3	1个	3个	3个
				3	1个	3个	3个
	含气量	引气剂、引气减水剂	硬化混凝土	3	6、9或12块	18、27或36块	18、27或36块
				3	1条	3条	3条
抗压强度比		各种外加剂	硬化混凝土	3	1条	3条	3条
收缩率比							
相对耐久性		引气减水剂、引气剂					

注：1.试验时，检验同一种外加剂的三批混凝土的制作宜在开始试验一周内的不同日期完成。对比的基准混凝土和受检混凝土应同时成型。

2.试验前后应仔细观察试样，对有明显缺陷的试样和试验结果都应舍除。

外加剂必须有质量证明书或合格证，有相应资质等级检测部门出具的检测报告、产品性能和使用说明书等。应按规定取样复试，具有复试报告。承重结构混凝土使用的外加剂应实行有见证取样和送检。混凝土外加剂试验报告由试验单位提供，建设单位、施工单位、城建档案馆各保存一份。样式及见填写范例见表 5—15。

表 5—15　混凝土外加剂试验报告

编号：×××

试验编号：××××—×××

委托编号：××××—×××

工程名称	××工程			试样编号	009
委托单位	×××			试验委托人	×××
产品名称	缓凝减水剂	生产厂家	××厂	生产日期	××年×月×日
代表数量	30 kg	来样日期	××年×月×日	试验日期	××年×月×日
试验项目	必试项目				

续表

试验结果	试验项目	试验结果
	一、钢筋锈蚀	无锈蚀作用
	二、凝结时间差	初凝 165 min,终凝 205 min
	三、28 d 抗压强度比	116%
	四、减水率	21.3%d

结论：

依据《混凝土外加剂》(GB 8076—2008)标准，所检项目达到合格品指标要求，对钢筋无锈蚀。

批准人	×××	审核人	×××	试验人	×××
试验单位	××建筑工程公司试验室				
报告日期	××年×月×日				

5.防水涂料试验报告

防水涂料又称涂膜防水材料，一般是由沥青、合成高分子聚合物、合成高分子聚合物与沥青、合成高分子聚合物与水泥或以无机复合材料等为主要成膜物质，掺入适量的颜料、助剂、溶剂等加工制成的溶剂型、水乳型或反应型，在常温下无固定形状的黏稠状液态或粉末状的可液化固态，经涂布能在结构物表面结成连续、无缝、坚韧的防水膜，能满足工程不同部位防水、抗渗要求的一类材料的总称。

防水涂料按其状态与形成，大致可分为乳液型、溶剂型、反应型三大类；按成膜物质的主要成分，可分为沥青基防水涂料、高聚物改性沥青防水涂料、合成高分子防水涂料三大类。防水涂料试验报告的样式及填写范例见表5－16。

表5－16　防水涂料试验报告

编号：×××

试验编号：××××－×××

委托编号：××××－×××

工程名称及部位	××工程 1～4 层厕浴间，地下室积水坑			试件编号	001
委托单位	××建筑工程公司			试验委托人	×××
种类、型号	聚氨酯防水涂料　1∶1.5			生产厂	××防水材料厂
代表数量	300 kg	来样日期	××年×月×日	试验日期	××年×月×日 D
试验结果	一、延伸性	mm			
	二、拉伸强度	3.83MPa			
	三、断裂伸长率	556%			
	四、粘结性	0.7MPa			
	五、耐热度	温度/℃	110	评定	合格
	六、不透水性	压力 0.3 MPa；恒压时间 30 min，不透水，合格			
	七、柔韧性(低温)	温度/℃	－30	评定	2 h 无裂纹，合格
	八、固体含量	95.5%			
	九、其他	有见证试验			

续表

结论： 依据《聚氨酯防水涂料》(GB/T 19250—2013)标准，符合聚氨酯防水涂料合格品要求。					
批准人	×××	审核人	×××	试验人	×××
试验单位	××建筑工程公司试验室				
报告日期	××年×月×日				

6.防水卷材试验报告

防水卷材主要是用于建筑墙体、屋面及隧道、公路、垃圾填埋场等处，起到抵御外界雨水、地下水渗漏的一种可卷曲呈卷状的柔性建材产品，作为工程基础与建筑物之间无渗漏连接，是整个工程防水的第一道屏障，对整个工程起着至关重要的作用。

常用的防水卷材按照材料的组成不同，可分为一般防水卷材、高聚物改性沥青防水卷材和合成高分子防水卷材三大类。质量不合格或不符合设计要求的防水卷材不允许在工程中使用。防水卷材试验报告的样式及填写范例见表5—17。

表5—17　防水卷材试验报告

编号：×××

试验编号：××××—×××

委托编号：××××—×××

工程名称及部位		××工程地下室底板、外墙防水层			试件编号		004	
委托单位		××建筑工程公司			试验委托人		×××	
种类、等级、牌号		弹性体沥青防水卷材　Ⅰ型聚酯毡			生产厂		××防水材料有限公司	
代表数量		250 卷	来样日期	××年×月×日	试验日期		××年×月×日	
试验结果	一、拉力试验		1.拉力		纵	536.0 N	横	510.0 N
			2.拉伸强度		纵	7 MPa	横	7 MPa
	二、断裂伸长率(延伸率)				纵	9.6%	十横	9.4%
	三、耐热度		温度/℃			评定		
	四、不透水性		压力为0.2MPa；恒压时间为30 min；评定为合格					
	五、柔韧性(低温柔性、低温弯折性)		温度/℃	−15		评定	合格	
	六、其他		有见证试验					
结论： 依据《弹性体改性沥青防水卷材》(GB 18242—2008)标准，符合Ⅰ型胎弹性体沥青防水卷材质量标准。								
批准人	×××		审核人	×××		试验人	×××	
试验单位	××建筑工程公司试验室							
报告日期	××年×月×日							

7.砖(砌块)试验报告

砖和砌块进场应有出厂质量证明文件,并按规定见证、取样和送检,要有砖(砌块)试验报告。

砖和砌块的产品质量必须合格,应先试验后使用。使用前应按品种、规格、产地、批量的不同进行取样试验。如试验结果不合格,则应取双倍试样进行复试。再不合格,则该验收批为不合格。

砖(砌块)试验报告由试验单位提供,建设单位、施工单位、城建档案馆各保存一份。其样式及填写范例见表5—18。

表5—18 砖(砌块)试验报告

编号:×××

试验编号:××××—×××

委托编号:××××—×××

<table>
<tr><td colspan="2">工程名称</td><td colspan="4">××工程一层墙体砌筑</td><td colspan="2">试样编号</td><td>×××</td></tr>
<tr><td colspan="2">委托单位</td><td colspan="4">××建筑工程公司</td><td colspan="2">试验委托人</td><td>×××</td></tr>
<tr><td colspan="2">种类</td><td colspan="4">烧结普通砖</td><td colspan="2">生产厂家</td><td>××d砖厂</td></tr>
<tr><td colspan="2">强度等级</td><td>MU10</td><td>密度等级</td><td colspan="2">—</td><td colspan="2">代表数量</td><td>16万</td></tr>
<tr><td colspan="2">试件处理日期</td><td>××年×月×日</td><td>来样日期</td><td colspan="2">××年×月×日</td><td colspan="2">试验日期</td><td>××年×月×日</td></tr>
<tr><td rowspan="16">试验结果</td><td colspan="8">烧结普通砖</td></tr>
<tr><td colspan="3" rowspan="2">抗压强度平均值 f/MPa</td><td colspan="3">变导系数 $\delta \leq 0.21$</td><td colspan="2">变导系数 $\delta > 0.21$</td></tr>
<tr><td colspan="3">强度标准值 f_k/MPa</td><td colspan="2">单块最小强度值 f_k/MPa</td></tr>
<tr><td colspan="3">16</td><td colspan="3">14.8</td><td colspan="2">—</td></tr>
<tr><td colspan="8">轻集料混凝土小型空心砌块</td></tr>
<tr><td colspan="6">砌块抗压强度/MPa</td><td colspan="2" rowspan="2">砌块干燥表观密度/(kg·m^{-3})</td></tr>
<tr><td colspan="3">平均值</td><td colspan="3">最小值</td></tr>
<tr><td colspan="3"></td><td colspan="3"></td><td colspan="2"></td></tr>
<tr><td colspan="8">其他种类</td></tr>
<tr><td colspan="6">抗压强度/MPa</td><td colspan="2">抗折强度/MPa</td></tr>
<tr><td rowspan="2">平均值</td><td rowspan="2">最小值</td><td colspan="2">大面</td><td colspan="2">条面</td><td rowspan="2">平均值</td><td rowspan="2">最小值</td></tr>
<tr><td>平均值</td><td>最小值</td><td>平均值</td><td>最小值</td></tr>
<tr><td></td><td></td><td></td><td></td><td></td><td></td><td></td><td></td></tr>
<tr><td colspan="9">结论:
根据《烧结普通砖》(GB/T 5101—2017)标准,符合MU10砖抗压强度要求。</td></tr>
<tr><td colspan="2">批准人</td><td>×××</td><td>审核人</td><td colspan="2">×××</td><td colspan="2">试验人</td><td>×××</td></tr>
<tr><td colspan="2">试验单位</td><td colspan="7">××建筑工程公司试验室</td></tr>
<tr><td colspan="2">报告日期</td><td colspan="7">××年×月×日</td></tr>
</table>

二、装饰装修进场复试报告

1.门窗性能检测报告

门窗性能检测报告包括物理性能检测、力学性能检测及保温性能检测。以保温性能检测报告为例，其样式及填写范例见表5－19。

表5－19　门窗性能检测报告(保温性能)

委托编号：×××

试验编号：×××

<table>
<tr><td colspan="2">工程名称</td><td colspan="2">××大厦工程</td><td>试验日期</td><td colspan="2">××年×月×日</td></tr>
<tr><td colspan="2">委托单位</td><td colspan="2">××门窗有限公司</td><td>委托日期</td><td colspan="2">××年×月×日</td></tr>
<tr><td colspan="2">试件名称</td><td colspan="2">内平开铝合金窗</td><td>品种规格</td><td colspan="2">PLC45 1 470 mm×1 520 mm×45 mm</td></tr>
<tr><td colspan="2">生产厂家</td><td colspan="2">××门窗有限公司</td><td>玻璃现况</td><td colspan="2">白色中空玻璃</td></tr>
<tr><td colspan="2">密封材质</td><td colspan="2">密封胶条</td><td>代表数量</td><td colspan="2">140 樘</td></tr>
<tr><td colspan="2">主要仪器设备</td><td colspan="5">外窗保温性能检测装置</td></tr>
<tr><td colspan="2">见证员</td><td colspan="5">×××(编号:×××)</td></tr>
<tr><td colspan="2">执行标准</td><td colspan="5">《建筑外门窗保温性能检测方法》(GB/T 8484—2020)</td></tr>
<tr><td colspan="2" rowspan="2">试验条件</td><td>热箱空气温度</td><td>热箱空气相对湿度</td><td>冷箱空气温度</td><td colspan="2">冷箱气流速度</td></tr>
<tr><td>20 ℃～23 ℃</td><td>35%</td><td>−21 ℃～−24 ℃</td><td colspan="2">3.5 m/s</td></tr>
<tr><td rowspan="4">保温性能</td><td>试件编号</td><td colspan="2">试件热测表面结露和传霜情况</td><td>传热系数 K 值</td><td colspan="2">保温性能等级</td></tr>
<tr><td>1</td><td colspan="2">符合要求</td><td>4.9</td><td colspan="2">3 级</td></tr>
<tr><td>2</td><td colspan="2">符合要求</td><td>4.8</td><td colspan="2">3 级</td></tr>
<tr><td>3</td><td colspan="2">符合要求</td><td>4.6</td><td colspan="2">3 级</td></tr>
<tr><td>结论</td><td colspan="3">该样品经检验，其检验项目符合《建筑外门窗保温性能检测方法》(GB/T 8484—2020)标准的要求，评定合格。

试验单位(章)：××建设工程试验中心</td><td>备注</td><td colspan="2"></td></tr>
<tr><td>试验人</td><td>×××</td><td>审核人</td><td>×××</td><td>技术负责人</td><td colspan="2">×××</td></tr>
</table>

2.装饰装修用钢化玻璃检验报告

钢化玻璃检验报告样式及填写范例见表5－20。

表5－20　钢化玻璃检验报告

<table>
<tr><td colspan="9">外观尺寸/mm</td></tr>
<tr><td rowspan="3">厚度</td><td colspan="6">长宽尺寸偏差/mm</td><td colspan="2">厚度偏差</td></tr>
<tr><td colspan="2">尺寸≤1 000</td><td colspan="2">1 000<尺寸≤2 000</td><td colspan="2">2 000<尺寸≤3 000</td><td rowspan="2">允许偏差</td><td rowspan="2">实测</td></tr>
<tr><td>允许偏差</td><td>实测</td><td>允许偏差</td><td>实测</td><td>允许偏差</td><td>实测</td></tr>
</table>

续表

4,5,6	1≥L≥−2	0.5	3	1.5	±4	—	±0.3	0.2
8,10,12	2≥L≥−3	—	±4	—	±4	—	±0.6	—
15	±4	—	±4	—	±4	—	±0.8	—
19	±5	—	±5	—	±6	—	±1.2	—

外观质量

缺陷名称	说明	允许缺陷数			
		优等品个数	实际个数	合格品个数	实际个数
爆边	每片玻璃每米边长上允许有长度不超过 10 mm,自玻璃边部向玻璃板表面延伸深度不超过 2 mm,自板面向玻璃厚度延伸不超过厚度 1/3 的爆边	不允许	无	1个	—
划伤	宽度在 0.1 mm 以下的轻微划伤,每平方米面积允许存在条数	长≥50 mm 允许有 4 条	1	长≤100 mm 允许有 4 条	—
	宽度在大于 0.1 mm 以下的轻微划伤,每平方米面积允许存在条数	宽 0.1~0.5 mm,长≤50 mm 允许有 1 条	无	宽 0.1~1 mm,长≤100 mm 允许有 4 条	—
夹钳印	夹钳印中心与玻璃边缘的距离	玻璃厚度≤9.5 mm,允许≤13 mm	无	玻璃厚度≤9.5 mm,允许≤13 mm	—
		玻璃厚度>9.5 mm,允许≤19 mm	—	玻璃厚度>9.5 mm,允许≤19 mm	—
结石、裂纹、缺角	均不允许存在	实际:合格			
波筋(光学变形)、气泡	优等品不得低于《平板玻璃》(GB 11614—2009)一等品的规定,合格品不得低于《粮油检验 小麦粉粗蛋白质含量测定近红外法》(GB/T 24871—2010)一等品的规定	实际:合格			
检验结论:符合国家标准和企业内控标准要求。					

3.装饰装修用饰面砖试验报告

以干压陶瓷砖为例,其样式及填写范例见表 5−21。

表 5—21　干压陶瓷砖试验报告

编　　号：×××
委托编号：×××
试验编号：×××

工程名称及部位	××工程二层厨房内墙面 ___/___轴	试样编号	×××
委托单位	××门窗有限公司	委托人	×××
材料名称及规格	干压陶瓷砖 200 mm×100 mm×12 mm	产地、厂别	北京 ××陶瓷有限公司
代表数量	20 块	试验日期	××年×月×日
要求试验项目及说明：吸水率抗冻性			
试验结果： **吸水率：平均值 0.5%，单个最大值 0.6%** **抗冻性：无裂纹、无剥落**			
结论： **依据《陶瓷砖》(GB/T 4100—2015)标准，所检验项目符合干压陶瓷砖瓷质砖要求。**			

批准人	×××	审核人	×××	试验人	×××
试验单位	××建设工程有限公司试验室				
报告日期	××年×月×日				

4.幕墙用铝塑板、石材试验报告

幕墙用铝塑板、石材试验报告样式及填写范例见表 5—22 和表 5—23。

表 5—22　幕墙用铝塑板试验报告

委托编号：×××
试验编号：×××

工程名称	××大厦外幕墙工程	试验日期	××年×月×日
委托单位	××幕墙装饰工程有限公司	委托日期	××年×月×日
使用部位	北立面外墙	产品名称	××铝塑板
生产厂家	××建材有限公司	品种规格	2 440 mm×1 220 mm×4 mm
主要仪器设备	××检定证书编号：××××	代表数量	460 m^2
见证员	×××(编号：×××)		
执行标准	《建筑外门窗保温性能检测方法》(GB/T 8484—2020)		
试验项目	标准要求	试验结果	
涂层厚度/μm	≥25	28	
涂层柔韧	≤2	0	
光泽度偏差 T	—	—	
耐冲击性	—	—	

续表

耐溶剂性	**无变化**	**无变化**
面密度/(kg·m^{-2})	—	—
铅笔硬度	≥HB	**3H**
附着力/级	—	—
80°剥离强度/(N·mm^{-1})	**≥7.0**	**9.6**
结论	**所抽检样品的检验结果符合《建筑幕墙用铝塑复合板》(GB/T 17748—2016)标准中外墙板优等品的技术指标要求。** 试验单位(章):**××质量检测中心** **××年×月×日**	备注
试验人 ×××	审核人 ×××	技术负责人 ×××

表 5－23　幕墙用石材试验报告

委托编号:×××

试验编号:×××

工程名称	**××大厦外幕墙工程**	试验日期	**××年×月×日**
委托单位	**××幕墙装饰工程有限公司**	委托日期	**××年×月×日**
使用部位	**首层外墙**	品种规格	**600** mm×**600** mm×**20** mm **300** mm×**300** mm×**20** mm
石材名称	**花岗石**	代表数量	**220** m^2
主要仪器设备	**××检定证书编号:××××**	生产厂家	**××建材有限公司**
见证员	**×××(编号:×××)**		
执行标准	**《天然石材试验方法》**(GB/T **9966**)、 **《天然花岗石建筑板材》**(GB/T **18601—2009**)		

试验项目		标准要求	试验结果
压缩强度/MPa	干燥状态	**≥50**	**76**
	水饱和状态	—	—
	冻融循环后	—	—
弯曲强度/MPa	干燥状态	**≥7.0**	**9.0**
	水饱和状态	—	—
体积密度/(g·cm^{-3})		**≥2.60**	**3.4**
吸水率/%		**≤0.50**	**0.3**
耐久性		—	—

续表

耐磨性		—		—	
镜向光泽度		—		—	
结论	经检验，各项指标均达到标准要求。 试验单位(章)：××质量检测中心 ××年×月×日		备注		
试验人	×××	审核人	×××	技术负责人	×××

三、钢结构材料进场复试报告

1.高强度大六角螺栓连接副复试报告

高强度大六角螺栓连接副扭矩系数检验报告样式及填写范例见表5－24。

表5－24　高强度大六角头螺栓连接副扭矩系数检验报告

编号：×××

工程名称	××工程		委托编号	×××		
委托单位	××钢结构工程公司		检验日期	××年×月×日		
样品名称	高强度大六角头螺栓连接副		检验项目	扭矩系数		
检验依据	《钢结构工程施工质量验收标准》(GB 50205—2020)					
检验仪器	仪器名称：标准测力计　7X—11—01 检定证书编号：×××					
高强度大六角头螺栓连接副预拉力检验结果						
型号规格	样品编号	预拉力/kN	扭矩/(N·m)	扭矩系数	扭矩系数平均值	扭矩系数标准偏差
M20	GL06×××	195	0.54	0.126	0.131	0.007
	GL06×××	195	0.60	0.140		
	GL06×××	195	0.56	0.131		
	GL06×××	195	0.52	0.121		
	GL06×××	195	0.56	0.131		
	GL06×××	195	0.60	0.140		
	GL06×××	195	0.58	0.135		
	GL06×××	195	0.54	0.126		
检验结论	该试样所检项目符合《钢结构工程施工质量验收标准》(GB 50205—2020)的规定					

批准人：×××　　　　校核人：×××　　　　检验人：×××

2.扭剪型高强度螺栓连接副复试报告

扭剪型高强度螺栓连接副预拉力检验报告样式及填写范例见表5－25。

表 5—25　扭剪型高强度螺栓连接副预拉力检验报告

编号：×××

<table>
<tr><td>工程名称</td><td colspan="2">××工程</td><td colspan="2">委托编号</td><td colspan="2">×××</td></tr>
<tr><td>委托单位</td><td colspan="2">××钢结构工程公司</td><td colspan="2">检验日期</td><td colspan="2">××年×月×日</td></tr>
<tr><td>见证单位</td><td colspan="2">××建设监理公司</td><td colspan="2">见证人</td><td colspan="2">×××</td></tr>
<tr><td>样品名称</td><td colspan="2">高强度大六角头螺栓连接副</td><td colspan="2">检验项目</td><td colspan="2">扭矩系数</td></tr>
<tr><td>检验依据</td><td colspan="6">《钢结构工程施工验收标准》(GB 50205—2020)</td></tr>
<tr><td>检验仪器</td><td colspan="6">仪器名称：标准测力计　7X—11—01
检定证书编号：×××</td></tr>
<tr><td colspan="7">高强度大六角头螺栓连接副预拉力检验结果</td></tr>
<tr><td rowspan="2">型号规格</td><td rowspan="2">样品编号</td><td rowspan="2">实测预拉力/kN</td><td colspan="2">预拉力平均值/kN</td><td colspan="2">预拉力标准值/kN</td></tr>
<tr><td>标准值</td><td>实测值</td><td>标准值</td><td>实测值</td></tr>
<tr><td rowspan="8">M20</td><td>GL06×××</td><td>254</td><td rowspan="8">222～270</td><td rowspan="8">260</td><td rowspan="8">≤22.7</td><td rowspan="8">9.1</td></tr>
<tr><td>GL06×××</td><td>261</td></tr>
<tr><td>GL06×××</td><td>243</td></tr>
<tr><td>GL06×××</td><td>266</td></tr>
<tr><td>GL06×××</td><td>257</td></tr>
<tr><td>GL06×××</td><td>263</td></tr>
<tr><td>GL06×××</td><td>274</td></tr>
<tr><td>GL06×××</td><td>260</td></tr>
<tr><td>检验结论</td><td colspan="6">该试样所检项目符合《钢结构工程施工质量验收标准》(GB 50205—2020)的规定</td></tr>
</table>

批准人：×××　　　　校核人：×××　　　　检验人：×××

本章小结

本章主要介绍了施工物资资料的编制及管理工作，主要包括出厂质量证明文件及检测报告、进场检验通用表格、进场复试报告的内容。重点介绍了各种施工物资资料表格样式及填写要求。

思考与练习

一、填空题

1.施工现场使用预拌混凝土前应有__________和具备混凝土工程的标准养护条件。

2.预拌混凝土搅拌单位必须按规定向__________提供质量合格的混凝土并随车提供预拌混凝土证明文件。

3.对于国家实行产品许可证的大型屋面板，预应力短(长)向圆孔板，按相关规定应有__________编号。

4.钢构件出厂时，其质量必须合格，并符合__________中的有关规定。

5.设备、阀门、闭式喷头、密闭水箱或水罐风机盘管、成组散热器及其他散热设备等在安装前按规定进行试验时，均应填写__________。

6.水泥生产单位应在水泥出厂__________内提供__________强度以外的各项试验结果，__________强度结果应在水泥发出日起__________内补报。

7.防水涂料按其状态与形成，大致可分为__________、__________、__________三大类。

8.常用的防水卷材按照材料的组成不同，一般可分为__________、__________和__________三大类。

二、简答题

1.简述出厂质量证明文件及检测报告管理要点。

2.预拌混凝土构件出厂合格证由哪个单位提供？并应包括哪些内容？

3.预制构件出厂合格证中哪些项目应填写齐全，不得有错填和漏填？

4.钢构件出厂合格证应包括哪些内容？

5.材料、构配件进场检验记录填写应注意哪些事项？

6.外加剂主要包括哪些？

7.什么是防水涂料？

第六章 施工记录

知识目标

通过本章的学习，了解施工记录的种类；熟悉施工记录通用表格资料、施工测量记录资料、施工记录专用表格资料的内容；掌握各类施工记录表格的填写内容。

能力目标

能对施工记录进行分类，具备编制施工记录通用表格资料、施工测量记录资料、施工记录专用表格资料的能力。

第一节 施工记录通用表格资料

施工记录通用表格属于C5类，主要包括3项内容。其工程资料名称、提供单位、工程资料保存单位见表6－1。

表6－1 施工记录通用表格

施工记录(C5类)工程资料名称		工程资料来源	工程资料保存			
			施工单位	监理单位	建设单位	城建档案馆
1	隐蔽工程验收记录＊(表C.5.1)	施工单位	●	●	●	●
2	施工检查记录＊(表C.5.2)	施工单位	○			
3	交接检查记录＊(表C.5.3)	施工单位	○			
注：表中工程资料名称与资料保存单位所对应的栏中"●"表示"归档保存"；"○"表示"过程保存"，是否归档保存可自行确定。表中注明"＊"的表，宜由施工单位和监理或建设单位共同形成。						

一、隐蔽工程验收记录

隐蔽工程验收记录应符合国家相关标准的规定，应由项目专业工长填报，项目资料员按照不同的隐检项目分类汇总整理。施工单位填写的隐蔽工程验收记录应一式四份，并应由建设单位、监理单位、施工单位、城建档案馆各保存一份。隐蔽工程验收记录样式及填写范例见表 6－2。

表 6－2[表 C.5.1]　隐蔽工程验收记录

<table>
<tr><td colspan="2">工程名称</td><td>××工程</td><td>编号</td><td colspan="2">×××</td></tr>
<tr><td colspan="2">隐检项目</td><td>钢筋绑扎</td><td>隐检日期</td><td colspan="2">××年×月×日</td></tr>
<tr><td colspan="2">隐检部位</td><td colspan="4">地下二层____/____轴线　－2.95～0.10 标高</td></tr>
<tr><td colspan="6">隐检依据：施工图图号 结施－3，结施－4，结施－11，结施－12 ，设计变更/洽商(编号 ×××)及有关国家现行标准等。
主要材料名称：钢筋，绑扎丝
规格/型号 A12，A14</td></tr>
<tr><td colspan="6">隐检内容：
(1)墙厚 300 mm，钢筋双向双层，水平筋 ϕ12@200，在内侧，竖向筋 ϕ14@150，在外侧。
(2)墙体的钢筋搭接绑扎，搭接长度 42d(ϕ12：405 mm，ϕ14：588 mm)，接头纵横错开 50%，接头净距 50 mm。
(3)墙体筋定位筋采用 ϕ12 竖向梯子筋，每跨 3 道，上口设水平梯子筋与主筋绑牢。
(4)竖向筋起步距柱 50 mm，水平筋起步距梁 50 mm，间距排距均匀。
(5)绑扎丝为双铅丝，每个相交点八字扣绑扎，丝头朝向混凝土内部。
(6)墙外侧保护层 35 mm，内侧 20 mm，采用塑料垫块间距 600 mm 梅花形布置。
(7)钢筋均无锈，污染已清理干净，如钢筋原材做复试，另附钢筋原材复试报告。试验编号(××)。
隐检内容已做完，请予以检查。</td></tr>
<tr><td colspan="6">检查结论：
经检查：
(1)地下二层，____/____轴墙体所用钢筋品种、级别、规格、配筋数量、位置、间距符合设计要求。
(2)钢筋绑扎安装质量牢固，无漏扣现象，观感符合要求，搭接长度 42d。
(3)墙体定位梯子筋各部位尺寸间距准确与主筋绑扎。
(4)保护层厚度符合要求，采用塑料垫块绑扎牢固，间距 600 mm，梅花形布置。
(5)钢筋无锈蚀无污染，进场复试合格，符合《混凝土结构工程施工质量验收规范》(GB 50204—2015)规定。
检查结论：☑同意隐蔽　☐不同意，修改后进行复查</td></tr>
<tr><td colspan="6">复查结论：
复查人：　　　　复查日期：</td></tr>
<tr><td rowspan="3">签字栏</td><td rowspan="2">施工单位</td><td rowspan="2">××建筑工程公司</td><td>专业技术负责人</td><td>专业质检员</td><td>专业工长</td></tr>
<tr><td>×××</td><td>×××</td><td>×××</td></tr>
<tr><td>监理或建设单位</td><td colspan="2">×××</td><td>专业工程师</td><td>×××</td></tr>
</table>

填表说明：

(1)“工程名称”栏应与施工图纸的图签中名称一致。

(2)“隐检项目”栏应按实际检查项目填写，具体写明(子)分部工程名称和施工工序主要检查内容。"隐检项目"栏填写举例：桩基工程钢筋笼安装、支护工程锚杆安装、门窗工程、吊顶工程。

(3)"隐检部位"：对于结构工程隐检部位应体现楼层、轴线、标高和构件名称(墙、柱、板、梁)，对于装饰工程隐检部位应体现楼层、轴线(或建筑功能房间/区域名称，如楼梯间、公共走廊、会议室、餐厅等)。

(4)"隐蔽依据"为施工图纸、设计变更、工程洽商记录及相关的施工质量验收规范、标准、规程，本工程的施工组织设计、施工方案、技术交底记录等。特殊的隐检项目如新材料、新工艺、新设备等要标注具体的执行标准文号或企业标准文号。

(5)"主要材料名称及规格/型号"栏按实际发生材料、设备填写，各主要材料的规格/型号要表述清楚。

(6)"隐检内容"栏应将隐检的项目、具体内容描述清楚，应严格反映施工图的设计要求；说明按照施工质量验收规范的自检情况(如原材料复验、连接件试验、主要施工工艺做法等)，若文字不能表达清楚，可用详图或大样图表示。

二、施工检查记录

施工检查记录应收集所需的相关图表、图片、照片及说明文件等。其样式及填写范例见表6－3。对隐蔽检查记录不适用的其他重要工序，应按照现行规范要求进行施工质量检查。施工单位填写的施工检查记录应一式一份，并由施工单位自行保存。

表6－3[表C.5.2] 施工检查记录

<table>
<tr><td rowspan="2">工程名称</td><td rowspan="2">××幼儿园</td><td>编 号</td><td>×××</td></tr>
<tr><td>检查日期</td><td>砌筑</td></tr>
<tr><td>检查部位</td><td>三层 /Ⓟ轴墙体</td><td>检查项目</td><td>××年×月×日</td></tr>
<tr><td colspan="4">检查依据：
(1)施工图纸建－1，建－5。
(2)《砌体结构工程施工质量验收规范》(GB50203—2011)。</td></tr>
<tr><td colspan="4">检查内容：
(1)瓦工班15人砌筑 /Ⓟ轴填充墙，并于当日全部完成。
(2)质检员检查时发现一处填充墙砌筑不合格(/Ⓟ轴卧室)并责令瓦工班进行返工处理。
(3)试验员制作两组砌筑砂浆试块，强度等级为M7.5。</td></tr>
<tr><td colspan="4">检查结论：
经检查： /Ⓟ轴卧室处填充墙返工重新砌筑，检查内容已整改完成，符合设计及《砌体结构工程施工质量验收规范》(GB 50203—2011)规定。</td></tr>
<tr><td colspan="4">复查结论：

复查人： 复查日期：</td></tr>
</table>

续表

<table>
<tr><td rowspan="3">签字栏</td><td>施工单位</td><td colspan="2">××建筑工程公司</td></tr>
<tr><td>专业技术负责人</td><td>专业质检员</td><td>专业工长</td></tr>
<tr><td>×××</td><td>×××</td><td>×××</td></tr>
</table>

三、交接检查记录

分项(分部)工程完成,在不同专业施工单位之间应进行工程交接,且应进行专业交接检查,填写交接检查记录。移交单位、接收单位和见证单位共同对移交工程进行验收,并对质量情况、遗留问题、工序要求、注意事项、成品保护等进行记录,填写交接检查记录,其样式及填写范例见表6－4。

表6－4[表C.5.3]　交接检查记录

<table>
<tr><td rowspan="2">工程名称</td><td rowspan="2">××工程</td><td>编　号</td><td>×××</td></tr>
<tr><td>检查日期</td><td>××年×月×日</td></tr>
<tr><td>移交单位</td><td>××工程公司</td><td>见征单位</td><td>××工程公司</td></tr>
<tr><td>交接部位</td><td>设备基础</td><td>接收单位</td><td>××工程公司</td></tr>
<tr><td colspan="4">交接内容:
按《建筑给水排水及采暖工程施工质量验收规范》(GB 50242—2002)和《通风与空调工程施工质量验收规范》(GB 50243—2016)相关规定及施工图纸××要求,设备就位前对其基础进行验收。
内容包括:混凝土强度等级(C25)、坐标、标高、几何尺寸及螺栓孔位置等。</td></tr>
<tr><td colspan="4">检查结论:
经检查:设备基础混凝土强度等级达到设计强度等级的132%,坐标、标高、螺栓孔位置准确,几何尺寸偏差最大值－1 mm,符合设计、《建筑给水排水及采暖工程施工质量验收规范》(GB 50242—2002)及《通风与空调工程施工质量验收规范》(GB 50243—2016)要求,验收合格,同意进行设备安装。</td></tr>
<tr><td colspan="4">复查结论:
复查人:　　　　　　　　　　复查日期:</td></tr>
<tr><td colspan="4">见证单位意见:
符合设计要求、《建筑给水排水及采暖工程施工质量验收规范》(GB 50242—2002d)及《通风与空调工程施工质量验收规范》(GB 50243—2016)的规定,同意交接。</td></tr>
</table>

<table>
<tr><td rowspan="2">签字栏</td><td>移交单位</td><td>接收单位</td><td>见证单位</td></tr>
<tr><td>×××</td><td>×××</td><td>×××</td></tr>
</table>

第二节　施工记录专用表格资料

施工记录专用表格属 C5 类，主要包括 32 项内容。其工程资料名称、来源及保存见表 6－5。

表 6－5　施工记录专用表格

施工记录(C5 类)工程资料名称		工程资料来源	工程资料保存			
			施工单位	监理单位	建设单位	城建档案馆
1	工程定位测量记录＊(表 C.5.4)	施工单位	●	●	●	●
2	基槽验线记录	施工单位	●	●	●	●
3	楼层平面放线记录	施工单位	○	○		
4	楼层标高抄测记录	施工单位	○	○		
5	建筑物垂直度、标高观测记录＊(表 C.5.5)	施工单位	●	○	●	
6	沉降观测记录	建设单位委托测量单位提供	●	○	●	●
7	基坑支护水平位移监测记录	施工单位	○	○		
8	桩基、支护测量放线记录	施工单位	○	○		
9	地基验槽记录＊＊(表 C.5.6)	施工单位	●	●	●	●
10	地基钎探记录	施工单位	○	○	●	●
11	混凝土浇灌申请书	施工单位	○	○		
12	预拌混凝土运输单	施工单位	○			
13	混凝土开盘鉴定	施工单位	○	○		
14	混凝土拆模申请单	施工单位	○	○		
15	混凝土预拌测温记录	施工单位	○			
16	混凝土养护测温记录	施工单位	○			
17	大体积混凝土养护测温记录	施工单位	○			
18	大型构件吊装记录	施工单位	○	○	●	●
19	焊接材料烘焙记录	施工单位	○			
20	地下工程防水效果检查记录＊(表 C.5.7)	施工单位	○	○	●	
21	防水工程试水检查记录＊(表 C.5.8)	施工单位	○	○	●	
22	通风(烟)道、垃圾道检查记录＊(表 C.5.9)	施工单位	○	○	●	
23	预应力筋张拉记录	施工单位	●	○	●	●
24	有粘结预应力结构灌浆记录	施工单位	●	○	●	●
25	钢结构施工记录	施工单位	●	○	●	
26	网架(索膜)施工记录	施工单位	●	○	●	●

续表

施工记录(C5类)工程资料名称		工程资料来源	工程资料保存			
			施工单位	监理单位	建设单位	城建档案馆
27	木结构施工记录	施工单位	●	○	●	
28	幕墙注胶检查记录	施工单位	●	○	●	
29	自动扶梯、自动人行道的相邻区域检查记录	施工单位	●	○	●	
30	电梯电气装置安装检查记录	施工单位	●	○	●	
31	自动扶梯、自动人行道电气装置检查记录	施工单位	●	○	●	
32	自动扶梯、自动人行道整机安装质量检查记录	施工单位	●	○	●	
注:表中工程资料名称与资料保存单位所对应的栏中"●"表示"归档保存";"○"表示"过程保存",是否归档保存可自行确定。表中注明"*"的表,宜由施工单位和监理或建设单位共同形成。						

一、工程定位测量记录

工程定位测量是施工单位根据测绘部门提供的放线成果、红线桩及场地控制网或建筑物控制网,测定建筑物的位置、主控轴线、建筑物±0.000处绝对高程等,标明现场标准水准点、坐标点位置。施工单位填写的工程定位测量记录应一式四份,并应由建设单位、监理单位、施工单位和城建档案馆各保存一份。工程定位测量记录样式及填写范例见表6－6。

表6－6[表C.5.4] 工程定位测量记录

工程名称	×××大学综合楼	编　号	×××
		图纸编号	×××
委托单位	××公司	施测日期	××年×月×日
复测日期	××年×月×日	平面坐标依据	××—036 A、方1、D
高程依据	测××——036 BMG	使用仪器	DS 196007
允许误差	±13 mm	仪器校验日期	××年×月×日

定位抄测示意图:

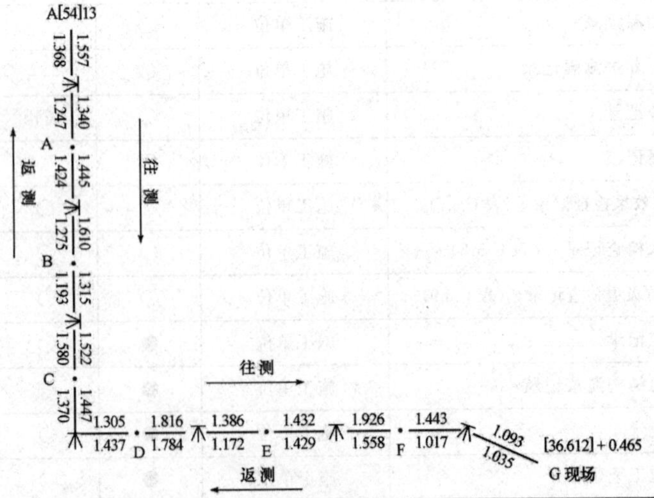

<table>
<tr><td colspan="7">复测结果：
$h_{往}=\sum_{后}-\sum_{前}=+0.273$ m
$h_{返}=\sum_{后}-\sum_{前}=-0.281$ m
$f_{测}=\sum_{后}+\sum_{前}=-8$ m
$f_{允}=\pm 5$ mm　　$\sqrt{N}=\pm 5$ mm　　允许误差±13 mm＞$f_{测}$ 精度合格
高差 $h=+0.277$ m</td></tr>
<tr><td rowspan="3">签字栏</td><td>施工单位</td><td>××建筑工程公司</td><td>测量人员岗位证书号</td><td>02－001038</td><td>专业技术负责人</td><td>×××</td></tr>
<tr><td>施工测量负责人</td><td>×××</td><td>复测人</td><td>×××</td><td>施测人</td><td>×××</td></tr>
<tr><td>监理或建设单位</td><td colspan="3">×××</td><td>专业工程师</td><td>×××</td></tr>
</table>

填表说明：

(1)工程名称要与图纸标签栏内名称相一致。

(2)“委托单位”填写建设单位或总承包单位。

(3)图纸编号应填写施工蓝图编号。

(4)“平面坐标依据”“高程依据”由测绘院或建设单位提供，应以市规划委员会钉桩坐标为标准，在填写时应注明点位编号，且与交桩资料中的点位编号一致。

(5)定位抄测示意图要标注准确、具体。

(6)“复测结果”一栏必须填写各坐标点的具体数值。不能只填写“合格”或“不合格”。应由施工测量单位填写。

二、基槽验线记录

施工测量单位应根据主控轴线和基槽底平面图，检验建筑物基底外轮廓线、集水坑、电梯井坑、垫层底标高(高程)、基槽断面尺寸和坡度等，填写基槽验线记录。基槽验收记录样式及填写范例见表6－7。

表6－7　基槽验线记录

编号：×××

<table>
<tr><td>工程名称</td><td>××大学综合楼</td><td>日　期</td><td>××年×月×日</td></tr>
<tr><td colspan="4">验线依据及内容：
依据：(1)施工图纸(图号××)，设计变更/洽商(编号××)；
(2)本工程《施工测量方案》；
(3)定位轴线控制网。
内容：根据主控轴线和基底平面图，检验建筑物基底外轮廓线、集水坑(电梯井坑)、垫层标高、基槽断面尺寸及边坡坡度(1∶0.5)等。</td></tr>
</table>

续表

<table>
<tr><td colspan="5">基槽平面、剖面简图：
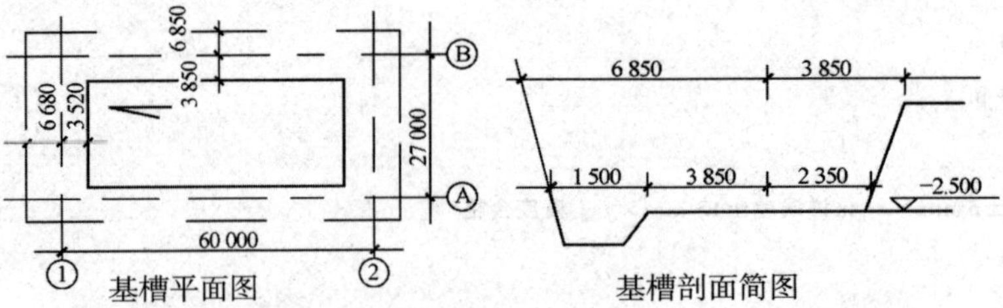

基槽平面图　　基槽剖面简图</td></tr>
<tr><td colspan="5">检查意见：
经检查：①～⑪/＿＿轴为基底控制轴线，垫层标高(误差：−1 mm)，基槽开挖的断面尺寸(误差：+2 mm)，坡度边线、坡度等各项指标符合设计要求及本工程《施工测量方案》规定，可进行下道工序施工。</td></tr>
<tr><td rowspan="3">签字栏</td><td rowspan="2">建设(监理)单位</td><td>施工测量单位</td><td colspan="2">××建筑工程公司</td></tr>
<tr><td>专业技术负责人</td><td>专业质检员</td><td>施测人</td></tr>
<tr><td>×××</td><td>×××</td><td>×××</td><td>×××</td></tr>
</table>

三、楼层平面放线记录

楼层平面放线是指每个施工部位完成到一个水平面时，底板、顶板要在这个平面板(顶板)上投测向上一层的平面位置线。楼层平面放线的内容包括轴线竖向投测控制线、各层墙柱轴线、墙柱边线、门窗洞口位置线、垂直度偏差等，施工单位应在完成楼层平面放线后，填写楼层平面放线记录，并报监理单位审核。楼层平面放线记录由施工单位填写并保存，其样式及填写范例见表 6－8。

表 6－8　楼层平面放线记录

编号：×××

<table>
<tr><td>工程名称</td><td>××大学综合楼</td><td>日期</td><td>××年×月×日</td></tr>
<tr><td>放线部位</td><td>地下一层①～⑦/Ⓐ～Ⓙ轴顶板</td><td>放线内容</td><td>轴线竖向投测控制线、墙柱轴线、边线、门窗洞口位置线、垂直度偏差等</td></tr>
<tr><td colspan="4">放线依据：
(1)施工图纸(图号××)，设计变更/洽商(编号××)；
(2)本工程《施工测量方案》；
(3)地下二层已放好的控制桩点。</td></tr>
</table>

放线简图：

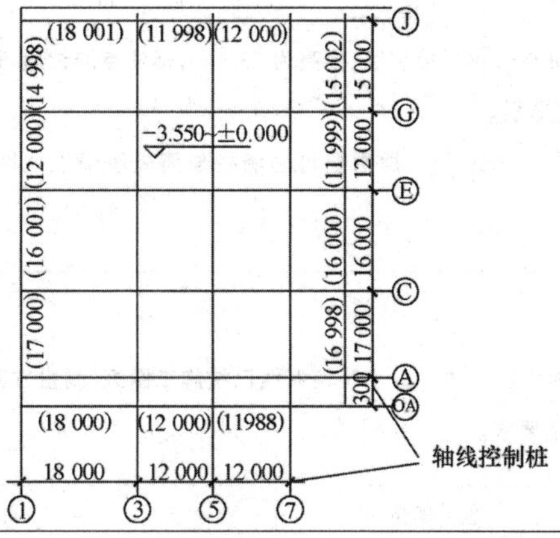

检查意见：

(1)①～⑦/Ⓐ～Ⓙ轴为地下一层外廓纵横轴线；

(2)括号内数据为复测数据(或结果)；

(3)各细部轴线间几何尺寸相对精度最大偏差＋2 mm，90°中误差 10″，精度合格；

(4)放线内容均已完成，位置准确，垂直度偏差在允许范围内，符合设计及测量方案要求，可以进行下道工序施工。

签字栏	建设(监理)单位	施工单位	××建筑工程公司	
		专业技术负责人	专业质检员	施测人
	×××	×××	×××	×××

四、楼层标高抄测记录

楼层标高抄测内容包括＋0.5 m(或＋1.0 m)水平控制线、皮数杆等，施工单位应在完成楼层标高抄测记录后，填写楼层标高抄测记录，并报监理单位审核。楼层标高抄测记录由施工单位填写并保存。其样式及填写范例见表 6－9。

表 6－9　楼层标高抄测记录

编号：×××

工程名称	×××综合楼	日期	××年×月×日
抄测部位	地上八层　/Ⓟ轴墙柱	抄测内容	楼层＋0.5 m 水平控制线

抄测依据：

(1)施工图纸(图号××)，设计变更/洽商(编号××)；

(2)本工程《施工测量方案》；

(3)地上七层已放好的控制桩点。

<table>
<tr><td colspan="5">检查说明：
地上八层____/_ Ⓟ轴墙柱+0.5 m 水平控制线，标高为 23.3 m，标注点的位置设在墙柱上，依据《施工测量方案》，在墙柱上设置固定的三个点，作为引测需要。
测量工具：自动安平水准仪，型号 DZS3－1。据需要可画墙柱剖面简图予以说明，标明重要控制轴线尺寸及指北针方向。</td></tr>
<tr><td colspan="5">检查意见：
经检验：地上八层____/_ Ⓟ轴墙柱，+0.5 m 水平控制线已按施工图纸、测量方案引测完毕，引测方法正确，标高传递准确，误差值－2 mm，符合设计、规范要求。</td></tr>
<tr><td rowspan="3">签字栏</td><td rowspan="2">建设(监理)单位</td><td>施工单位</td><td colspan="2">××建筑工程公司</td></tr>
<tr><td>专业技术负责人</td><td>专业质检员</td><td>施测人</td></tr>
<tr><td>×××</td><td>×××</td><td>×××</td><td>×××</td></tr>
</table>

五、建筑物垂直度、标高观测记录

施工单位应在结构工程完成和工程完工竣工时，对建筑物进行垂直度测量记录和标高全高实测并控制记录，填写建筑物垂直度、标高观测记录，并报监理单位审核。超过允许偏差且影响结构性能的部位，应由施工单位提出技术处理方案，并经建设(监理)单位认可后进行处理。

施工单位填写的建筑物垂直度、标高观测记录应一式三份，并由建设单位、监理单位和施工单位各保存一份。建筑物垂直度、标高观测记录样式及填写范例见表 6－10。

表 6－10[表 C.5.5]　建筑物垂直度、标高观测记录

<table>
<tr><td>工程名称</td><td>××大学综合楼</td><td>编号</td><td>×××</td></tr>
<tr><td>施工阶段</td><td>结构工程</td><td>观测日期</td><td>××年×月×日</td></tr>
<tr><td colspan="4">观测说明(附观测示意图)：
(图略)</td></tr>
<tr><td colspan="2">垂直度测量(全高)</td><td colspan="2">标高测量(全高)</td></tr>
<tr><td>观测部位</td><td>实测偏差/mm</td><td>观测部位</td><td>实测偏差/mm</td></tr>
<tr><td>一层</td><td>东 3、北 2</td><td>一层</td><td>3</td></tr>
<tr><td>二层</td><td>东北向－2</td><td>二层</td><td>－4</td></tr>
<tr><td>三层</td><td>东 2、北 1</td><td>三层</td><td>－3</td></tr>
<tr><td></td><td></td><td></td><td></td></tr>
<tr><td></td><td></td><td></td><td></td></tr>
<tr><td></td><td></td><td></td><td></td></tr>
<tr><td colspan="4">结论：
工程垂直度、标高测量结果符合设计要求及规范规定。</td></tr>
</table>

续表

<table>
<tr><td rowspan="3">签字栏</td><td rowspan="2">施工单位</td><td rowspan="2">××建筑工程公司</td><td>专业技术负责人</td><td>专业质检员</td><td>施测人</td></tr>
<tr><td>×××</td><td>×××</td><td>×××</td></tr>
<tr><td>监理或建设单位</td><td colspan="2">××监理公司</td><td>监理工程师</td><td>×××</td></tr>
</table>

六、沉降观测记录

根据设计要求和规范规定，凡需进行沉降观测的工程，应由建设单位委托有资质的测量单位进行施工过程中及竣工后的沉降观测工作。测量单位应按设计要求和规范规定，或监理单位批准的观测方案，设置沉降观测点，绘制沉降观测点布置图，定期进行沉降观测记录，并应附沉降观测点的沉降量与时间、荷载关系曲线图和沉降观测技术报告。

沉降观测记录样式及填写范例见表 6－11。

表 6－11　沉降观测记录

<table>
<tr><td rowspan="3">观测次数</td><td rowspan="3">观测时间</td><td colspan="7">各观测点的沉降情况</td><td rowspan="3">施工进程情况</td><td rowspan="3">荷载情况/(t·m^{−2})</td></tr>
<tr><td colspan="3">1</td><td colspan="4">2</td></tr>
<tr><td>高程/m</td><td>本次下沉/mm</td><td>累计下沉/mm</td><td>高程/m</td><td>本次下沉/mm</td><td>累计下沉/mm</td><td>…</td></tr>
<tr><td>1</td><td>2018.01.10</td><td>50.454</td><td>0</td><td>0</td><td>50.473</td><td>0</td><td>0</td><td>…</td><td>一层平口</td><td></td></tr>
<tr><td>2</td><td>2018.02.23</td><td>50.448</td><td>−6</td><td>−6</td><td>50.467</td><td>−6</td><td>−6</td><td></td><td>三层平口</td><td>40</td></tr>
<tr><td>3</td><td>2018.03.16</td><td>50.443</td><td>−5</td><td>−11</td><td>50.462</td><td>−5</td><td>−11</td><td></td><td>五层平口</td><td>60</td></tr>
<tr><td>4</td><td>2018.04.14</td><td>50.440</td><td>−3</td><td>−14</td><td>50.459</td><td>−3</td><td>−14</td><td></td><td>七层平口</td><td>70</td></tr>
<tr><td>5</td><td>2018.05.14</td><td>50.438</td><td>−2</td><td>−16</td><td>50.456</td><td>−3</td><td>−17</td><td></td><td>九层平口</td><td>80</td></tr>
<tr><td>6</td><td>2018.06.04</td><td>50.434</td><td>−4</td><td>−20</td><td>50.452</td><td>−4</td><td>−21</td><td></td><td>主体完</td><td>110</td></tr>
<tr><td>7</td><td>2018.08.30</td><td>50.429</td><td>−5</td><td>−25</td><td>50.447</td><td>−5</td><td>−26</td><td></td><td>竣工</td><td></td></tr>
<tr><td>8</td><td>2018.11.06</td><td>50.425</td><td>−4</td><td>−29</td><td>50.445</td><td>−2</td><td>−28</td><td></td><td>使用</td><td></td></tr>
<tr><td>9</td><td>2019.02.28</td><td>50.423</td><td>−2</td><td>−31</td><td>50.444</td><td>−1</td><td>−29</td><td></td><td></td><td></td></tr>
<tr><td>10</td><td>2019.05.06</td><td>50.422</td><td>−1</td><td>−32</td><td>50.443</td><td>−1</td><td>−30</td><td></td><td></td><td></td></tr>
<tr><td>11</td><td>2019.08.05</td><td>50.421</td><td>−1</td><td>−33</td><td>50.443</td><td>0</td><td>−30</td><td></td><td></td><td></td></tr>
<tr><td>12</td><td>2019.12.25</td><td>50.421</td><td>0</td><td>−33</td><td>50.443</td><td>0</td><td>−30</td><td></td><td></td><td></td></tr>
<tr><td></td><td></td><td></td><td></td><td></td><td></td><td></td><td></td><td></td><td></td><td></td></tr>
<tr><td></td><td></td><td></td><td></td><td></td><td></td><td></td><td></td><td></td><td></td><td></td></tr>
<tr><td></td><td></td><td></td><td></td><td></td><td></td><td></td><td></td><td></td><td></td><td></td></tr>
</table>

七、基坑支护水平位移监测记录

在基坑开挖和支护结构使用期间，应按设计或规范规定对支护结构进行监测，并做变形记录。基坑支护水平位移监测记录样式见表 6－12。

表 6－12　基坑支护水平位移监测记录

工程名称				监测项目					
工程地点				监测仪器及编号					
测点	初测值	上次位移值	本次位移值	累计位移值	测点	初测值	上次位移值	本次位移值	累计位移值
沉降报警值									
监测单位			监测人				项目技术负责人		
符合程序要求(　　) 不符合程序要求,请重新组织观测(　　) 监理工程师(签字):									
注:本表由施工单位填报,附监测点布置图,监理单位,施工单位各有一份。									

八、地基基础检查记录

1.地基验槽记录

地基验槽记录应符合现行国家标准《建筑地基基础工程施工质量验收标准》(GB 50202—2018)的规定。施工单位填写的地基验槽记录应一式六份,并应由建设单位、监理单位、勘察单位、设计单位、施工单位、城建档案馆各保存一份。地基验槽记录样式及填写范例见表 6－13。

表 6－13[表 C.5.6]　地基验槽记录

工程名称	××工程	编　号	×××
验槽部位	基槽___/___ Ⓟ	验槽日期	××年×月×日
依据:施工图纸号 <u>结－1、结－3</u> 、 设计变更/洽商/技术核定编号______及有关规范、规程。			
验槽内容: 1.基槽开挖至勘探报告第 <u>×</u> 层,持力层为 <u>×</u> 层。 2.土质情况 <u>2 类黏土　基底为老土层,均匀密实</u> 。 3.桩位置 <u>/</u> 、桩类型 <u>/</u> 、数量 <u>/</u> ,承载力满足设计要求。 4.基底绝对高程和相对标高 <u>××m　－8.700 m</u> 。 申报人:×××			

检查结论： 槽底土均匀密实，与地质勘探报告(编号××)相符，基槽平面位置、几何尺寸、基槽底标高、定位符合设计要求。 地下水情况：槽底地下水水位上 1.5 m，无坑或穴洞。 ☑无异常，可进行下道工序　　☐需要地基处理					
签字公章栏	施工单位	勘察单位	设计单位	监理单位	建设单位
	×××	×××	×××	×××	×××

2.地基钎探记录

地基钎探记录用于检验浅层土(如基槽)的均匀性，确定地基的容许承载力及检验填土的质量。钎探前应绘制钎探点平面布置图，确定钎探点布置及顺序编号。按照钎探图及有关规定进行钎探并记录。地基钎探记录主要包括钎探平面布置图及钎探记录两个方面内容。

地基钎探记录表中施工单位、工程名称要写具体；锤重、自由落距、钎径、钎探日期要求依据现场情况填写；工长、质检员、打钎负责人的签字要齐全，钎探中如发现异常情况，应在地基钎探记录表的备注栏中注明。

施工单位填写的地基钎探记录应一式三份，并由建设单位、施工单位、城建档案馆各保存一份。地基钎探记录样式及填写范例见表 6－14。

表 6－14　地基钎探记录

编号：×××

工程名称	××幼儿园			钎探日期	××－08－26		
套锤重	12 kg	自由落距		60 cm	钎径	ϕ35	
顺序号	各步锤击数						
	0～30 cm	30～60 cm	60～90 cm	90～120 cm	120～150 cm	150～180 cm	180～210 cm	备注
1	15	39	72	85	25	72	88	
2	14	15	78	57	28	35	43	
3	18	48	89	29	16	18	29	
4	14	40	46	99	35	36	65	
5	18	55	89	40	25	42	34	
6	18	81	143	58	47	39	17	
7	17	69	154	38	34	75	69	
8	15	56	58	32	26	82	68	
9	12	34	56	31	29	57	65	
10	18	65	75	48	18	29	33	
11	24	75	106	88	20	36	18	
12	16	68	115	66	26	44	69	
13	16	67	113	42	41	67	65	

续表

14	**21**	**72**	**97**	**30**	**26**	**44**	**42**	

施工单位	××工程公司	
专业技术负责人	专业工长	记录人
×××	×××	×××
注:附钎探点布置图。		

九、主体工程施工记录

1.混凝土浇灌申请书

混凝土浇灌申请是在正式浇筑混凝土前,由施工单位检查各项准备工作(如钢筋、模板工程检查;水电预埋检查;材料、设备及其他准备等),自检合格后填写混凝土浇灌申请书。

混凝土浇灌申请书应由施工班组填写申报,由监理单位和技术负责人或质量检查人员批准,每个台班都应填写。表中各项都应根据实际情况填写清楚、齐全,不得有缺项、漏项。准备工作都应逐条完成,并在"□"中打"√",否则补好后再申请。准备工作核实完备后,方可批准浇灌混凝土。

混凝土浇灌申请书由施工单位填报并保存,并交给监理一份备案。其样式及填写范例见表6—15。

表6—15　混凝土浇灌申请书

编号:×××

工程名称	××干休所	申请浇灌日期	××年×月×日×时
申请浇灌部位	**地上五层 / 轴承柱**	申请方量/m^3	
技术要求	**坍落度170 cm,初凝时间2.3 h**	强度等级	**C35**
搅拌方式(搅拌站名称)	**××混凝土公司**	申请人	×××
依据:施工图纸(施工图纸号 **结施—3**)、设计变更/洽商(编号 /)和有关规范、规程。			

施工准备检查	专业工长(质量员)签字	备注
1.隐检情况:☑已 □未完成隐检。	×××	
2.预检情况:☑已 □未完成预检。	×××	
3.水电预埋情况:☑已 □未完成并未经检查。	×××	
4.施工组织情况:☑已 □未完备。	×××	
5.机械设备准备情况:☑已 □未准备。	×××	
6.保温及有关准备:☑已 □未准备。	×××	

续表

审批意见： **原材料、机械设备及施工人员已就位。** **施工方案及技术交底工作已落实。** **计量设备已准备完毕。** **各种隐预检、水电预埋工作已完成。** 审批结论：☑同意浇筑　☐整改后自行浇筑　☐不同意，整改后重新申请 审批人：**×××**　审批日期：**××年×月×日** 施工单位名称：**××工程公司**
注："技术要求"栏应依据混凝土合同的具体要求填写。

2.预拌混凝土运输单

预拌混凝土供应单位同施工单位提供预拌混凝土运输单，内容包括工程名称、施工部位、供应方量、配合比、坍落度、出站时间、到场时间和施工单位测定的现场坍落度等。

预拌混凝土运输单由供应单位出具，有正本和副本。正本由供应单位保存；副本由施工单位保存。其样式及填写范例见表6—16。

表6—16　预拌混凝土运输单

编号：×××

合同编号	×××			任务单号	×××		
供应单位	**××混凝土公司**			生产日期	**××年×月×日**		
工程名称及施工部位	××工程　**地上六层＿＿/＿＿轴墙体**						
委托单位	×××		混凝土强度等级	C30		抗渗等级	/
混凝土输送方式	泵送		其他技术要求	/			
本车供应方量/m^3	**30**		要求坍落度/mm	**140～160**		实测坍落度/mm	**150**
配合比编号	××××—×××		配合比比例	C：W：S：G=**1.0：0.49：2.42：3.17**			
运距/km	**20**	车号	×××	车次	**16**	司机	×××
出站时间	**13:38**		到场时间	**14:28**		现场出罐温度/℃	**20**
开始浇筑时间	**14:36**		完成浇筑时间	**15:10**		现场坍落度/mm	**150**
签字栏	现场验收人		混凝土供应单位质量员		混凝土供应单位签发人		
	×××		×××		×××		

3.混凝土拆模申请单

混凝土结构在浇筑完成一些构件或一层结构之后，经过自然养护（或冬期蓄热法等养护）之后，在混凝土具有相当强度时，为使模板能周转使用，就要对支撑的模板进行拆除。在拆除现浇混凝土结构板、梁、悬臂构件等底模和柱墙侧模前，应填写混凝土拆模申请单并附同条件混凝土强度等级报告，报项目专业负责人审批后报监理单位审核，通过后方可拆模。

混凝土拆模申请单样式及填写范例见表6—17。

表 6—17 混凝土拆模申请单

编号：×××

<table>
<tr><td>工程名称</td><td colspan="5">××工程</td></tr>
<tr><td>申请拆模部位</td><td colspan="5">地上二层 / 顶板梁</td></tr>
<tr><td>混凝土强度等级</td><td>C25</td><td>混凝土浇筑完成时间</td><td>××年×月×日</td><td>申请拆模日期</td><td>××年×月×日</td></tr>
<tr><td colspan="6">构件类型(注：在所选构件类型的□内画“√”)</td></tr>
<tr><td>□墙</td><td>□柱</td><td>板：□跨度≤2 m
√ 2 m<跨度≤8 m
□跨度>8 m</td><td>梁：√跨度≤8 m
□跨度>8 m</td><td>□悬臂构件</td><td></td></tr>
<tr><td colspan="2">拆模时混凝土强度要求</td><td>龄期/d</td><td>同条件混凝土抗压强度/MPa</td><td>达到设计强度要求/%</td><td>强度报告编号</td></tr>
<tr><td colspan="2">应达到设计强度的 75 %
(或 ____ MPa)</td><td>18</td><td>20</td><td>80</td><td>××××—×××</td></tr>
<tr><td colspan="6">审批意见：
同意该部位混凝土拆模申请。
批准拆模日期：××年×月×日</td></tr>
<tr><td colspan="2">施工单位</td><td colspan="4">××建筑工程公司</td></tr>
<tr><td colspan="2">专业技术负责人</td><td colspan="2">专业质检员</td><td colspan="2">申请人</td></tr>
<tr><td colspan="2">×××</td><td colspan="2">×××</td><td colspan="2">×××</td></tr>
<tr><td colspan="6">注：1.拆模时混凝土强度规定：当设计有要求时，应按设计要求；当设计无要求时，应按现行规范要求。
2.如结构形式复杂(结构跨度变化较大)或平面不规则，应附拆模平面示意图。</td></tr>
</table>

填表说明：

(1)拆模时混凝土强度规定：当设计有要求时，应按设计要求；当设计无要求时，应按现行规范要求。

(2)如结构形式复杂(结构跨度变化较大)或平面不规则，应附拆模平面示意图。混凝土拆模申请单由施工单位填报并保存。

4.混凝土预拌、养护测温记录

混凝土冬期施工时，应进行预拌和养护的测温记录。混凝土冬期施工预拌测温记录应包括大气温度、原材料温度、出罐温度、入模温度等；混凝土冬期养护测温应先绘制温点布置图，包括测温点的部位、深度等。测温记录应包括大气温度，各测温孔的实测温度，同一时间测得的各测温孔的平均温度和间隔时间等。

混凝土预拌、养护测温记录由施工单位填写并保存。其样式及填写范例见表 6—18 和表6—19。

表 6—18 混凝土预拌测温记录

编号：×××

工程名称				××大学综合楼							
混凝土强度等级				C25			坍落度		80 mm		
水泥品种及强度等级				P·O 42.5			搅拌方式		机械		
测温时间				大气温度/℃	原材料温度/℃				出罐温度/℃	入模温度/℃	备注
年	月	日	时		水泥	砂	石	水			
××	10	15	10	+5	+5	+16	+4	+62	+18	+16	现场搅拌
××	10	15	12	+6	+5	+15	+4	+61	+18	+16	现场搅拌
××	10	15	14	+8	+5	+12	+5	+65	+20	+17	现场搅拌
××	10	15	16	+6					+18	+15	现场搅拌
××	10	15	18	+5					+19	+16	商品混凝土
××	10	15	20	+2					+17	+15	商品混凝土
××	10	15	22	0					+18	+16	商品混凝土
××	10	15	24	−2					+19	+16	商品混凝土
施工单位				××建筑工程公司							
专业技术负责人				专业质检员					记录人		
×××				×××					×××		

表 6—19　混凝土养护测温记录

编号：×××

工程名称			××大学综合楼														
部位			地下一层工段内墙				养护方法			综合蓄热法				测温方式		温度计	
测温时间			大气温度/℃	各测孔温度/℃										平均温度/℃	间隔时间/h	成熟度	
月	日	时		1#	2#	3#	4#	5#	6#	7#	8#	9#	10#			本次	累计
××	**15**	**8**	**28**	**30.5**	**30.5**	**31.0**	**30.0**	**30.5**	**30.5**	**32.0**	**30.0**	**32.0**	**32.0**	**30.9**			
××	**15**	**10**	**29**	**31.0**	**31.5**	**31.5**	**32.0**	**33.0**	**32.0**	**32.0**	**32.5**	**33.0**	**33.0**	**32.2**	**2**	**56.6**	**56.6**
××	**15**	**12**	**30**	**33.0**	**33.0**	**32.5**	**33.5**	**34.0**	**33.5**	**33.0**	**34.0**	**33.5**	**33.5**	**33.4**	**2**	**55.2**	**111.8**
××	**15**	**14**	**32**	**34.0**	**34.5**	**35.5**	**35.5**	**36.0**	**35.5**	**36.0**	**37.0**	**36.5**	**36.5**	**35.7**	**2**	**53.9**	**165.7**

施工单位	××建筑工程公司	
专业技术负责人	专业工长	测温员
×××	×××	×××

5.焊接材料烘焙记录

焊接材料使用前的烘焙直接影响焊接质量。按照规范、标准和工艺文件等规定须进行烘焙的焊接材料应在使用前按要求进行烘焙，并填写焊接材料烘焙记录。烘焙记录内容包括烘焙方法、烘干温度、要求烘干时间、实际烘焙时间和保温要求等。

焊接材料烘焙记录由施工单位填写并保存。其样式及填写范例见表 6－20。

表 6－20　焊接材料烘焙记录

编号：×××

工程名称	××工程				
焊材牌号	E4311	规格/mm	3.2×350	焊材厂家	×××
钢材材质	热轧带肋	烘焙方法		烘焙日期	××年×月×日

序号	施焊部位	烘焙数量/kg	烘焙要求					保温要求		备注
			烘干温度/℃	烘干时间/h	实际烘焙			降至恒温/℃	保温时间/h	
					烘焙日期	从时分	至时分			
1	首层　/　框架桩	100	280	2	××年×月×日	8:30	10:30	30	4	
2	首层　/　框架桩	100	280	2	××年×月×日	8:30	10:30	30	4	

说明：

(1)焊条、焊剂等在使用前，应按产品说明书及有关工艺文件规定的技术要求进行烘干。

(2)焊接材料烘干后应存放在保温箱内，随用随取，焊条由保温箱(筒)取出到施焊的时间不得超过 2 h，酸性焊条不宜超过 4 h。烘干温度为 250 ℃～300 ℃。

施工单位	××建筑工程公司	
专业技术负责人	专业质检员	记录人
×××	×××	×××

十、防水工程施工记录

1.地下工程防水效果检查记录

施工单位填写的地下工程防水效果检查记录应一式三份，并由建设单位、监理单位、施工单位各保存一份。地下工程防水效果检查记录样式及填写范例见表 6－21。

表 6－21[表 C.5.7]　地下工程防水效果检查记录

<table>
<tr><td>工程名称</td><td>×××工程</td><td>编　号</td><td colspan="3">×××</td></tr>
<tr><td>检查部位</td><td>地下室底板、外墙</td><td>检查日期</td><td colspan="3">××年×月×日</td></tr>
<tr><td colspan="6">检查方法及内容：
依据《地下防水工程质量验收规范》(GB 50208—2011)及施工方案，渗漏水水量调查与量测方法执行《地下防水工程质量验收规范》(GB 50208—2011)相关规定。</td></tr>
<tr><td colspan="6">检查结论：
经检查：地下室底板、外墙不存在渗漏水现象，施工工艺及观感质量合格，符合设计要求和《地下防水工程质量验收规范》(GB 50208—2011)的有关规定。</td></tr>
<tr><td colspan="6">复查结论：
符合标准。
复查人：×××　　　　复查日期：××年×月×日</td></tr>
<tr><td rowspan="3">签字栏</td><td rowspan="2">施工单位</td><td rowspan="2">××建筑工程公司</td><td>专业技术负责人</td><td>专业质检员</td><td>专业工长</td></tr>
<tr><td>×××</td><td>×××</td><td>×××</td></tr>
<tr><td>监理或建设单位</td><td colspan="2">××监理公司</td><td>专业工程师</td><td>×××</td></tr>
</table>

2.防水工程试水检查记录

建筑物内凡浴室、厕所等有防水要求的房间必须有蓄水检查记录。检查内容包括蓄水方式、蓄水时间、蓄水深度、水落口及边缘封堵情况和有无渗漏现象。同时一个房间应做两次蓄水试验，分别在室内防水完成后及单位工程竣工后做。

屋面工程完毕后，应对细部构造(屋面天沟、檐沟、檐口、泛水、水落口、变形缝、伸出屋面的管道等)、接缝处和保护层进行雨期观察或淋水、蓄水检查。淋水试验持续时间不得少于 2 h；做蓄水检查的屋面，蓄水时间不得少于 24 h。

防水工程试水检查记录应符合现行国家标准《建筑地面工程施工质量验收规范》(GB 50209—2010)、《屋面工程质量验收规范》(GB 50207—2012)的有关规定。由施工单位填写的防水工程试水检查记录应一式三份，并由建设单位、监理单位、施工单位各保存一份。防水工程试水检查记录样式及填写范例见表 6－22。

表 6－22[表 C.5.8]　防水工程试水检查记录

<table>
<tr><td>工程名称</td><td>××工程</td><td>编　号</td><td>×××</td></tr>
<tr><td>检查部位</td><td>地上三层厕浴间</td><td>检查日期</td><td>××年×月×日</td></tr>
<tr><td rowspan="2">检查方式</td><td>☑ 第一次蓄水　□ 第二次蓄水</td><td>蓄水时间</td><td>从 ×× 年 × 月 × 日 8 时
至 ×× 年 × 月 × 日 8 时</td></tr>
<tr><td colspan="3">□ 淋水　□ 雨期观察</td></tr>
<tr><td colspan="4">检查方法及内容：
厕浴间一次蓄水试验，在门口处用水泥砂浆做挡水墙，地漏周围挡高 5 cm，用球塞(或棉丝)把地漏堵严密且不影响试水，蓄水浅水位为 20 mm，蓄水时间为 24 h。</td></tr>
</table>

<table>
<tr><td colspan="7">检查结论：
经检查，厕浴间一次蓄水试验，蓄水前水位高出地面最高点 20 mm，经 24 h 无渗漏现象，检查合格，符合标准。</td></tr>
<tr><td colspan="7">复查结论：
符合标准。
复查人：×××　　　　复查日期：××年×月×日</td></tr>
<tr><td rowspan="3">签字栏</td><td rowspan="2">施工单位</td><td rowspan="2">××建筑工程公司</td><td>专业技术负责人</td><td>专业质检员</td><td>专业工长</td></tr>
<tr><td>×××</td><td>×××</td><td>×××</td></tr>
<tr><td>监理或建设单位</td><td colspan="2">××监理公司</td><td>专业工程师</td><td>×××</td></tr>
</table>

十一、通风道、烟道、垃圾道检查记录

通风道、烟道都应 100% 做通风试验，并做好自检记录。通风试验可在烟（风）道口处划根火柴，观察火苗的朝向和烟的去向，即可判别是否通风。烟道除做通风试验外，还应进行观感检查。

施工单位填写的通风道、烟道、垃圾道检查记录应一式三份，并由建设单位、监理单位、施工单位各保存一份。通风道、烟道、垃圾道检查记录格式见表 6－23。

表 6－23［表 C.5.9］　通风道、烟道、垃圾道检查记录

<table>
<tr><td rowspan="2">工程名称</td><td colspan="4" rowspan="2"></td><td>编号</td><td colspan="2"></td></tr>
<tr><td>检查日期</td><td colspan="2"></td></tr>
<tr><td colspan="6">检查部位和检查结果</td><td rowspan="3">检查人</td><td rowspan="3">复检人</td></tr>
<tr><td rowspan="2">检查部位</td><td colspan="2">主烟（风）道</td><td colspan="2">副烟（风）道</td><td rowspan="2">垃圾道</td></tr>
<tr><td>烟道</td><td>风道</td><td>烟道</td><td>风道</td></tr>
<tr><td></td><td></td><td></td><td></td><td></td><td></td><td></td><td></td></tr>
<tr><td></td><td></td><td></td><td></td><td></td><td></td><td></td><td></td></tr>
<tr><td></td><td></td><td></td><td></td><td></td><td></td><td></td><td></td></tr>
<tr><td></td><td></td><td></td><td></td><td></td><td></td><td></td><td></td></tr>
<tr><td></td><td></td><td></td><td></td><td></td><td></td><td></td><td></td></tr>
<tr><td></td><td></td><td></td><td></td><td></td><td></td><td></td><td></td></tr>
<tr><td></td><td></td><td></td><td></td><td></td><td></td><td></td><td></td></tr>
<tr><td></td><td></td><td></td><td></td><td></td><td></td><td></td><td></td></tr>
<tr><td></td><td></td><td></td><td></td><td></td><td></td><td></td><td></td></tr>
<tr><td></td><td></td><td></td><td></td><td></td><td></td><td></td><td></td></tr>
<tr><td></td><td></td><td></td><td></td><td></td><td></td><td></td><td></td></tr>
<tr><td></td><td></td><td></td><td></td><td></td><td></td><td></td><td></td></tr>
<tr><td></td><td></td><td></td><td></td><td></td><td></td><td></td><td></td></tr>
</table>

续表

签字栏	施工单位		
	专业技术负责人	专业质检员	专业工长

十二、预应力工程施工记录

1.预应力筋张拉记录

预应力筋的张拉是影响施工质量、安全的重要工序。现场从事预应力筋张拉施工的单位，必须按照建设主管部门的有关文件要求取得资质证明，否则不能进行预应力筋张拉施工。

(1)预应力筋张拉记录(一)包括预应力施工部位、预应力筋规格、平面示意图、张拉程序、预应力记录、伸长量等。

(2)预应力筋张拉记录(二)对每根预应力筋的张拉实测值进行记录。由施工单位填写的预应力工程施工记录应一式三份，由建设单位、施工单位、城建档案馆各保存一份。

预应力筋张拉记录样式及填写范例见表6－24和表6－25。

表6－24　预应力筋张拉记录(一)

编号：×××

工程名称	××仓库	张拉日期	××年×月×日
施工部位	预应力9　屋架	预应力筋规格及抗拉强度	ϕ^{S}　1 570 N/m^3
预应力张拉程序及平面示意图： 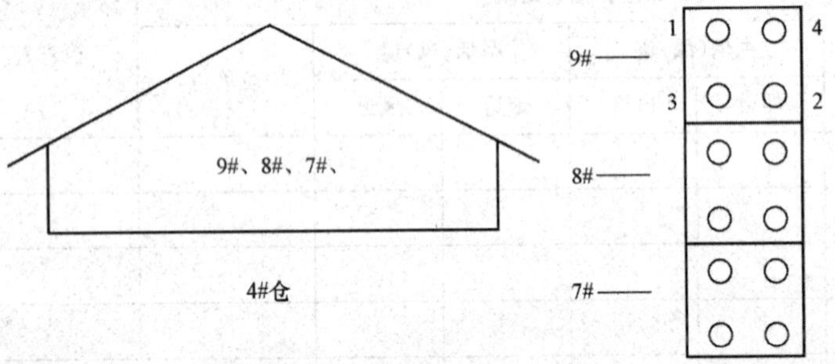 □有　☑无附页			
张拉端锚具类型		固定端锚具类型	
设计控制应力	305 kN	实际张拉力	308 kN
千斤顶编号	1#(表号498)	压力表编号	20.1
	2#(表号457)		20.3
混凝土设计强度	C50	张拉时混凝土实际强度	75 MPa

续表

预应力筋计算伸长值： $$\Delta L=\frac{E_p \cdot L}{A_p \cdot E_s}=\frac{308\times 27400}{15\times 19.63\times 200}=143(\text{mm})$$		
预应力筋伸长值范围：136～157 mm		
施工单位	××建筑公司	
专业技术负责人	专业质检员	记录人
×××	×××	×××

表 6－25　预应力筋张拉记录(二)

编号：×××

工程名称		××工程			张拉日期	××年×月×日			
施工部位		7、8、9 屋架							
张拉顺序编号	计算值	预应力筋张拉伸长实测值/cm							备注
		一端张拉			另一端张拉			总伸长	
		原长 L_1	实长 L_2	伸长 ΔL	原长 L'_1	实长 L'_2	伸长 $\Delta L'$		
7＃1 孔	**14.2**	**2.3**	**13.2**	**10.9**	**5.1**	**8.5**	**3.4**	**14.3**	
7＃2 孔	**14.2**	**3.0**	**13.6**	**10.6**	**4.9**	**8.5**	**3.6**	**14.2**	
7＃3 孔	**14.2**	**2.6**	**13.6**	**11.0**	**4.8**	**8.1**	**3.3**	**14.3**	
7＃4 孔	**14.2**	**2.8**	**14.2**	**11.4**	**5.2**	**8.2**	**3.0**	**14.4**	
8＃1 孔	**14.3**	**2.9**	**13.9**	**11.0**	**6.0**	**9.5**	**3.5**	**14.5**	
8＃2 孔	**14.3**	**2.5**	**13.6**	**11.1**	**4.0**	**7.6**	**3.6**	**14.7**	
8＃3 孔	**14.3**	**3.3**	**14.1**	**10.8**	**3.9**	**7.6**	**3.6**	**14.4**	
8＃4 孔	**14.3**	**2.9**	**14.3**	**11.4**	**3.8**	**6.9**	**3.1**	**14.5**	
9＃1 孔	**14.4**	**3.2**	**14.3**	**11.1**	**4.0**	**7.6**	**3.6**	**14.7**	
9＃2 孔	**14.4**	**2.7**	**13.5**	**10.8**	**3.0**	**6.6**	**3.6**	**14.4**	

☑有 ☐无见证 见证单位	××公司	见证人	×××
施工单位	××建筑工程公司		
专业技术负责人	专业质检员	记录人	
×××	×××	×××	

2.有粘结预应力结构灌浆记录

有粘结预应力混凝土结构有良好的抗裂性能和抗变形能力，耐久性高，可有效降低结构高度，节约材料、节约能源，使用性能优越。

有粘结预应力结构灌浆记录由施工单位填写，建设单位、施工单位、城建档案馆各保存一份。其样式及填写范例见表6－26。

表6－26　有粘结预应力结构灌浆记录

工程名称	××工程			灌浆日期	××年×月×日
施工部位	×/×轴预应力框架梁				
灌浆配合比	**0.40**			灌浆要求压力值	**0.4～0.6** MPa
水泥强度等级	P·O **42.5**	进厂日期	××年×月×日	复试报告编号	×××

灌浆点简图与编号：

1.灌浆点简图(略)。

2.灌浆点编号由梁号、预应力筋编号和每道梁中对应的孔道顺序号组成。

灌浆点编号	灌浆压力值/MPa	灌浆量/L	灌浆点编号	灌浆压力值/MPa	灌浆量/L
YKL－1－1　1	0.4	80.6			
YKL－1－2　1	0.45	96.6			
YKL－1－3　1	0.45	95.5			
YKL－1－4　1	0.5	80.8			
YKL－1－5　1	0.55	60.5			

续表

灌浆点编号	灌浆压力值/MPa	灌浆量/L	灌浆点编号	灌浆压力值/MPa	灌浆量/L
备注：					
施工单位	××建筑工程公司				
专业技术负责人	专业质检员		记录人		
×××	×××		×××		

3.幕墙注胶检查记录

幕墙注胶施工过程中应填写施工检查记录，检查内容包括宽度、厚度、连续性、均匀性、密实度和饱满度等。幕墙注胶检查记录的样式及填写范例见表6－27。

表6－27　幕墙注胶检查记录

工程名称		施工日期	
施工内容			
施工依据与材质			
质量问题			
施工单位检查结论 专业工长(施工员)：　　　　记录人： 项目专业质检员：　　　　专业技术负责人： 年　月　日			
监理(建设)单位意见 专业监理工程师： 建设单位专业技术负责人： 年　月　日			

十三、电梯工程施工记录

1.电梯电气装置安装检查记录

电梯电气装置安装检查记录由施工单位提供，并由建设单位、监理单位和施工单位各保存一份。其样式及填写范例见表6－28。

表6－28　电梯电气装置安装检查记录

编号：×××

施工名称	××工程	日期	××年×月×日
序号	检验项目	检验内容及其规范标准要求	检查结果
1	主电源开关	位置在机房入口，各台易识别，容量适当，距地面1.3～1.5 m	合格
		不应切断与电源有关的照明、通风、插座及报警电路	合格

续表

序号	检验项目	检验内容及其规范标准要求	检查结果
2	机房照明	与电梯电源分开，在机房入口处设开关，地面照明不小于 200 lx	合格
3	轿厢照明和通风电路	电源可由相应的主开关进线侧获得	合格
		在相应主开关近旁设置电源开关进行控制	合格
4	轿顶照明及插座	应装设照明装置，或设置安全电压的电源插座	合格
		轿顶检修 220 V 电源插座(2P+PE 型)应设明显标志	合格
5	井道照明	电源宜由机房照明回路获得，在机房和坑底设置控制开关	合格
		在井道最高和最低处 0.5 m 内各设一灯，并设中间灯，照度不小于 50 lx	合格
6	接地保护	所有电气设备的外露可导电部分均应可靠接地或接零	合格
		保护线和工作零线始终分开，保护线采用黄绿双色绝缘导线	合格
		保护干线截面积不得小于电源相线，支线应符合相关标准要求	合格
		各接地保护端应易识别，不得串联接地。接地电阻值应不大于 4 Ω	合格
		电梯轿厢可利用随行电缆的钢芯或不少于两根芯线接地	合格
7	控制屏柜	布局合格，固定可靠，基础高出地面 50～100 mm	高 100 mm
		垂直度偏差不大于 1.5/1 000	≤1‰
		正面距门窗、维修侧距墙不小于 600 mm，距机械设备不小于 500 mm	合格
8	防护罩壳	在机房内必须防止直接触电。所有外壳防护等级最低为 IP2X	合格
9	线路敷设	各台电梯的供电电源应单独敷设或采取隔离措施	合格
		机房、井道内应使用金属电线管槽，严禁使用可燃性的管槽	合格
10	电线管槽	距轿厢、钢绳 机房内不小于 50 mm，井道内不小于 20 mm	合格
		水平和垂直偏差 机房内不大于 2/1 000	合格
		水平和垂直偏差 井道内不大于 5/1 000，全长不大于 50 mm	合格
		均应可靠接地或接零，但线槽、软管不得作保护接线使用	合格
		轿厢顶部电线应敷设在被固定的金属电线管、槽内	合格
11	电线槽	在机房地面敷设时，其壁厚不小于 1.5 mm	合格
		位置正确，安装牢固，每根线槽不应少于两点固定	合格
		接口严密，出线口无毛刺，槽盖齐全平整，便于开启	合格
12	电线管	应用管卡子固定，间距均匀(符合电气安装标准)	合格
		与线槽、箱、盒连接处应用锁母锁紧，管口装设护口	合格
		暗敷设时，保护层厚度不小于 15 mm	合格
13	金属软管	用于不易受机械损伤的分支线路，长度不大于 2 m	合格
		不得损伤和松散，与箱、盒、设备连接处应使用专用接头	合格
		应安装平直牢固，固定点间距均匀且应不大于 1 m	合格
		端头及拐弯处固定距离应不大于 0.3 m，弯曲半径应不小于其外径的 4 倍	合格
		与管、箱、盒应采用专用接地夹连接，保护线应采用截面积不小于 4 mm^2 的多股铜线	合格

续表

序号	检验项目	检验内容及其规范标准要求	检查结果
14	轿厢操作盘及显示面板	应与轿壁贴实，洁净、无划伤	合格
		按钮触动应灵活无卡阻，信号应清晰正确，无串光现象	合格
15	防腐	附属构架、电线槽、电线管等均应涂防锈漆或镀锌，无遗漏	合格
16	导线敷设	应使用额定电压不低于 500 V 的铜芯绝缘导线	合格
		电缆的绝缘或护套表面应有制造厂名、型号和电压的连续标志，标志应字迹清楚，容易辨认且耐擦	合格
		动力线路与控制线路应隔离敷设，抗干扰线路按产品要求	合格
		电线管、槽内无积水、污垢	合格
		接线编号齐全清晰。保护线端子、电压 220 V 以上的端子和主电源断开后仍带电超过 50 V 的端子应有明显标记	合格
		出入电线管、槽的电线应有护口或其他保护装置	合格
		电线槽拐弯、导线受力处应加绝缘衬垫，垂直部分应可靠固定	合格
		电线管内导线总截面积不大于管内净截面积的 40%	合格
		电线管内导线总截面积不大于槽内净截面积的 60%	合格
		配线应绑扎整齐，留备用线，其长度与箱、盒内最长的导线相同	合格
		线槽内应减少接头，接头冷压端子压接可靠，绝缘良好	合格
		全部电线接头、连接端子及连接器应设置于柜、盒内或为此目的而设置的屏上	合格
		导线和电缆的保护外皮应完全进入开关和设备的壳体或应进入一个合适的封闭装置中	合格
		如果不需使用工具就能将连接件或插接式装置拔出时，则应保证重新插入时，决不会插错	合格
17	绝缘电阻	导体之间、导体对地之间应大于 1 000 Ω/V，动力电路和电气安全装置电路应≥0.5 MΩ；控制回路和照明回路应≥0.25 MΩ	合格

<table>
<tr><td rowspan="3">签字栏</td><td rowspan="2">建设(监理)单位</td><td>安装单位</td><td colspan="2">××电梯设备安装公司</td></tr>
<tr><td>专业技术负责人</td><td>专业质检员</td><td>专业工长</td></tr>
<tr><td>×××</td><td>×××</td><td>×××</td><td>×××</td></tr>
</table>

2.自动扶梯、自动人行道整机安装质量检查记录

自动扶梯、自动人行道整机安装质量检查记录由施工单位填写，建设单位、施工单位各保存一份。其样式及填写范例见表 6－29。

表6－29　自动扶梯、自动人行道整机安装质量检查记录

编号：×××

<table>
<tr><td>施工名称</td><td colspan="2">××工程</td><td>日期</td><td colspan="2">××年×月×日</td></tr>
<tr><td>序号</td><td>检验项目</td><td colspan="3">检验内容及其规范标准要求</td><td>检查结果</td></tr>
<tr><td>1</td><td>一般要求</td><td colspan="3">所有外露部件如装饰板、围裙板、扶手支架、扶手导轨、内外盖板、护壁板等应表面完整、光滑，其接缝处的凸台不应大于0.5 mm</td><td>合格</td></tr>
<tr><td>2</td><td>装饰板（围板）</td><td colspan="3">应有足够的机械强度和刚度，除梯级、踏板或胶带以及扶手带等以外的运动部分均应完全封闭在无孔的围板内（可设通风孔）</td><td>合格</td></tr>
<tr><td>3</td><td>护壁板（护栏板）</td><td colspan="3">应有足够的强度和刚度，其边缘应呈圆角或倒角状，对接处间隙不应大于4 mm（玻璃护壁板之间应有间隙）</td><td>合格</td></tr>
<tr><td rowspan="3">4</td><td rowspan="3">围裙板梯级踏板</td><td colspan="3">应设防夹装置或在梯级踏面两端提供黄色标记</td><td>合格</td></tr>
<tr><td colspan="3">与梯级或踏板任一侧的水平间隙应不大于4 mm，两侧间隙总和应不大于7 mm</td><td>合格</td></tr>
<tr><td colspan="3">与自动人行道踏板或胶带的间隙应不大于4 mm，围裙板垂直投影不允许与踏板或胶带产生水平间隙</td><td>合格</td></tr>
<tr><td rowspan="2">5</td><td rowspan="2">扶手带</td><td colspan="3">截面形状与导向件组合后，不应挤夹手指，开口处与导向件的距离在任何情况均不得超过8 mm</td><td>合格</td></tr>
<tr><td colspan="3">导向和张紧应能在正常工作时不会脱离扶手导轨</td><td>合格</td></tr>
<tr><td rowspan="2">6</td><td rowspan="2">桁架（机架）</td><td colspan="3">应能承受扶梯满载重量，其最大挠度应符合《自动扶梯和自动人行道的制造与安装安全规范》（GB 16899—2011）中的要求（可核查有关证明文件）</td><td>合格</td></tr>
<tr><td colspan="3">支承固定可靠，当提升高度大于5 m时，应设中间支承或采取其他增强措施。金属结构表面应有防锈措施（可核查隐检记录）</td><td>合格</td></tr>
<tr><td rowspan="4">7</td><td rowspan="4">驱动装置</td><td colspan="3">驱动主机运转时不得有杂音、冲击和异常的振动</td><td>合格</td></tr>
<tr><td colspan="3">减速器箱体分割面、视孔、端盖处及油管接头均不应有渗漏油现象。驱动链、扶手驱动链、梯级链应保持良好润滑</td><td>合格</td></tr>
<tr><td colspan="3">制动器与制动轮工作表面应保持清洁，动作应灵活、可靠</td><td>合格</td></tr>
<tr><td colspan="3">飞轮上应有与自动扶梯、自动人行道运行方向相对应的标志。手轮、制动盘等光滑圆形部件，至少应部分漆成黄色</td><td>合格</td></tr>
<tr><td rowspan="2">8</td><td rowspan="2">盘车装置</td><td colspan="3">应操作方便、安全、可靠，不允许采用曲柄或多孔手轮</td><td>合格</td></tr>
<tr><td colspan="3">手动盘车装置附近应备有使用说明</td><td>合格</td></tr>
<tr><td rowspan="3">9</td><td rowspan="3">应设置有效防护装置的部件</td><td colspan="3">轴上的键和螺栓，电动机主轴伸出部分</td><td>合格</td></tr>
<tr><td colspan="3">传动齿轮、链轮、传动皮带、链条、外露的限速器</td><td>合格</td></tr>
<tr><td colspan="3">须在驱动或转向站内维修的梯级和踏板转向部分</td><td>合格</td></tr>
<tr><td rowspan="3">签字栏</td><td rowspan="2">建设（监理）单位</td><td>安装单位</td><td colspan="3">××电梯设备安装公司</td></tr>
<tr><td>专业技术负责人</td><td>专业质检员</td><td colspan="2">专业工长</td></tr>
<tr><td>×××</td><td>×××</td><td>×××</td><td colspan="2">×××</td></tr>
</table>

本章小结

本章主要介绍了施工记录的编制及管理工作，主要包括隐蔽工程验收记录、施工检查记录、交底检查记录、施工测量资料、地基基础检查记录、主体工程施工记录、防水工程施工记录、预应力工程施工记录等的填写要求。

思考与练习

一、填空题

1.__________是施工单位根据测绘部门提供的放线成果、红线桩及场地控制网或建筑物控制网，测定建筑物的位置、主控轴线、建筑物±0.000处绝对高程等，标明现场标准水准点、坐标点位置。

2.施工测量单位应根据主控轴线和基槽底平面图，检验建筑物基底外轮廓线、集水坑、电梯井坑、垫层底标高(高程)、基槽断面尺寸和坡度等，填写__________。

3.__________是指每个施工部位完成到一个水平面时，底板、顶板要在这个平面板(顶板)上投测向上一层的平面位置线。

4.楼层标高抄测内容包括__________水平控制线、皮数杆等，施工单位应在完成楼层标高抄测记录后，填写__________。

5.在基坑开挖和支护结构使用期间，应按设计或规范规定对支护结构进行检测，并做__________。

6.地基验槽记录应符合现行国家标准____________________的规定。

7.____________________是在正式浇筑混凝土前，由施工单位检查各项准备工作(如钢筋、模板工程检查；水电预埋检查；材料、设备及其他准备等)，自检合格后填写。

8.混凝土冬期施工时，应进行__________和__________的测温记录。

9.地下工程验收时，应对地下工程有无渗漏现象进行检查，并填写__________。

10.烟道、通风道都应100%做__________，并做好自检记录。

二、单项选择题

1.(　　)是指在对被掩埋(盖)的重要工程或关键部位的掩埋(盖)前，由施工单位、监理(建设)单位(有时也需要勘察、设计单位参加)共同对工程的相关资料和实务质量进行检查验收所形成的记录。

A.施工管理资料　　　　B.施工记录

C.隐蔽工程检查验收记录　　　　D.施工检测记录

2.分项(分部)工程完成，在不同专业施工单位之间应进行工程交接，且应进行专业交接检查，填写(　　)。

A.施工记录　　　　B.施工检测记录

C.交接检查记录　　　　D.施工测量记录

3.(　　)用于检验浅层土(如基槽)的均匀性，确定地基的容许承载力及检验填土的质量。

A.地基钎探记录　　　　　　　　　　B.地基沉降记录

C.地基验槽记录　　　　　　　　　　D 地基测量记录

三、简答题

1.楼层平面放线包括哪些内容？

2.混凝土浇灌申请书应由谁申报、批准和填写？

3.混凝土拆模申请单的填写应注意哪些事项？

4.烘焙记录包括哪些内容？

5.有粘结预应力混凝土结构具有哪些优越性能？

第七章 施工试验记录及检测报告

知识目标

通过本章的学习，了解施工试验记录及检测报告的种类；熟悉施工试验记录通用资料、建筑与结构工程施工试验记录及检测报告、建筑安装工程施工试验记录及检测报告的内容；掌握各类施工试验记录及检测报告的填写内容。

能力目标

能对施工试验记录及检测报告进行分类，具备编制施工试验记录及检测报告专用表格资料的能力。

第一节 施工试验记录通用资料

施工试验记录通用表格属于C6类，主要包括4项内容。其工程资料名称、提供单位、工程资料保存单位见表7-1。

表7-1 施工试验记录通用表格

施工试验记录及检测报告(C6类) 工程资料名称		工程资料来源	工程资料保存			
			施工单位	监理单位	建设单位	城建档案馆
1	设备单机试运转记录＊(表C.6.1)	施工单位	●	○	●	●
2	系统试运转调试记录＊(表C.6.2)	施工单位	●	○	●	●
3	接地电阻测试记录＊(表C.6.3)	施工单位	●	○	●	●
4	绝缘电阻测试记录＊(表C.6.4)	施工单位	●	○	●	
注：表中工程资料名称与资料保存单位所对应的栏中"●"表示"归档保存"；"○"表示"过程保存"，是否归档保存可自行确定。表中注明"＊"的表，宜由施工单位和监理或建设单位共同形成。						

一、设备单机试运转记录

为保证系统的安全、正常运行，设备在安装中应进行必要的单机试运转试验。设备单机试运转记录应符合现行国家标准《建筑给水排水及采暖工程施工质量验收规范》(GB 50242—2002)、《通风与空调工程施工质量验收规范》(GB 50243—2016)、《建筑节能工程施工质量验收标准》(GB 50411—2019)的有关规定。

施工单位填写的设备单机试运转记录应一式四份，并由建设单位、监理单位、施工单位、城建档案馆各保存一份。设备单机试运转记录样式及填写范例见表 7－2。

表 7－2[表 C.6.1]　设备单机试运转记录(通用)

工程名称	×××工程	编号	×××
		试运转时间	××年×月×日
设备名称	消防水泵	设备编号	×××
规格型号	×××	额定数据	N=×××kW L=×××m^3/h H=×××m
生产厂家	××设备制造生产厂	设备所在系统	消防系统
序号	试验项目	试验记录	试验结论
1	试运转时间	2 h	正常
2	水泵试运转的轴承温升	符合设备说明书的规定	正常
3	流量	×××	正常
4	扬程	×××	正常
5	功率	×××	正常
6	叶轮与泵壳不应相碰，进、出口部位的阀门应灵活	符合要求	正常
7			
8			
试运转结论： 设备运转正常、稳定，无异常现象发生，测试结果符合设计要求及《建筑给水排水及采暖工程施工质量验收规范》(GB 50242—2002)的规定，同意进行下道工序。			

签字栏	施工单位	××建筑工程公司	专业技术负责人	专业质检员	专业工长
			×××	×××	×××
	监理或建设单位	××监理公司		专业工程师	×××

二、系统试运转调试记录

系统试运转调试记录应符合现行国家标准《建筑给水排水及采暖工程施工质量验收规范》(GB 50242—2002)、《通风与空调工程施工质量验收规范》(GB 50243—2016)、《建筑节能工程施工质量验收标准》(GB 50411—2019)的有关规定。

施工单位填写的设备单机试运转记录应一式四份，并应由建设单位、监理单位、施工单位、城建档案馆各保存一份。系统试运转调试记录样式及填写范例见表 7－3。

表 7－3[表 C.6.2]　系统试运转调试记录(通用)

<table>
<tr><td colspan="2">工程名称</td><td colspan="2" rowspan="2">××工程</td><td>编号</td><td colspan="2">×××</td></tr>
<tr><td colspan="2"></td><td>试运转调试时间</td><td colspan="2">××年×月×日</td></tr>
<tr><td colspan="2">试运转调试项目</td><td colspan="2">低区采暖系统</td><td>试运转调试部位</td><td colspan="2">地下一层至十层</td></tr>
<tr><td colspan="7">试运转调试内容：
低区室内采暖系统冲洗完毕应充水、加热，进行试运行和调试，通过观察、测量室温满足设计要求。</td></tr>
<tr><td colspan="7">试运转调试结论：
低区采暖系统试运转调试符合设计要求及《建筑给水排水及采暖工程施工质量验收规范》(GB 50242—2002)的规定，同意进行下道工序。</td></tr>
<tr><td rowspan="3">签字栏</td><td rowspan="2">施工单位</td><td rowspan="2">××建筑工程公司</td><td colspan="2">专业技术负责人</td><td>专业质检员</td><td>专业工长</td></tr>
<tr><td colspan="2">×××</td><td>×××</td><td>×××</td></tr>
<tr><td>监理或建设单位</td><td colspan="3">××监理公司</td><td>专业工程师</td><td>×××</td></tr>
</table>

填表说明：

(1)以设计要求和规范规定为依据，适用条目要准确。

(2)根据试运转调试的实际情况填写实测数据，要准确、内容齐全，不得漏项。

(3)工程采用施工总承包管理模式的，签字人员应为施工总承包单位的相关人员。

三、接地电阻测试记录

接地电阻测试主要包括设备、系统的防雷接地、保护接地、工作接地、防静电接地以及设计有要求的接地电阻测试，并应附《电气防雷接地装置隐检与平面示意图》说明。

接地电阻测试记录应符合现行国家标准《建筑电气工程施工质量验收规范》(GB 50303—2015)、《智能建筑工程质量验收规范》(GB 50339—2013)、《电梯工程施工质量验收规范》(GB 50310—2002)的有关规定。

施工单位填写的接地电阻测试记录应一式四份，并由建设单位、监理单位、施工单位、城建档案馆各保存一份。接地电阻测试记录样式及填写范例见表 7－4。

表 7－4[表 C.6.3]　接地电阻测试记录(通用)

<table>
<tr><td rowspan="2">工程名称</td><td colspan="3" rowspan="2">××大厦</td><td>编号</td><td>×××</td></tr>
<tr><td>测试日期</td><td>××年×月×日</td></tr>
<tr><td>代表型号</td><td>ZC－8</td><td>天气情况</td><td>晴</td><td>气温/℃</td><td>32</td></tr>
<tr><td>接地类型</td><td colspan="5">☑防雷接地　□计算机接地　☑工作接地　□保护接地　□防静电接地
□逻辑接地　☑重复接地　□综合接地　□医疗设备接地</td></tr>
<tr><td>设计要求</td><td colspan="5">□≤10 Ω　☑≤4 Ω　□≤1 Ω
□≤0.1 Ω　□≤Ω　□</td></tr>
<tr><td colspan="6">测试部位：
地下一层至十层电气系统</td></tr>
</table>

续表

测试结论：				
季节系数取 1.4，按接地分 2 组进行测试，组别及实测数据分别为： 防雷接地：(1)0.27×1.4＝0.378　(2)0.27×1.4＝0.378 重复接地：(1)0.27×1.4＝0.378　(2)0.27×1.4＝0.378 工作接地：(1)0.27×1.4＝0.378　(2)0.26×1.4＝0.364 经测试计算，符合设计要求和《建筑电气工程施工质量验收规范》(GB 50303—2015)的规定。				
签字栏	施工单位		××建筑工程公司	
	专业技术负责人	专业质检员	专业工长	专业测试人
	×××	×××	×××	×××
	监理或建设单位	×××	专业工程师	×××

四、绝缘电阻测试记录

绝缘电阻测试主要包括电气设备和动力、照明线路及其他必须摇测绝缘电阻的测试，配管及管内穿线分项质量验收前和单位工程质量竣工验收前，应分别按系统回路进行测试，不得遗漏。

绝缘电阻测试记录应符合现行国家标准《建筑电气工程施工质量验收规范》(GB 50303—2015)、《智能建筑工程质量验收规范》(GB 50339—2013)、《电梯工程施工质量验收规范》(GB 50310—2002)的有关规定。

施工单位填写的接地电阻测试记录应一式三份，并由建设单位、监理单位、施工单位各保存一份。绝缘电阻测试记录样式及填写范例见表 7－5。

表 7－5[表 C.6.4]　绝缘电阻测试记录(通用)

工程名称		××大厦工程							编号		×××	
									测试日期		××年×月×日	
计量单位		MΩ(兆欧)							天气情况		晴	
仪表型号		ZC－7		电压		380 V			环境温度		28 ℃	
层数	箱盘编号	回路号	相间			相对零			相对地			零对地
			L_1-L_2	L_2-L_3	L_3-L_1	L_1-N	L_2-N	L_3-N	L_1-PE	L_2-PE	L_3-PE	N－PE
	3	×××	$3AL_{3-1}$									
		支路 1	230			220			220			220
		支路 2		200			210			220		220
		支路 3			220			230			230	220
		支路 4	220			220			220			220
		支路 5		230			200			210		220
		支路 6			220			220			230	220

测试结论：				
经测试，线路绝缘良好，符合设计要求和《建筑电气工程施工质量验收规范》(GB 50303—2015)的规定。				
签字栏	施工单位	××建筑工程公司		
	专业技术负责人	专业质检员	专业工长	测试人
	×××	×××	×××	×××
				×××
	监理或建设单位	×××	专业工程师	×××

第二节　建筑与结构工程施工试验记录及检测报告

建筑与结构工程施工试验记录及检测报告属于C6类，主要包括38项内容。其工程资料名称、来源及保存见表7－6。

表7－6　建筑与结构工程施工试验记录及检测报告

施工试验记录及检测报告(C6类) 工程资料名称		工程资料来源	工程资料保存			
			施工单位	监理单位	建设单位	城建档案馆
1	锚杆试验报告	检测单位	●	○	●	●
2	地基承载力检验报告	检测单位	●	○	●	●
3	桩基检测报告	检测单位	●	○	●	●
4	土工击实试验报告	检测单位	●	○	●	●
5	回填土试验报告(应附图)	检测单位	●	○	●	●
6	钢筋机械连接试验报告	检测单位	●	○	●	●
7	钢筋焊接连接试验报告	检测单位	●	○	●	●
8	砂浆配合比申请单、通知单	施工单位	○	○		
9	砂浆抗压强度试验报告	检测单位	●	○	●	●
10	砌筑砂浆试块强度统计、评定记录(表C.6.5)	施工单位	●		●	●
11	混凝土配合比申请单、通知单	施工单位	○	○		
12	混凝土抗压强度试验报告	检测单位	●	○	●	●
13	混凝土试块强度统计、评定记录(表C.6.6)	施工单位	●		●	●
14	混凝土抗渗试验报告	检测单位	●	○	●	●
15	砂、石、水泥放射性指标报告	施工单位	●	○	●	●
16	混凝土碱总量计算书	施工单位	●	○	●	●
17	外墙饰面砖样板粘结强度试验报告	检测单位	●	○	●	●

续表

施工试验记录及检测报告(C6类) 工程资料名称		工程资料来源	工程资料保存			
			施工单位	监理单位	建设单位	城建档案馆
18	后置埋件抗拔试验报告	检测单位	●	○	●	●
19	超声波探伤报告、探伤记录	检测单位	●	○	●	●
20	钢构件射线探伤报告	检测单位	●	○	●	●
21	磁粉探伤报告	检测单位	●	○		
22	高强度螺栓抗滑移系数检测报告	检测单位	●	○	●	●
23	钢结构焊接工艺评定	检测单位	○	○		
24	网架节点承载力试验报告	检测单位	●	○	●	●
25	钢结构防腐、防火涂料厚度检测报告	检测单位	●	○	●	●
26	木结构胶缝试验报告	检测单位	●	○	●	
27	木结构构件力学性能试验报告	检测单位	●	○	●	●
28	木结构防护剂试验报告	检测单位	●	○	●	●
29	幕墙双组分硅酮结构密封胶混匀性及拉断试验报告	检测单位	●	○	●	●
30	幕墙的抗风压性能、空气渗透性能、雨水渗透性能及平面内变形性能检测报告	检测单位	●	○	●	●
31	外门窗的抗风压性能、空气渗透性能和雨水渗透性能检测报告	检测单位	●	○	●	●
32	墙体节能工程保温板材与基层粘结强度现场拉拔试验	检测单位	●	○	●	●
33	外墙保温浆料同条件养护试件试验报告	检测单位	●	○	●	●
34	结构实体混凝土强度检验记录*(表C.6.7)	施工单位	●	○	●	●
35	结构实体钢筋保护层厚度检验记录*(表C.6.8)	施工单位	●	○	●	●
36	围护结构现场实体检验	检测单位	●	○	●	
37	室内环境监测报告	检测单位	●	○	●	
38	节能性能检测报告	检测单位	●	○	●	●
注:表中工程资料名称与资料保存单位所对应的栏中“●”表示“归档保存”;“○”表示“过程保存”,是否归档保存可自行确定。表中注明“*”的表,宜由施工单位和监理或建设单位共同形成。						

一、地基基础工程

1.土工击实试验报告

土工击实试验是研究土压实性能的基本方法,也是建筑工程必须试验的项目之一。土工击实试验记录由检测单位提供,并由施工单位、建设单位及城建档案馆各保存一份。其样式及填写范例见表7—7。

表 7－7　土工击实试验记录

编号：×××

试验编号：××××－×××

委托编号：××××－×××

<table>
<tr><td>工程名称及部位</td><td>××干休所</td><td>试样编号</td><td>×××</td></tr>
<tr><td>委托单位</td><td>××工程公司</td><td>试验委托人</td><td>×××</td></tr>
<tr><td>结构类型</td><td>全现浇剪力墙</td><td>填土部位</td><td>___/___轴基槽</td></tr>
<tr><td>要求压实系数 λ_c</td><td>0.95</td><td>土样种类</td><td>灰土</td></tr>
<tr><td>来样日期</td><td>××年×月×日</td><td>试验日期</td><td>××年×月×日</td></tr>
<tr><td rowspan="3">试验结果</td><td colspan="3">最优含水量(w_{op})＝20.5%</td></tr>
<tr><td colspan="3">最大干密度(ρ_{dmax})＝1.73 g/cm³</td></tr>
<tr><td colspan="3">控制指标(控制干密度)最大干密度×要求压实系数＝1.7 g/cm³</td></tr>
<tr><td colspan="4">结论：
依据《土工试验方法标准》(GB/T 50123—2019)(规定，最优含水量为 20.6%，最大干密度为 1.72 g/cm³，现将控制指标最小干密度为 1.60 g/cm³。</td></tr>
</table>

<table>
<tr><td>批准人</td><td>×××</td><td>审核人</td><td>×××</td><td>试验人</td><td>×××</td></tr>
<tr><td>试验单位</td><td colspan="5">××工程公司试验室</td></tr>
<tr><td>报告日期</td><td colspan="5">××年×月×日</td></tr>
</table>

2.回填土试验报告

回填土包括素土、灰土、砂和砂石地基、土工合成材料地基、粉煤灰地基的夯实填方、桩基、基坑、基槽、管沟的回填夯实及其他回填夯实。

回填土试验记录由检测单位提供，并由施工单位、建设单位、城建档案馆各保存一份。其样式及填写范例见表 7－8。

表 7－8　回填土试验报告

编号：×××

试验编号：××××－×××

委托编号：××××－×××

<table>
<tr><td>工程名称及施工部位</td><td colspan="10">××大学综合楼地下二层基槽东侧</td></tr>
<tr><td>委托单位</td><td colspan="4">××建筑工程公司</td><td colspan="2">试验委托人</td><td colspan="4">×××</td></tr>
<tr><td>要求压实系数 λ_c</td><td colspan="4"></td><td colspan="2">回填土种类</td><td colspan="4">3∶7 灰土</td></tr>
<tr><td>控制干密度 ρ_d</td><td colspan="4">1.55 g/cm³</td><td colspan="2">试验日期</td><td colspan="4">××年×月×日</td></tr>
<tr><td rowspan="3">点号项目步数</td><td>1</td><td>2</td><td></td><td></td><td></td><td></td><td></td><td></td><td></td><td></td></tr>
<tr><td colspan="10">实测干密度/(g·cm⁻³)</td></tr>
<tr><td colspan="10">实测压实系数</td></tr>
<tr><td rowspan="2">1</td><td>1.62</td><td>1.59</td><td></td><td></td><td></td><td></td><td></td><td></td><td></td><td></td></tr>
<tr><td>0.96</td><td>0.97</td><td></td><td></td><td></td><td></td><td></td><td></td><td></td><td></td></tr>
</table>

续表

工程名称及施工部位	××大学综合楼地下二层基槽东侧									
委托单位	××建筑工程公司				试验委托人		×××			
2	**1.6**	**1.58**								
	0.97	**0.98**								
3	**1.59**	**1.63**								
	0.97	**0.95**								
4	**1.64**	**1.69**								
	0.95	**0.92**								
取样位置简图(附图) （略）										
结论： **符合最小干密度及《土工试验方法标准》**(GB/T **50123—2019**)**标准的规定。**										
批准人	×××		审核人		×××		试验人		×××	
试验单位	**××建筑工程公司试验室**									
报告日期	**××年×月×日**									

二、主体结构工程

1.钢筋连接试验报告

钢筋连接套筒一般称为钢筋连接，是在钢筋与钢筋接头处使用的，用以延长钢筋的一个部件。钢筋连接试验项目、组批原则及取样规定见表7—9。

表7—9　钢筋连接试验项目、组批原则及取样规定

材料名称及相关标准、规范代号	试验项目、必试项目	组批原则及取样规定
钢筋电阻点焊	抗拉强度；抗剪强度；弯曲试验	班前焊(工艺性能试验)在工程开工或每批钢筋正式焊接前，应进行现场条件下的焊接性能试验。 (1)钢筋焊接骨架。 1)凡钢筋级别、直径及尺寸相同的焊接骨架应视为同一类制品，且每200件为一验收批，一周内不足200件的也按一批计。 2)试件应从成品中切取，当所切取试件的尺寸小于规定的试件尺寸时，或受力钢筋大于8 mm时，可在生产过程中焊接试验网片，从中切取试件。 3)由几种钢筋直径组合的焊接骨架，应对每种组合做力学性能检验；热轧钢筋焊点，应作抗剪试验，试件数量为3件；冷拔低碳钢丝焊点，应作抗剪试验及对较小的钢筋作拉伸试验，试件数量为3件。 (2)钢筋焊接网。 1)要求同(1)中1)的要求。 2)试件应从成品中切取；冷轧带肋钢筋或冷拔低碳钢丝焊点应作拉伸试验，试件数量为1件，横向试件数量为1件；冷轧带肋钢筋焊点应作弯曲试验，纵向试件数量为1件，横向试件数量为1件；热轧钢筋、冷轧带肋钢筋或冷拔低碳钢丝的焊点应作抗剪试验，试件数量为3件

续表

材料名称及相关标准、规范代号	试验项目、必试项目	组批原则及取样规定
钢筋闪光对焊接头	抗拉强度；弯曲试验	(1)同一台班内由同一焊工完成的300个同级别、同直径钢筋焊接接头应作为一批，当在同一台班内，可在一周内累计计算；累计仍不足300个接头，也按一批计。 (2)力学性能试验时，试件应从成品中随机切取6个试件，其中3个做拉伸试验，3个做弯曲试验。 (3)焊接等长预应力钢筋(包括螺丝杆与钢筋)可按生产条件作模拟试件。 (4)螺栓端杆接头可只做拉伸试验。 (5)当初试结果不符合要求时，可随机再取双倍数量试件进行复试。 (6)当模拟试件试验结果不符合要求时，复试应从成品中切取，其数量和要求与初试时相同
钢筋电弧焊接头	抗拉强度	(1)工厂焊接条件下：同钢筋级别300个接头为一验收批。 (2)在现场安装条件下：每一至二层楼同接头形式、同钢筋级别的接头300个为一验收批，不足300个接头也按一批计。 (3)试件应从成品中随机切取3个接头进行拉伸试验。 (4)装配式结构节点的焊接接头可按生产条件制造模拟试件。 (5)当初试结果不符合要求时，应再取6个试件进行复试
钢筋电渣压力焊接头	抗拉强度	(1)一般构筑物中以300个同级别钢筋接头作为一验收批。 (2)在现浇钢筋混凝土多层结构中，应以每一楼层或施工区段中300个同级别钢筋接头作为一验收批，不足300个接头也按一批计。 (3)试件应从成品中随机切取3个接头进行拉伸试验。 (4)当初试结果不符合要求时，应再取6个试件进行复试
钢筋气压焊接头	抗拉强度；弯曲试验(梁、板的水平筋连接)	(1)试件应从成品中随机切取3个接头进行拉伸试验；在梁、板的水平钢筋连接中，应另切取3个试件做弯曲试验。 (2)其他同“钢筋电渣压力焊接头”(1)、(2)、(4)条
预埋件钢筋T形接头	抗拉强度	(1)预埋件钢筋埋弧压力焊，同类型预埋件一周内累计每300件时为一验收批，不足300个接头也按一批计，每批随机切取3个试件做拉伸试验。 (2)初试结果不符合规定时，再取6个试件进行复试
机械连接包括： (1)锥螺纹连接； (2)套筒挤压接头； (3)镦粗直螺纹钢筋接头 [《混凝土结构工程施工质量验收规范》(GB 50204—2015)] [《钢筋机械连接技术规程》(JGJ 107—2016)]	抗拉强度	(1)工艺检验：在正式施工前，按同批钢筋、同种机械连接形式的接头试件不少于3根，同时对应截取接头试件的母材，进行抗拉强度试验。 (2)现场检验：接头的现场检验按验收批进行，同一施工条件下采用同一批材料的同等级、同形式、同规格的接头每500个为一验收批，不足500个接头也按一批计，每一验收批必须在工程结构中随机截取3个试件做单向拉伸试验，在现场连续检验10个验收批，其全部单向拉伸试件一次抽样均合格时，验收批接头数量可扩大一倍

钢筋连接试验报告的格式见表7—10。也可以用焊接，但是焊接会使钢筋的塑性降低，脆性增

强。需要注意的是，所有钢筋套管连接处，不能在一个平面内，另外，套管的强度要大于钢筋的强度，以至于不在套管处破坏。

表 7—10　钢筋连接试验报告

编号：×××

试验编号：××××—×××

委托编号：××××—×××

工程名称及部位	**××大学综合楼地下室框架梁**			试件编号	**007**
委托单位	**××建筑工程公司**			试验委托人	×××
接头类型	**滚轧直螺纹连接**			检验形式	—
设计要求接头性能等级	A 级			代表数量	**300** 个
连接钢筋种类及牌号	HRB**335**	公称直径	**20** mm	原材试验编号	××—**006**
操作人	×××	来样日期	××年×月×日	试验日期	××年×月×日

接头试件			母材试件		弯曲试件			备注
公称面积 /mm^2	抗拉强度 /MPa	断裂特征及位置	实测面积 /mm^2	抗拉强度 /MPa	弯心直径	角度	结果	
314.2	**595**	**母材拉断**	**314.2**	**600**				
314.2	**600**	**母材拉断**	**314.2**	**595**				
314.2	**605**	**母材拉断**	—	—				

结论：

根据《钢筋机械连接技术规程》(JGJ 107—2016)标准，符合滚轧直螺纹 A 级接头性能。

批准人	×××	审核人	×××	试验人	×××
试验单位	**××建筑工程公司**				
报告日期	××年×月×日				

2.砂浆配合比申请单及通知单

砌筑砂浆是指砖石砌体所采用的水泥砂浆和水泥混合砂浆。砌筑砂浆配合比由项目试验员委托试验单位试配。砌筑砂浆应采用经试验确定的质量配合比，施工中要严格按配合比计算施工，不得随意变更。

砂浆配合比申请单、通知单应由施工单位保存。其样式及填写范例见表 7—11 和表 7—12。

表 7—11　砂浆配合比申请单

编号：×××

委托编号：××××—×××

工程名称	**××大学综合楼地上一至二层墙体**		
委托单位	**××建筑工程公司**	试验委托人	×××
砂浆种类	**混合砂浆**	强度等级	M5

续表

水泥品种	P·O **42.5**			厂别	**×××水泥厂**
水泥进场日期	**××年×月×日**			试验编号	**××××－×××**
砂产地	×××	粗细级别	**中砂**	试验编号	**××××－×××**
掺和料种类	**白灰膏**		外加剂种类	/	
申请日期	**××年×月×日**		要求使用日期	**××年×月×日**	

表 7－12　砂浆配合比通知单

配合比编号：××××－×××

试配编号：×××

强度等级	M5	试验日期		**××年×月×日**	
配合比					
材料名称	水泥	砂	白灰膏	掺和料	外加剂
每立方米用量/($kg \cdot m^{-3}$)	**238**	**1 571**	**95**		
比例	**1**	**6.6**	**0.4**		
注：**砂浆稠度为 70～100 mm，白灰膏稠度为 120 mm±5 mm。**					
批准人	×××	审核人	×××	试验人	×××
试验单位	**××建筑工程公司试验室**				
报告日期	**××年×月×日**				

3.砂浆抗压强度试验报告

砌筑砂浆按抗压强度划分为 M20、M15、M10、M7.5、M5、M2.5 六个强度等级。

砂浆抗压强度试验报告由具备相应资质等级的检测单位出具，并由建设单位、施工单位、城建档案馆各保存一份。其样式及填写范例见表 7－13。

表 7－13　砂浆抗压强度试验报告

编号：×××

试验编号：××××－×××

委托编号：××××－×××

工程名称及施工部位	**××工地　地上五层___/___轴砌体**			试件编号	**007**
委托单位	×××			试验委托人	×××
砂浆种类	**水泥混合砂浆**	强度等级	M10	稠度	**70** mm
水泥品种及强度等级	P·O **42.5**			试验编号	**××年×月×日**
矿产地及种类	**×××中砂**			试验编号	**××年×月×日**
掺和料种类	/			外加剂种类	/
配合比编号	××××－×××				

续表

<table>
<tr><td colspan="2">试件成型日期</td><td>××年×月×日</td><td>要求龄期</td><td>28 d</td><td colspan="3">要求试验日期</td><td>××年×月×日</td></tr>
<tr><td colspan="2">养护方法</td><td>标准</td><td>试件收到日期</td><td>××年×月×日</td><td colspan="3">试件制作人</td><td>×××</td></tr>
<tr><td rowspan="8">试验结果</td><td rowspan="2">试压日期</td><td rowspan="2">实际龄期/d</td><td rowspan="2">试件边长/mm</td><td rowspan="2">受压面积/mm²</td><td colspan="2">荷载/kN</td><td rowspan="2">抗压强度/MPa</td><td rowspan="2">达设计强度等级/%</td></tr>
<tr><td>单块</td><td>平均</td></tr>
<tr><td rowspan="6">××年×月×日</td><td rowspan="6">28</td><td rowspan="6">70.7</td><td rowspan="6">5 000</td><td>54.6</td><td rowspan="6">62.7</td><td rowspan="6">12.5</td><td rowspan="6">125</td></tr>
<tr><td>56.3</td></tr>
<tr><td>69.8</td></tr>
<tr><td>65.5</td></tr>
<tr><td>60.7</td></tr>
<tr><td>69.4</td></tr>
<tr><td colspan="9">结论：
合格。</td></tr>
<tr><td colspan="2">批准人</td><td>×××</td><td>审核人</td><td colspan="3">×××</td><td>试验人</td><td>×××</td></tr>
<tr><td colspan="2">试验单位</td><td colspan="7">×××试验室</td></tr>
<tr><td colspan="2">报告日期</td><td colspan="7">××年×月×日</td></tr>
</table>

填表说明：

(1)“工程名称及施工部位”要填写详细、具体，不空项。

(2)应按施工图纸的要求，检查砂浆配合比及砂浆强度报告中砂浆的种类、强度等级与使用的原材料种类，试验编号对应其原材料试验报告，配合比通知单及砂浆强度报告中相应的项目是否一致。

(3)“试验结果”一栏中，试压日期等要符合设计要求和施工规范的规定。

(4)试件在(20±5)℃环境下停置(24±2)h拆模。拆模前要先编号，写上施工单位、工程名称及施工部位、强度等级、制模日期，标养试块移至标养室养护28 d，送压。同条件的要在施工地点养护。水泥砂浆、微沫剂砂浆养护湿度为90%，混合砂浆养护湿度为60%～80%，养护温度均为(20±3)℃。

4.砌筑砂浆试块强度统计、评定记录

砂浆试块试压后，应将试压报告按时间先后顺序装订在一起并编号，及时登记在砂浆试块试压报告目录表中。

单位工程竣工后，应对砂浆强度进行统计评定。砂浆强度按单位工程为同一验收批，参加评定的标准养护28 d试块的抗压强度，基础结构工程所用砂浆如与主体结构工程的品种相同，应做一个验收批进行评定，否则，按品种、强度等级相同砌筑砂浆强度分别进行统计评定。其合格判定标准有以下三点：

(1)同品种、同强度等级砂浆各组试块的平均强度不小于 $f_{m,k}$。

(2)任意一组试块的强度不小于 $0.75f_{m,k}$。

(3)当单位工程仅有一组试块时，其强度不应低于 $f_{m,k}$。

注：$f_{m,k}$是砂浆(立方体)抗压强度标准值。

施工单位填写的砌筑砂浆试块强度统计、评定记录应一式三份，并由建设单位、施工单位、城建档案馆各保存一份。其样式及填写范例见表7－14。

表7－14[表C.6.5] 砌筑砂浆试块强度统计、评定记录

工程名称	××工程							编号		×××
								强度等级		M7.5
施工单位	××建筑工程公司							养护方法		标养
统计期	××年×月×日至××年×月×日							结构部位		主体围护墙
试块组数/n	强度标准值 f_2/MPa			平均值 $f_{2,m}$/MPa		最小值 $f_{2,min}$/MPa			0.75f_2/MPa	
8	7.5			11.46		9.1			5.63	
每组强度值/MPa	12.6	10.6	9.8	10.6	14.6	11	9.1	13.4		
判定式	$f_{2,m} \geqslant f_2$					$f_{2,min} \geqslant 0.75f_2$				
结果	11.46>7.5					9.1>5.63				
结论：依据《砌体结构工程施工质量验收规范》(GB 50203—2011)的相关规定评定为合格。										
签字栏	批准人			审核人			统计人			
	×××			×××			×××			
	报告日期			××年×月×日						

5.混凝土配合比申请单、通知单

工程结构需要的混凝土配合比，必须经有资质的试验室通过计算和试配来确定。配合比要用质量比。混凝土施工配合比应根据设计的混凝土强度等级和质量检验及混凝土施工和易性的要求确定，由施工单位现场取样送试验室，填写混凝土配合比申请单并向试验室提出试配申请。对抗冻、抗渗混凝土，应提出抗冻、抗渗要求。应从现场取样，一般水泥20 kg、砂80 kg、石子150 kg。

混凝土配合比通知单是由试验室经试配，选取最佳配合比填写签发的。施工中要严格按此配合比计量施工，不得随意更改。

混凝土配合比申请单、通知单由施工单位提供，并由施工单位和监理单位各保存一份。混凝土配合比申请单和通知单样式及填写范例见表7－15和表7－16。

表7－15 混凝土配合比申请单

编号：×××

委托编号：××××－×××

工程名称及施工部位	××大学科技综合楼地上四层____/__Ⓟ轴框架柱		
委托单位	××建筑工程公司	试验委托人	×××

续表

设计强度等级	C35	要求坍落度、扩展度	160～180 mm		
其他技术要求	/				
搅拌方法	机械	浇捣方法	机械	养护方法	标养
水泥品种及强度等级	P·O 42.5R	厂别牌号	×××××	试验编号	××××C−×××
砂产地及种类	×××中砂		试验编号		××××S−×××
石子产地及种类	×××碎石	最大粒径	25 mm	试验编号	××××G−×××
外加剂名称	PHF−3泵送剂		试验编号		××××D−×××
掺和料名称	Ⅱ级粉煤灰		试验编号		××××F−×××
申请日期	××年×月×日	使用日期	××年×月×日	联系电话	××××××××

表 7−16　混凝土配合比通知单

配合比编号：××××−×××

试配编号：×××

强度等级	C35	水胶比	0.43				
材料名称项目	水泥	水	砂	石	外加剂	掺合料	其他
每 1m³ 用量 /(kg·m⁻³)	320	189	773	1 053	8.7	91	
每盘用量/kg	1.00	0.56	2.39	3.26	0.03	0.28	
混凝土碱含量 /(kg·m⁻³)	(注：此栏只有在有关规定及要求需要填写时才填写。)						
说明：本配合比所使用材料均为干材料，使用单位应根据材料含水情况随时调整。							

批准人	审核人	试验人
×××	×××	×××
报告日期	××年×月×日	

6.混凝土抗压强度试验报告

混凝土抗压强度试验报告由具备相应资质等级的检测单位出具，并由建设单位、施工单位、城建档案馆各保存一份。其样式及填写范例见表 7−17。

表 7−17　混凝土抗压强度试验报告

编号：×××

试验编号：××××−×××

委托编号：××××−×××

工程名称及部位	××干休所	试件编号	××−×××

续表

委托单位	××建筑工程公司				试验委托人			×××	
设计强度等级	C30,P8				实测坍落度、扩展度			160 mm	
水泥品种及强度等级	P·O 42.5				试验编号			××××C-×××	
砂种类	中砂				试验编号			××××S-×××	
石种类、公称直径	碎石 5～10 mm				试验编号			××××G-×××	
外加剂名称	UEA				试验编号			××××D-×××	
掺和料名称	Ⅱ级粉煤灰				试验编号			××××F-×××	
配合比编号	×××-××								
成型日期	××年×月×日	要求龄期		26 d	要求试验日期				××年×月×日
养护方法	标养	收到日期		××年×月×日				试块制作人	×××
试验结果	试验日期	实际龄期/天	试件边长/mm	受压面积/mm²	荷载/kN		平均抗压强度/MPa	折合 150 mm 立方体抗压强度/MPa	达到设计强度等级/%
					单块值	平均值			
	××年×月×日	26	100	10 000	460	463	46.3	44	147
					450				
					480				
结论： 合格。									
批准人	×××		审核人		×××		试验人		×××
试验单位	××工程公司试验室								
报告日期	××年×月×日								

7.混凝土试块强度统计、评定记录

混凝土强度检验评定应以同批内标准试件的全部强度代表值按《混凝土强度检验评定标准》(GB/T 50107—2010)进行检验评定。

混凝土试块强度统计、评定记录应由施工单位填写，一式三份，并应由建设单位、施工单位、城建档案馆各保存一份。其样式及填写范例见表7-18。

表 7-18[表 C.6.6] 混凝土试块强度统计、评定记录

工程名称	××工程	编　　号	×××
		强度等级	C30
施工单位	××建筑工程公司	养护方法	标准
统计期	××年×月×日至××年×月×日	结构部位	主体 1～5 层墙体

续表

试块组 n	强度标准 $f_{cu,k}$/MPa		平均值 m_{fcu}/MPa		标准差 S_{fcu}/MPa		最小值 $f_{cu,min}$/MPa		合格判定系数	
									λ_1	λ_2
13	**30**		**46.52**		**8.84**		**36.1**		**1.7**	**0.9**
每组强度值/MPa	**50.4**	**36.1**	**40.8**	**39.4**	**58**	**37.7**	**36.8**	**57.3**	**56.7**	**51.6**
	57.5	**42.5**	**39.9**							
			☑统计方法(二)						☐非统计方法	
评定界限	$0.90f_{cu,k}$		$m_{fcu}-\lambda_1\times S_{fcu}$		$\lambda_2\times f_{cu,k}$		$1.15f_{cu}$		$0.95f_{cu,k}$	
	27		**31.49**		**27**					
判定式	$m_{fcu}-\lambda_1\times S_{fcu}\geqslant 0.90f_{cu,k}$		$f_{cu,min}\geqslant\lambda_2\times f_{cu,k}$		$m_{fcu}\geqslant 1.15f_{cu,k}$		$f_{cu,min}\geqslant 0.95f_{cu,k}$			
结果	**31.49＞27**		**36.1＞27**							
结论:**该批混凝土符合《混凝土强度检验评定标准》(GB/T 50107—2010)验评标准,评定为合格。**										

签字栏	批准人	审核人	统计人
	×××	×××	×××
	报告日期	××年×月×日	

8.混凝土抗渗试验报告

抗渗性是指混凝土抵抗压力水(或油)渗透的能力。它直接影响混凝土的抗冻性和侵蚀性。混凝土抗渗试验报告由具备相应资质等级的检测单位出具,并由建设单位、施工单位、城建档案馆各保存一份。混凝土抗渗试验报告样式及填写范例见表7－19。

表7－19 混凝土抗渗试验报告

编号:×××

试验编号:××××－×××

委托编号:××××－×××

工程名称及施工部位	××干休所基础底板			试件编号	××－×××
委托单位	××建筑工程公司			委托试验人	×××
抗渗等级	P8			配合比编号	×××－××
强度等级	C30	养护条件	标养	收样日期	××年×月×日
成型日期	××年×月×日	龄期	33 d	试验日期	××年×月×日
试验情况: **由 0.1 MPa 顺序加压至 0.9 MPa,保持 8 h,试件表面无渗水,试验结果:＞P8。**					
结论: **根据《普通混凝土长期性能和耐久性能试验方法标准》(GB/T 50082—2009)标准,符合 P8 设计要求。**					

续表

批准人	×××	审核人	×××	试验人	×××
试验单位	××工程公司试验室				
报告日期	××年×月×日				

9.混凝土碱总量计算书

混凝土碱总量计算书评估报告应由施工单位填写，一式三份，并由建设单位、施工单位、城建档案馆各保存一份。其样式及填写范例见表7－20。

表7－20　混凝土碱总量计算书评估报告

一、我站使用材料介绍

1.水泥：×××水泥，含碱量小于0.8%；

2.掺合料：Ⅱ级粉煤灰，含碱量为1.25%；

3.砂：王庄、三联或民旺中砂，细度模数，2.3～3.1，含泥量小于3%，泥块含量小于1%；

4.石：王庄及大瓦窑0.5～2.5 cm碎卵石，属C种碱活性集料；

5.外加剂：FE－HS2普通减水剂，碱含量为2.46%

二、我站C10混凝土总碱含量分析

1.我站所用C10混凝土配合比：(kg/m^3)

水胶比	水泥	水	掺合料	砂	石	外加剂
0.76	168	200	138	942	949	2.36

2.我站所用C10混凝土总碱含量计算(按各种原材料厂家提供碱含量数据计算)

水泥含碱量：168×0.8%＝1.34(kg/m^3)

掺合料含碱量：138×1.25%×15%＝0.26(kg/m^3)

外加剂含碱量：2.36×2.46%＝0.06(kg/m^3)

总碱含量：1.34＋0.26＋0.06＝1.66(kg/m^3)

3.根据《混凝土结构设计规范(2015版)》(GB 50010—2010)一类环境中设计使用年限为100年的混凝土结构，应控制混凝土的总含碱量低于3.0 kg/m^3。我站C10混凝土总碱含量评估值为1.66 kg/m^3＜3.0 kg/m^3，满足要求

结论：

我站C10混凝土的总碱含量的评估值为1.66 kg/m^3，符合《混凝土结构设计规范(2015版)》(GB 50010—2010)的要求

10.超声波探伤报告、探伤记录

超声波探伤报告、超声波探伤记录、钢构件射线探伤报告由具有相关资质的检测单位出具，由建设单位、施工单位和城建档案馆各保存一份。某样式及填写范例见表7－21～表7－23。

表7－21　超声波探伤报告

编号：×××

试验编号：××××－×××

委托编号：××××－×××

工程名称及施工部位	××钢结构工程　三层梁柱		
委托单位	××建筑项目部	试验委托人	×××
构件名称	钢梁、柱	检测部位	梁柱对接焊缝
材质	Q345B	板厚/mm	12
仪器型号	UFD－308	试块	CB

续表

耦合剂	CMC		表面补偿		
表面状况	**打磨**		执行处理		
探头型号	**5P10×10　70°**		探伤日期		××年×月×日
探伤结果及说明： **焊缝评定合格。**					
批准人	×××	**审核人**	×××	**试验人**	×××
试验单位	××试验室				
报告日期	××年×月×日				

表 7—22　超声波探伤记录

编号：×××

工程名称	××工程					报告编号	×××			
施工单位	××建筑工程公司					检测单位	××检验中心			
焊缝编号(两侧)	板厚/mm	折射角/度	回波高度	X/mm	D/mm	Z/mm	L/mm	级别	评定结果	备注
11GL—1H—N	12	70	/	/	/	/	/	Ⅰ	**合格**	
11GL—1G—S	12	70	/	/	/	/	/	Ⅰ	**合格**	
11GL—4K—N	12	70	/	/	/	/	/	Ⅰ	**合格**	

批准人	审核人	检测人	检测单位名称 （公章）
×××	×××	×××	
报告日期	××年×月×日		

表 7—23　钢构件射线探伤报告

编号：________

试验编号：________

委托编号：________

工程名称					
委托单位			试验委托人		
检测单位			检测部位		
构件名称			构件编号		
材　质		焊缝形式		板厚/mm	
仪器型号		增感方式		像质计型号	
胶片型号		像质指数		黑　度	
评定标准		焊缝全长		探伤比例与长度	

续表

<table>
<tr><td colspan="6">探伤结果：</td></tr>
<tr><td>底片编号</td><td>黑度</td><td>灵能度</td><td>主要缺陷</td><td>评级</td><td rowspan="5">示意图：

备注：</td></tr>
<tr><td></td><td></td><td></td><td></td><td></td></tr>
<tr><td></td><td></td><td></td><td></td><td></td></tr>
<tr><td></td><td></td><td></td><td></td><td></td></tr>
<tr><td></td><td></td><td></td><td></td><td></td></tr>
<tr><td>批准人</td><td></td><td>审核人</td><td></td><td>试验人</td><td></td></tr>
<tr><td>试验单位</td><td colspan="5"></td></tr>
<tr><td>报告日期</td><td colspan="5"></td></tr>
</table>

11.磁粉探伤报告

磁粉探伤报告主要包括以下内容：

(1)工程概况。包括工程名称、地点、委托单位、检测日期、报告编号等。

(2)检测依据。《钢结构工程施工质量验收标准》(GB 50205—2020)。

(3)取样数量。每批同类构件抽查10%，且不应少于3件；被抽查的构件中，每一类型焊缝按条数抽查5%，且不应少于1条；每条检查1处，总抽查数不应少于10处。

(4)仪器设备。包括名称、型号、仪器设备检测设定及参数。

(5)检测结果。

12.钢结构焊接工艺评定

钢结构焊接工艺评定主要包括审查书面文件、焊接试验报告。书面文件一般应包括焊接工程负责人名单、焊工上岗证书及其焊接经历、曾经做过的焊接工艺评定试验所采用的标准的名称和代号、焊接施工和质量检验的标准与依据、焊接设备状态及概况、焊接检验设备概况、有关焊接方法的焊接工程实例和经认可的焊接评定试验实例。

焊接工艺评定试验应根据设计图纸的要求按指定的试验标准进行，必要时制订焊接试验计划书，焊接试验计划书应包括以下几项：

(1)试验的种类。确定的焊接方法、接头形式、焊接位置。

(2)试验细则。焊接设备的名称、型号、母材的牌号、板厚、焊接材料的牌号和规格，如焊条、焊丝、焊剂及保护气体的种类和流量。

(3)试验条件。试验的尺寸、形状、坡口形式，衬垫材料的形状和尺寸，引弧板的形状和尺寸，母材和焊接材料的预热温度。

(4)试样的截取方法。

(5)焊接的场地及其环境条件。焊接工艺评定试验的场地应尽可能接近焊接施工的实际情况。

13.网架节点承载力试验报告

网架节点承载力试验报告的主要内容包括以下几项：

(1)工程概况。包括工程名称、地点、委托单位、检测日期、报告编号等。

(2)检测依据。《钢结构工程施工质量验收标准》(GB 50205—2020)。

(3)取样数量。根据相关规范规定。

(4)仪器设备。包括名称、型号、仪器设备检测设定及参数。

(5)检测结论。

14.钢结构防腐、防火涂料厚度检测报告

钢结构防腐、防火涂料厚度检测报告由检测单位提供,并由施工单位、监理单位、建设单位和城建档案馆各保存一份。

钢结构防腐、防火涂料涂刷厚度的测量仪器是测厚仪。在测试时,一般是将测厚仪探头垂直压置在被涂钢构件表面,记录测厚仪读数,检查数量按构件数的30%进行抽取,一般不得少于3件。钢结构防腐、防火涂料厚度检测时,选择测厚仪的测点位置应符合下列规定:

(1)钢结构柱、梁。在构件长度方向内每隔1 m取一截面,测试构件各表面的涂层厚度,计算所有测点的平均值作为该根构件的涂刷厚度。

(2)桁架结构、梁。在上、下弦和腹杆的长度方向内每隔1 m取一个截面,测定杆件各表面的涂层厚度,计算所有测点的平均值作为该根构件的涂层厚度。

(3)顶板和钢楼梯。在每平方米范围内选取5个点进行测定,计算所有测点的平均值作为该构件的涂层厚度。

15.木结构胶缝试验报告

木结构胶缝试验报告由检测单位提供,并由施工单位、监理单位、建设单位和城建档案馆各保存一份。

《木结构工程施工质量验收规范》(GB 50206—2012)规定:"结构用层板胶合木的类别、强度等级和组坯方式,应符合设计文件的规定,并应有产品质量合格证书和产品标识,同时应有满足产品标准规定的胶缝完整性检验和层板指接强度检验合格证书。"

16.木结构构件力学性能试验报告

木结构构件力学性能试验报告由检测单位提供,并由施工单位、监理单位、建设单位和城建档案馆各保存一份。木结构的力学性能分类如下:

(1)按力学性质分为强度、硬度、刚性、韧性等。

(2)按荷载性质分为静力荷载、冲击荷载、振动荷载、长期荷载等。

(3)按作用力的方式分为拉伸、压缩、弯曲、剪切、扭转及纵向弯曲等。

(4)按作用力的方向分为顺纹和横纹,横纹又可分为弦向和径向。

(5)按工艺要求分为抗劈力、握钉力和耐磨性等。

17.木结构防护剂试验报告

木结构防护剂试验报告由检测单位提供,并由施工单位、监理单位、建设单位和城建档案馆各保存一份。

木结构防护主要包括木结构的防腐、防虫、防火。木结构防护剂检查主要检查其保持量和透入度。

18.墙体节能工程保温板材与基层粘结强度现场拉拔试验

(1)检测条件。保温层施工完成,养护时间达到粘结材料要求的龄期,并在下道工序施工前。

(2)检测内容。检测内容如下:

1)基层与保温板的粘结强度现场拉拔试验,每个单位工程检测1组,每组测3处(挑选在满粘处)。

2)基层与保温板粘结面积现场试验,每个单位工程检测1组,每组检测1整块保温板(尺寸为1.2 m×0.6 m或为保温板实际尺寸)。

(3)检测结果判定。检测结果判定如下:

1)基层与保温板的粘结强度平均值必须满足设计要求且不小于0.1 MPa,破坏界面不得位于界面层。

2)基层与保温板累计粘结面积满足设计要求且不得小于40%。

19.外墙保温浆料同条件养护试件试验报告

当外墙采用保温浆料做保温层时,应在施工中制作同条件养护试件,检测其导热系数、干密度和压缩强度。保温浆料的同条件养护试件应见证取样送样,每个检验批应抽样制作同条件养护试块,且不少于3组。外墙保温浆料同条件养护试块报告汇总表样式见表7—24。

表7—24 外墙保温浆料同条件养护试块报告汇总表

编号:×××

<table>
<tr><td>工程名称</td><td colspan="2">××大厦</td><td>施工单位</td><td colspan="2">××建筑工程公司</td><td>监理单位</td><td colspan="2">××监理公司××项目监理部</td></tr>
<tr><td rowspan="2">序号</td><td rowspan="2">取样日期</td><td rowspan="2">现场编号</td><td rowspan="2">试验日期</td><td rowspan="2">试验报告编号</td><td colspan="3">试验报告代表值</td><td rowspan="2">结论</td></tr>
<tr><td>导热系数 /[W·(m·K)$^{-1}$]</td><td>干密度 /(kg·m^{-3})</td><td>压缩强度 /kPa</td></tr>
<tr><td>1</td><td></td><td></td><td></td><td></td><td></td><td></td><td></td><td></td></tr>
<tr><td>2</td><td></td><td></td><td></td><td></td><td></td><td></td><td></td><td></td></tr>
<tr><td>3</td><td></td><td></td><td></td><td></td><td></td><td></td><td></td><td></td></tr>
<tr><td>施工单位</td><td colspan="4">项目技术负责人:×××
整理人:×××
见证取样人:×××
××年×月×日</td><td>监理(建设)单位</td><td colspan="3">监理工程师(建设单位代表):×××
××年×月×日</td></tr>
</table>

三、装饰装修工程

1.外墙饰面砖样板粘结强度试验报告

外墙饰面砖粘贴前和施工过程中,应在相同基层上做样板件,并对样板件的饰面砖粘结强度进行检验,并填写外墙饰面砖样板粘结强度试验报告(表7—25)。本表由建设单位、施工单位各保存一份。

表 7－25　外墙饰面砖样板粘结强度试验报告

编号：×××

试验编号：××××－×××

委托编号：××××－×××

<table>
<tr><td>工程名称</td><td colspan="3">××干休所</td><td colspan="2">试验编号</td><td colspan="3">001</td></tr>
<tr><td>委托单位</td><td colspan="3">××供电局</td><td colspan="2">试验委托人</td><td colspan="3">×××</td></tr>
<tr><td>饰面品种及牌号</td><td colspan="3">彩色釉面陶瓷墙砖　××牌</td><td colspan="2">粘贴层次</td><td colspan="3"></td></tr>
<tr><td>饰面砖生产厂及规格</td><td colspan="3">××厂　100 mm×100 mm</td><td colspan="2">粘贴面积/mm²</td><td colspan="3">300</td></tr>
<tr><td>基本材料</td><td colspan="2">—</td><td colspan="2">粘结材料</td><td>砂浆</td><td>胶粘剂</td><td colspan="2">—</td></tr>
<tr><td>抽样部位</td><td colspan="2">二层东侧外墙</td><td colspan="2">龄期/d</td><td>28</td><td>施工日期</td><td colspan="2">××年×月×日</td></tr>
<tr><td>检验类型</td><td colspan="2">—</td><td colspan="2">环境温度/℃</td><td>19</td><td>试验日期</td><td colspan="2">××年×月×日</td></tr>
<tr><td>仪器及编号</td><td colspan="8">×××</td></tr>
<tr><td rowspan="2">序号</td><td colspan="2">试件尺寸/mm</td><td rowspan="2">受力面积/mm²</td><td rowspan="2">拉力/kN</td><td rowspan="2">粘贴强度/MPa</td><td rowspan="2">破坏状态（序号）</td><td colspan="2" rowspan="2">平均强度/MPa</td></tr>
<tr><td>长</td><td>宽</td></tr>
<tr><td>1</td><td colspan="2">100</td><td>100</td><td>1 000</td><td>50</td><td>4.9</td><td colspan="2" rowspan="4">5.10</td></tr>
<tr><td>2</td><td colspan="2">100</td><td>100</td><td>1 000</td><td>50</td><td>5.3</td></tr>
<tr><td>3</td><td colspan="2">100</td><td>100</td><td>1 000</td><td>50</td><td>5.1</td></tr>
<tr><td></td><td></td><td></td><td></td><td></td><td></td><td></td></tr>
<tr><td colspan="9">结论：
依据《建筑工程饰面砖粘结强度检验标准》(JGJ/T 110—2017)标准，符合饰面砖粘结强度要求。</td></tr>
<tr><td>批准人</td><td colspan="2">×××</td><td colspan="2">审核人</td><td>×××</td><td>试验人</td><td colspan="2">×××</td></tr>
<tr><td>试验单位</td><td colspan="8">××工程公司中心试验室</td></tr>
<tr><td>报告日期</td><td colspan="8">××年×月×日</td></tr>
</table>

2.幕墙工程施工试验记录

(1)幕墙双组分硅酮结构密封胶应有混匀性及拉断试验报告。

(2)后置埋件应有现场抗拔试验报告。试验报告由具备相应资质等级的检测单位出具后随相关资料进入资料流程。

第三节　建筑安装工程施工试验记录及检测报告

建筑安装工程施工试验记录及检测报告属于 C6 类，主要包括 47 项内容。其工程资料名称、来源及保存见表 7－26。

表 7—26　建筑安装工程施工试验记录及检测报告

施工试验记录及检测报告(C6 类)工程资料名称		工程资料来源	工程资料保存			
			施工单位	监理单位	建设单位	城建档案馆
给水排水及采暖工程						
1	灌(满)水试验记录 *(表 C.6.9)	施工单位	○	○	●	
2	强度严密性试验记录 *(表 C.6.10)	施工单位	●	○	●	●
3	通水试验记录 *(表 C.6.11)	施工单位	○	○	●	
4	冲(吹)洗试验记录 *(表 C.6.12)	施工单位	●	○	●	
5	通球试验记录	施工单位	○	○	●	
6	补偿器安装记录	施工单位	○	○		
7	消火栓试射记录	施工单位	●	○	●	
8	安全附件安装检查记录	施工单位	●	○		
9	锅炉烘炉试验记录	施工单位	●	○		
10	锅炉煮炉试验记录	施工单位	●	○		
11	锅炉试运行记录	施工单位	●	○	●	
12	安全阀定压合格证书	施工单位	●	○	●	
13	自动喷水灭火系统联动试验记录	施工单位	●	○	●	●
建筑电气工程						
1	电气接地装置平面示意图表	施工单位	●	○	●	●
2	电气器具通电安全检查记录	施工单位	○	○	●	
3	电气设备空载试运行记录 *(表 C.6.13)	施工单位	●	○	●	●
4	建筑物照明通电试运行记录	施工单位	●	○	●	●
5	大型照明灯具承载试验记录 *(表 C.6.14)	施工单位	●	○	●	
6	漏电开关模拟试验记录	施工单位	●	○	●	
7	大容量电气线路结点测温记录	施工单位	●	○	●	
8	低压配电电源质量测试记录	施工单位	●	○	●	
9	建筑物照明系统照度测试记录	施工单位	○	○	●	
智能建筑工程						
1	综合布线测试记录 *	施工单位	●	○	●	●
2	光纤损耗测试记录 *	施工单位	●	○	●	●
3	视频系统末端测试记录 *	施工单位	●	○	●	●
4	子系统检测记录 *(表 C.6.15)	施工单位	●	○	●	●
5	系统试运行记录 *	施工单位	●	○	●	●
通风与空调工程						
1	风管漏光检测记录 *(表 C.6.16)	施工单位	○	○	●	
2	风管漏风检测记录 *(表 C.6.17)	施工单位	●	○	●	
3	现场组装除尘器、空调机漏风检测记录	施工单位	○	○		
4	各房间室内风量测量记录	施工单位	●	○	●	

续表

5	管网风量平衡记录	施工单位	●	○	●	
6	空调系统试运转调试记录	施工单位	●	○	●	●
7	空调水系统试运转调试记录	施工单位	●	○	●	●
8	制冷系统气密性试验记录	施工单位	●	○	●	●
9	净化空调系统检测记录	施工单位	●	○	●	●
10	防排烟系统联合试运行记录	施工单位	●	○	●	●
电梯工程						
1	轿厢平层准确度测量记录	施工单位	○	○	●	
2	电梯层门安全装置检测记录	施工单位	●	○	●	
3	电梯电气安全装置检测记录	施工单位	●	○	●	
4	电梯整机功能检测记录	施工单位	●	○	●	
5	电梯主要功能检测记录	施工单位	●	○	●	
6	电梯负荷运行试验记录	施工单位	●	○	●	●
7	电梯负荷运行试验曲线图表	施工单位	●	○	●	
8	电梯噪声测试记录	施工单位	○	○	○	
9	自动扶梯、自动人行道安全装置检测记录	施工单位	●	○	●	
10	自动扶梯、自动人行道整机性能、运行试验记录	施工单位	●	○	●	●
注：表中工程资料名称与资料保存单位所对应的栏中“●”表示“归档保存”；“○”表示“过程保存”，是否归档保存可自行确定。表中注明“*”的表，宜由施工单位和监理或建设单位共同形成。						

一、给水排水及采暖工程

1.灌水、满水试验记录

非承压管道系统和设备包括开式水箱、卫生洁具、安装在室内的雨水管道等，在系统和设备安装完毕后，以及暗装、埋地、有绝热层的室内外排水管道进行隐蔽前，应进行灌水、满水试验。灌水、满水试验包括以下内容：

(1)敞口箱、罐安装前应做满水试验；密闭箱、罐应以工作压力的1.5倍做水压试验，但不得小于0.4 MPa。检验方法：满水试验满水后静置2 h不渗不漏；水压试验在试验压力下10 min内无压降，不渗不漏。

(2)隐蔽或埋地的排水管道在隐蔽前必须做灌水试验，其灌水高度应不低于底层卫生器具的上边缘或底层地面高度。检验方法：满水15 min水面下降后，再灌满观察5 min，液面不降，管道及接口无渗漏为合格。

(3)安装在室内的雨水管道安装后应做灌水试验，灌水高度必须到每根立管上部的雨水斗。检验方法：灌水试验持续1 h，不渗不漏。

(4)室外排水管网安装管道埋设前必须做灌水试验和通水试验，排水应畅通，无堵塞，管接口无渗漏。检验方法：按排水检查井分段试验，试验水头应以试验段上游管顶加1 m，时间不少于 30 min，逐段观察。

施工单位填写的灌水、满水试验记录应一式三份，并由建设单位、监理单位、施工单位各保存一份。灌水、满水试验记录样式及填写范例见表 7－27。

表 7－27[表 C.6.9]　灌水、满水试验记录

<table>
<tr><td rowspan="2">工程名称</td><td colspan="3" rowspan="2">××工程</td><td colspan="2">编号</td><td>×××</td></tr>
<tr><td colspan="2">试验日期</td><td>××年×月×日</td></tr>
<tr><td>分项工程名称</td><td colspan="3">给水管道安装</td><td colspan="2">材质、规格</td><td>铸铁管，DN150</td></tr>
<tr><td colspan="7">试验标准及要求：
排水管道在隐蔽前必须做灌水试验，其灌水高度应不低于底层卫生器具的上边缘或底层地面高度。</td></tr>
<tr><td>试验部位</td><td>灌(满)水情况</td><td colspan="2">灌(满)水持续时间/min</td><td colspan="2">液面检查情况</td><td>渗漏检查情况</td></tr>
<tr><td>地下一层</td><td>满水</td><td colspan="2">20</td><td colspan="2">未下降</td><td>无渗漏</td></tr>
<tr><td></td><td></td><td colspan="2"></td><td colspan="2"></td><td></td></tr>
<tr><td></td><td></td><td colspan="2"></td><td colspan="2"></td><td></td></tr>
<tr><td></td><td></td><td colspan="2"></td><td colspan="2"></td><td></td></tr>
<tr><td colspan="7">试验结论：
试验结果符合设计要求及《建筑给水排水及采暖工程施工质量验收规范》(GB 50242—2002)的规定，同意进行下道工序。</td></tr>
<tr><td rowspan="3">签字栏</td><td rowspan="2">施工单位</td><td rowspan="2">××建筑工程公司</td><td colspan="2">专业技术负责人</td><td>专业质检员</td><td>专业工长</td></tr>
<tr><td colspan="2">×××</td><td>×××</td><td>×××</td></tr>
<tr><td>监理或建设单位</td><td>××监理公司</td><td colspan="2">专业工程师</td><td colspan="2">×××</td></tr>
</table>

2.强度严密性试验记录

室内外输送各种介质的水压管道、设备在安装完毕后，进行隐蔽之前，应进行强度严密性试验。强度严密性试验记录应符合现行国家标准《建筑给水排水及采暖工程施工质量验收规范》(GB 50242—2002)的有关规定。施工单位填写的强度严密性试验记录应一式四份，并应由建设单位、监理单位、施工单位、城建档案馆各保存一份。强度严密性试验记录样式及填写范例见表 7－28。

表 7－28[表 C.6.10]　强度严密性试验记录

<table>
<tr><td rowspan="2">工程名称</td><td rowspan="2">××工程</td><td>编号</td><td>×××</td></tr>
<tr><td>试验日期</td><td>××年×月×日</td></tr>
<tr><td>分项工程名称</td><td>给水管道安装</td><td>试验部位</td><td>地下室</td></tr>
<tr><td>材质、规格</td><td>镀锌衬塑钢管，DN70～DN80</td><td>压力表编号</td><td>×××</td></tr>
<tr><td colspan="4">试验要求：
室内给水管道的水压试验必须符合设计要求。当设计未注明时，各种材质的给水管道系统试验压力均为工作压力的1.5 倍，但不得小于 0.6 MPa。检验方法：金属及复合管给水管道系统在试验压力下观测 10 min，压力降不应大于 0.02 MPa，然后降到工作压力进行检查，应不渗不漏。</td></tr>
</table>

续表

试验记录	试验介质		
	试验压力表设置位置		
	强度试验	试验压力/MPa	**1.2**
		试验持续时间/min	**10**
		试验压力降/MPa	**0.01**
		渗漏情况	**无渗漏**
试验记录	严密性试验	试验压力/MPa	**1.2**
		试验持续时间/min	**10**
		试验压力降/MPa	**0.01**
		渗漏情况	无渗漏

试验结论：

试验结果符合设计要求及《建筑给水排水及采暖工程施工质量验收规范》(GB 50242—2002)的规定，同意进行下道工序。

签字栏	施工单位	**××建筑工程公司**	专业技术负责人	专业质检员	专业工长
			×××	×××	×××
	监理或建设单位	**××监理公司**	专业工程师	×××	

3.通水试验记录

通水试验记录应符合现行国家标准《建筑给水排水及采暖工程施工质量验收规范》(GB 50242—2002)的有关规定。室内外给水、中水及游泳池水系统、卫生洁具、地漏及地面清扫口及室内外排水系统在安装完毕后，应进行通水试验。施工单位填写的通水试验记录应一式三份，并应由建设单位、监理单位、施工单位各保存一份。通水试验记录样式及填写范例见表7—29。

表7—29[表C.6.11]　通水试验记录

工程名称	**××工程**	编号	×××
		试验日期	**××年×月×日**
分项工程名称	**给水设备安装**	试验部位	**一层**

试验系统简述：

卫生器具交工前应做满水和通水试验。试验项目为一层所有卫生器具，包括厨房洁具盆，卫生间洗面盆、浴盆、坐便器等。

试验记录：

供水方式：正式水源。

通水情况：洗面盆、浴盆逐个做满水试验，充水量超过器具溢水口，溢流畅通，满水后各连接件不渗不漏；通水试验各器具给、排水畅通。

试验结论：

试验结果符合设计要求及《建筑给水排水及采暖工程施工质量验收规范》(GB 50242—2002)的规定，同意进行下道工序。

续表

<table>
<tr><td rowspan="3">签字栏</td><td rowspan="2">施工单位</td><td rowspan="2">××公司</td><td>专业技术负责人</td><td>专业质检员</td><td>专业工长</td></tr>
<tr><td>×××</td><td>×××</td><td>×××</td></tr>
<tr><td>监理或建设单位</td><td>××监理公司</td><td>专业工程师</td><td colspan="2">×××</td></tr>
</table>

4.冲洗、吹洗试验记录

冲洗、吹洗试验记录应符合现行国家标准《建筑给水排水及采暖工程施工质量验收规范》(GB 50242—2002)、《通风与空调工程施工质量验收规范》(GB 50243—2016)的有关规定。室内外给水、中水及游泳池水系统、采暖、空调水、消火栓、自动喷水等系统管道,以及设计有要求的管道在使用前做冲洗试验及介质为气体的管道系统做吹洗试验时,应填写冲洗、吹洗试验记录。施工单位填写的冲洗、吹洗试验记录应一式三份,并应由建设单位、监理单位、施工单位各保存一份。冲洗、吹洗试验记录样式及填写范例见表 7－30。

表 7－30[表 C.6.12]　冲洗、吹洗试验记录

<table>
<tr><td rowspan="2">工程名称</td><td rowspan="2" colspan="2">××工程</td><td>编号</td><td colspan="2">×××</td></tr>
<tr><td>验日期</td><td colspan="2">××年×月×日</td></tr>
<tr><td>分项工程名称</td><td colspan="2">采暖系统</td><td>试验部位</td><td colspan="2">地下一层至十层</td></tr>
<tr><td colspan="6">试验要求:
符合《建筑给水排水及采暖工程施工质量验收规范》(GB 50242—2002)的相关要求。</td></tr>
<tr><td colspan="6">试验记录:
采暖系统试压合格后,应对系统进行冲洗并清扫过滤器及除污器。从早上 9 时开始进行冲洗,以设于地下室的供水管口为冲洗起点,压力值为 1.0 MPa,以采暖回水管为泄水点进行冲洗,到下午 6 时,排出水不含泥沙、铁屑等杂质,且水色不混浊,停止冲洗,并清扫过滤器及除污器。</td></tr>
<tr><td colspan="6">试验结论:
试验结果符合设计要求及《建筑给水排水及采暖工程施工质量验收规范》(GB 50242—2002)的规定,同意进行下道工序。</td></tr>
<tr><td rowspan="3">签字栏</td><td rowspan="2">施工单位</td><td rowspan="2">××建筑工程公司</td><td>专业技术负责人</td><td>专业质检员</td><td>专业工长</td></tr>
<tr><td>×××</td><td>×××</td><td>×××</td></tr>
<tr><td>监理或建设单位</td><td>××监理公司</td><td>专业工程师</td><td colspan="2">×××</td></tr>
</table>

5.补偿器安装记录

各类补偿器安装时应按要求进行补偿器安装记录,记录的内容包括补偿器的规格、型号、材质、安装部位、固定支架间距、预拉值、介质情况、安装情况和结论等。补偿器安装记录样式及填写范例见表 7－31。

表 7－31　补偿器安装记录

编号:　×××

工程名称	××工程	日期	××年×月×日
设计压力/MPa	0.8	补偿器安装部位	采暖系统主干管

续表

<table>
<tr><td>补偿器规格型号</td><td>×××</td><td>补偿器材质</td><td>不锈钢</td></tr>
<tr><td>固定支架间距/m</td><td>55.6</td><td>管内介质温度</td><td>70 ℃水</td></tr>
<tr><td>计算预拉值/mm</td><td>20</td><td>实际预拉值/mm</td><td>20</td></tr>
<tr><td colspan="4">补偿器安装记录及说明：
补偿器的安装及预拉值示意图和说明由补偿器厂家完成。

</td></tr>
<tr><td colspan="4">结论：
补偿器安装符合设计要求及《建筑给水排水及采暖工程施工质量验收规范》(GB 50242—2002)的规定，同意进行下道工序。</td></tr>
</table>

<table>
<tr><td rowspan="3">签字栏</td><td rowspan="2">建设(监理)单位</td><td>施工单位</td><td colspan="2">××建筑工程公司</td></tr>
<tr><td>专业技术负责人</td><td>专业质检员</td><td>专业工长</td></tr>
<tr><td>××监理公司</td><td>×××</td><td>×××</td><td>×××</td></tr>
</table>

6.安全附件安装检查记录

锅炉的高、低水位报警器和超温、超压报警器及联锁保护装置必须按设计要求安装齐全，并进行启动、联动试验，并做安全附件安装检查记录。

安全附件安装检查项目主要包括压力表、安全阀、水位计(液位计)、报警装置等附件的安装、校验和工作情况。记录的内容应包括锅炉型号、工作介质、设计(额定)压力、最大工作压力、各检查项目的检查结果、必要的说明及结论等。安装检查及记录除应按《建筑给水排水及采暖工程施工质量验收规范》(GB 50242—2002)第 13 章的要求外，还应符合《蒸汽锅炉安全技术监察规程》[劳部发(1996)276 号]、《热水锅炉安全技术监察规程》[劳锅字(1991)8 号]、《锅炉安装工程施工及验收规范》(GB 50273—2009)等现行国家有关规范、规程、标准的规定及产品样本、使用说明书的要求。

安全附件安装检查记录样式及填写范例见表 7－32。

表 7－32　安全附件安装检查记录

编号：×××

<table>
<tr><td>工程名称</td><td>×××</td><td>安装位号</td><td>×××</td></tr>
<tr><td>锅炉型号</td><td>×××</td><td>工作介质</td><td>水</td></tr>
<tr><td>设计(额定)压力/MPa</td><td>×××</td><td>最大工作压力/MPa</td><td>×××</td></tr>
<tr><td colspan="2">检查项目</td><td colspan="2">检查结果</td></tr>
</table>

续表

压力表	量程/MPa 及精度等级/级		
	校验日期	年　月　日	
	在最大工作压力处应画红线	☑已画	□未画
	旋塞或针型阀是否灵活	☑灵活	□不灵活
	蒸汽压力表管是否设存水弯管	☑已设	□未设
	铅封是否完好	☑完好	□不完好
安全阀	开启压力范围/MPa		
	校验日期	年　月　日	
	铅封是否完好	☑完好	□不完好
	安全阀排放管应引至安全地点	☑是	□不是
	锅炉安全阀应有泄水管	☑有	□没有
水位计（液位计）	锅炉水位计应有泄水管	☑有	□没有
	水位计应画出高、低水位红线	☑已画	□未画
	水位计旋塞（阀门）是否灵活	☑灵活	□不灵活
报警装置	校验日期	年　月　日	
	报警高低限（声、光报警）	☑灵敏、准确	□不合格
	联锁装置工作情况	☑动作迅速、灵敏	□不合格
说明： **安全阀、压力表等安装必须符合施工规范和《蒸汽锅炉安全技术监察规程》《热水锅炉安全技术监察规程》的有关规定。**			
结论：	☑合格	□不合格	

签字栏	建设（监理）单位	施工单位	**××建筑工程公司**	
		专业技术负责人	专业质检员	专业工长
	××监理公司	×××	×××	×××

安全附件安装检查记录应由施工单位填写并保存。填表时应注意以下事项：

(1)压力表的刻度极限值，应大于或等于工作压力的 1.5 倍，表盘直径不得小于 100 mm。

(2)安装水位表应有指示最高、最低安全水位的明显标志，玻璃板(管)的最低可见边缘应比最低安全水位低 25 mm；最高可见边缘应比最高安全水位高 25 mm。

(3)锅炉的高、低水位报警器和超温、超压报警器及联锁保护装置必须按设计要求安装齐全和有效，并进行启动、联动试验，做好试验记录。

(4)蒸汽锅炉安全阀应安装通向室外的排气管。热水锅炉安全阀泄水管应接到安全地点。在排气管和泄水管上不得装设阀门。

7.锅炉烘炉试验记录

锅炉安装完成后，在试运行前，应进行烘炉试验，并做锅炉封闭及烘炉(烘干)记录。锅炉烘炉试验记录的内容应包括锅炉型号、位号、封闭前观察的情况、封闭方法、烘干方法、烘炉时间、温度变化情况、烘炉(烘干)曲线图及结论等。试验记录应根据试验的项目,按照实际情况及时、认真填写,不得漏项,填写内容要齐全、清楚、准确,结论应明确。

锅炉烘炉试验记录应由施工单位填写并保存。其样式及填写范例见表7—33。

表7—33　锅炉烘炉试验记录

编号：×××

工程名称	××工程		安装位号	×××
锅炉型号	×××		试验日期	××年×月×日
设备/管道封闭前的内部观察情况:**炉膛内及各通道已全部清理完毕。**				
封闭方法				
烘干方法	**火焰烘炉**	烘炉时间 (木柴与煤炭)	起始时间××年×月×日×时×分 终止时间××年×月×日×时×分	
温度区间/℃		升降温速度/(℃·h^{-1})	所用时间/h	
0～100		**升温3**	**32**	
100～200		**升温1.32**	**76**	
200～300		**升温4**	**25**	
300～400		**升温1.41**	**71**	
400～500		**升温2.78**	**36**	
500～600		**降温2.08**	**48**	

烘炉(烘干)曲线图(包括计划曲线及实际曲线)：

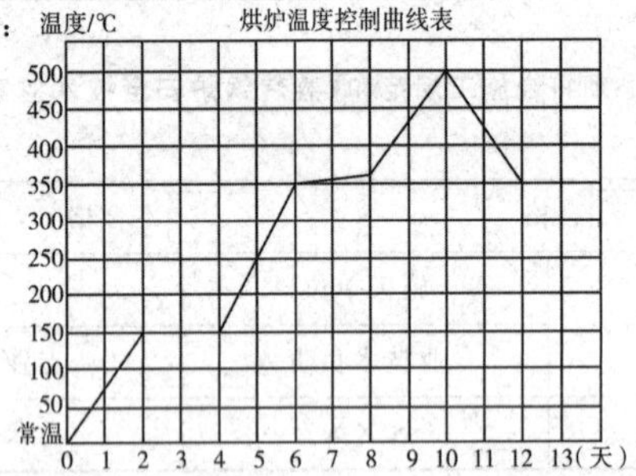

注:粗线为计划升温曲线,细线为实际升温曲线。

结论	☑合格		☐不合格	
签字栏	建设(监理)单位	施工单位	**××建筑工程公司**	
		专业技术负责人	专业质检员	专业工长
	××监理公司	×××	×××	×××

8.锅炉试运行记录

锅炉在烘炉、煮炉合格后,应进行48 h的带负荷连续试运行,同时应进行安全阀的热状态定压检验和调整,并做记录,以运行正常为合格。记录的内容应包括试运行时间、参加人员、运行情况及结果等。

锅炉试运行记录由施工单位填写,并由施工单位和监理单位各保存一份。其样式及填写范例见表7—34。

表 7－34　锅炉试运行记录

编号：XXX

<table>
<tr><td>工程名称</td><td colspan="3">XX工程</td></tr>
<tr><td>施工单位</td><td colspan="3">XXX</td></tr>
<tr><td colspan="4">本锅炉在安全附件校验合格后，由 建设单位 统一组织，经 XX市技术监督局、相关检测所 共同验收，自 XX 年 08 月 28 日 10 时至 XX 年 08 月 30 日 10 时试运行，运行正常，符合规程及设计文件要求，试运行合格。</td></tr>
<tr><td colspan="4">试运行情况记录：
锅炉在烘炉、煮炉合格后，进行 48 h 的带负荷连续试运行，同时进行安全阀的热状态定压检验和调整，运行全过程未出现异常。
记录人：XXX</td></tr>
<tr><td>建设单位（签章）</td><td>监理单位（签章）</td><td>管理单位（签章）</td><td>施工单位（签章）</td></tr>
<tr><td>XXX</td><td>XXX</td><td>XXX</td><td>XXX</td></tr>
</table>

9. 自动喷水灭火系统联动试验记录

自动喷水灭火系统联动试验记录由施工单位填写，并由施工单位、监理单位、建设单位及城建档案馆各保存一份。其样式及填写范例见表 7－35。

表 7－35　自动喷水灭火系统联动试验记录

编号：XXX

<table>
<tr><td colspan="2">单位（子单位）工程名称</td><td colspan="10">XX大厦</td></tr>
<tr><td colspan="2">所属子分部（系统）工程名称/分项（子系统）工程名称</td><td colspan="10">系统调试</td></tr>
<tr><td colspan="2">相关的施工部位（层、区、段、房、室）</td><td colspan="10">地下一层至九层</td></tr>
<tr><td colspan="2">总承包施工单位</td><td colspan="4">XX建筑机械施工有限公司</td><td colspan="3">项目负责人</td><td colspan="3">XXX</td></tr>
<tr><td colspan="2">专业承包安装单位</td><td colspan="4">XX水电设备安装有限公司</td><td colspan="3">项目负责人</td><td colspan="3">XXX</td></tr>
<tr><td colspan="2">施工执行的技术标准（含企业的工艺规程、工法等）名称及编号</td><td colspan="10">《自动喷水灭火系统施工及验收规范》（GB 50261—2017）</td></tr>
<tr><td colspan="12">检查试验起止日期：　　××年×月×日至××年×月×日</td></tr>
<tr><td rowspan="2">系统类别</td><td rowspan="2">试验方法（启动的信号或装置）</td><td colspan="4">联动组件动作情况</td><td rowspan="2">系统类别</td><td rowspan="2">试验方法（启动的信号或装置）</td><td colspan="4">联动组件动作情况</td></tr>
<tr><td>组件名称</td><td>开启状态（是/否开启）</td><td>标准（或设计）要求动作时间/s</td><td>实际动作时间/s</td><td>组件名称</td><td>开启状态（是/否开启）</td><td>标准（或设计）要求动作时间/s</td><td>实际动作时间/s</td></tr>
</table>

续表

系统类别	试验方法(启动的信号或装置)	联动组件动作情况				系统类别	试验方法(启动的信号或装置)	联动组件动作情况			
		组件名称	开启状态(是/否开启)	标准(或设计)要求动作时间/s	实际动作时间/s			组件名称	开启状态(是/否开启)	标准(或设计)要求动作时间/s	实际动作时间/s
湿式系统	末端放水试验装置	水流指示器	正常开启	2～90	30	干式系统	模拟喷头动作	干式阀	—	—	—
		湿式报警阀	正常开启	5～90	30			水力警铃	—	—	—
		水力警铃	正常开启	5～90	30			压力开关	—	—	—
		压力开关	正常开启	5～90	30			系统水泵	—	—	—
		水泵	正常开启	30	20			水泵	—	—	—
水幕、雨淋系统	温感与烟感探测信号	雨淋阀	—	—	—	预作用系统	模拟喷头动作	预作用阀	—	—	—
		水泵	—	—	—			水力警铃	—	—	—
	传动管启动	雨淋阀	—	—	—			压力开关	—	—	—
		压力开关	—	—	—			系统充水	—	—	—
		水泵	—	—	—			水泵	—	—	—

专业承包安装单位检查评定结果	专业工长(施工员)签名	×××	检查测试负责人签名	×××
	符合设计及施工质量验收规范要求			
	项目专业质量检查员(签名):××年×月×日			
监理(建设)单位验收结论	专业监理工程师(签名):××年×月×日 (建设单位项目专业技术负责人签名):×××			

二、建筑电气工程

1.电气接地装置隐检与平面示意图表

电气设备的接地系统是电气装置的重要组成部分,电气接地工程图是建筑电气工程图的一种。电气接地工程图用来描述电气接地系统的构成、接地装置的布置及其技术要求等。

电气接地装置隐检与平面示意图表由施工单位填写,并由施工单位、监理单位、建设单位及城建档案馆各保存一份。其样式及填写范例见表7—36。

表7—36 电气接地装置隐检与平面示意图表

编号: ×××

工程名称	××大厦工程		图号	×××	
接地类型	防雷、工作、保护	组数	1组	设计要求	≤1 Ω

接地装置平面示意图(绘制比例要适当,注明各组别编号及有关尺寸)

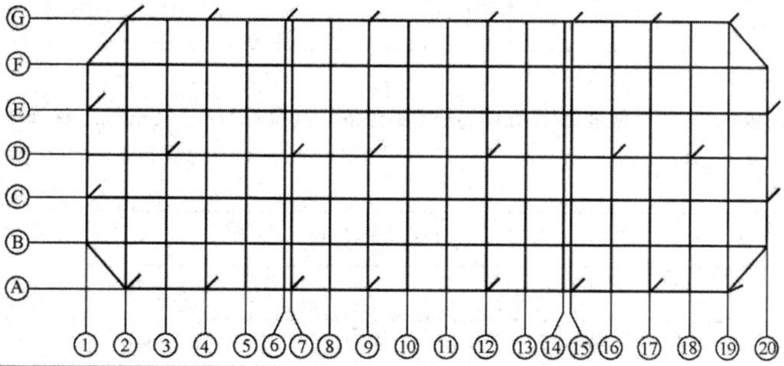

接地装置敷设情况检查表(尺寸单位:mm)

槽沟尺寸	**沿结构外四周,深 0.8 m**	土质情况	**砂质黏土**
接地极规格	/	打进深度	/
接地体规格	**40×4 镀锌扁钢**	焊接情况	**符合规范要求**
防腐处理	**焊接处均涂沥青油**	接地电阻	**(取最大值)0.3 Ω**
检验结论	**符合设计、规范要求**	检验日期	**××年×月×日**

签字栏	建设(监理)单位	施工单位	**××工程公司**	
		专业技术负责人	专业质检员	专业工长
	×××	×××	×××	×××

2.电气器具通电安全检查记录

电气器具通电安全检查是保证照明灯具、开关、插座等能够达到安全使用的重要措施,也是对电气设备调整试验内容的补充。电气器具安装完成后,按层、部位(户)进行通电检查,并做记录。

电气器具通电安全检查记录由施工单位填写,并由施工单位、监理单位及建设单位各保存一份。其样式及填写范例见表 7—37。

表 7—37　电气器具通电安全检查记录

工程名称	**××干休所**													检查日期						**××年×月×日**							
楼门单元或区域场所										**一段二层**																	
层数	开关									灯具									插座								
	1	2	3	4	5	6	7	8	9	1	2	3	4	5	6	7	8	9	1	2	3	4	5	6	7	8	9
×段×层	√	√	√	√	√	√	√	√	√	√	×	√	√	√	√	√	√	√	√	√	√	√	×	√	√	√	√
	×	√	√	√	√	√	√	√	√	√	×	√	√	√	√	√	√	√	√	√	√	√	√	√	×	√	√
	√	√	√	√	√	×	√	√	√	√	×	√	√	√	√	√	√	√	√	√	√	√	√	√	√	√	√
	√	√	√	√	√	√	√	√	√	√	×	√	√	√	√	√	√	√	√	√	√	√	√	√	√	√	√
	√	√	√	√	√	√	√	√	√	√	×	√	√	√					√	√	√	√	√	√	√	√	√
	√	√	√	√	√	√	√	√	√	√	×	√	√	√	√	√	√	√	√	√	√	√	√	√	√	√	√
	√	√	√	√	√	√	√	√	√	√	×	√	√	√					√	√	√	√	√	√	√	√	√

续表

检查结论：

经检查，开关两个未断线，一个罗灯口中心未接相线，三个插座接线有误，已修复合格。其余符合《建筑电气工程施工质量验收规范》(GB 50303—2015)要求。

签字栏	施工单位	**××工程公司**	
	专业技术负责人	专业质检员	专业工长
	×××	×××	×××

3.电气设备空载试运行记录

建筑电气动力工程的空载试运行和建筑电气照明工程的负荷试运行，应按《电气装置安装工程 电气设备交接试验标准》(GB 50150—2016)规定执行；建筑电气动力工程的负荷试运行，依据电气设备及相关建筑设备的种类、特性，编制试运行方案或作业指导书，并应经施工单位审查批准、监理单位确认后执行。

电气设备空载试运行记录应由施工单位填写，一式四份，并由建设单位、监理单位、施工单位、城建档案馆各保存一份。其样式及填写范例见表7－38。

表7－38[表C.6.13]　电气设备空载试运行记录

工程名称		**××大厦工程**		编号		**×××**		
设备名称		**××电动机**	设备型号	**动力3#**	设计编号		**×××**	
额定电流		××A	额定电压	××V	填写日期		**××年×月×日**	
运行时间		由　×　日　12　时　0　分开始，至　×　日　14　时　0　分结束						
运行负荷记录	运行时间	运行电压/V			运行电流/A			温度/℃
		$L_1-N(L_1-L_2)$	$L_2-N(L_2-L_3)$	$L_3-N(L_3-L_1)$	L_1相	L_2相	L_3相	
	13:40	**380**	**382**	**384**	**20**	**21**	**21.5**	**78**
	13:50	**380**	**381**	**381**	**25**	**24**	**24.5**	**76**
	14:50	**380**	**381**	**381**	**25**	**24**	**24.5**	**76**

试运行情况记录：

通过2 h电动机空载试运行，开关无拒动和误动，线压接点和线路无过热现象，电动机运转正常，符合设计要求及《建筑电气工程施工质量验收规范》(GB 50303—2015)的规定。

签字栏	施工单位	**××建筑工程公司**	专业技术负责人	专业质检员	专业工长
			×××	×××	×××
	监理或建设单位	×××		专业工程师	×××

4.大型照明灯具承载试验记录

大型照明灯具依据《建筑电气工程施工质量验收规范》(GB 50303—2015)中规定需要进行承载试验。施工单位填写的大型照明灯具承载试验记录应一式三份，并由建设单位、监理单位、施工单位各保存一份。

大型照明灯具承载试验记录样式及填写范例见表 7—39。

表 7—39[表 C.6.14]　大型照明灯具承载试验记录

工程名称	××大厦工程		编号	×××
楼层部位	地下二层		试验日期	××年×月×日
灯具名称	安装部位	数量	灯具自重/kg	试验载重/kg
防尘防潮灯	水泵房	9	1.5	3
金属卤化物灯	机房	6	2.5	5
壁灯	卧室	14	1.5	2.5
花灯	门厅	10	1.5	3.4
花灯	门厅	5	1	2.5
检查结论： 经承载试验，灯具试验载重均大于灯具自重的 2 倍，符合设计要求和《建筑电气工程施工质量验收规范》(GB 50303—2015)的规定。				

签字栏	施工单位	××工程公司	专业技术负责人	专业质检员	专业工长
			×××	×××	×××
	监理或建设单位	×××		专业工程师	×××

5.漏电开关模拟试验记录

动力和照明工程的带有漏电保护装置的回路均要进行漏电开关模拟试验并做记录。漏电开关模拟试验记录由施工单位填写，并由施工单位、监理单位、建设单位各保存一份。漏电开关模拟试验记录样式及填写范例见表 7—40。

表 7—40　漏电开关模拟试验记录

编号：×××

工程名称	××大厦工程				
试验器具	漏电开关检测仪(MI2121 型)		试验日期	××年×月×日	
安装部位	型　号	设计要求		实际测试	
		动作电流/mA	动作时间/ms	动作电流/mA	动作时间/ms
首层	××	30	0.1	28	50
二层	××	30	0.1	27	54
三层	××	30	0.1	26	55

续表

测试结论： **漏电开关动作灵活可靠，动作电流、动作时间符合设计要求及《建筑电气工程施工质量验收规范》(GB 50303—2015)的规定。**					

签字栏	建设(监理)单位	施工单位	××工程公司	
		专业技术负责人	专业质检员	专业工长
	×××	×××	×××	×××

三、智能建筑工程

1.综合布线测试记录

综合布线测试是指用电缆、光缆测试仪对综合布线工程进行的现场测试。被测的对象通常有水平链路、垂直链路和骨干链路。综合布线测试记录应符合现行国家标准《智能建筑工程质量验收规范》(GB 50339—2013)的有关规定。

综合布线测试记录应由施工单位填写，并由建设单位、监理单位、施工单位、城建档案馆各保存一份。综合布线测试记录样式及填写范例见表7－41。

表7－41　综合布线测试记录

工程名称	**××大厦工程**					编　号	**×××**				
仪表型号	**光影线缆测试仪**					测试日期	**××年×月×日×时**				
执行标准	**《智能建筑工程质量验收规范》(GB 50339—2013)**										
序号	点编号	房间号	设备房号	电缆系统						光缆系统	
				长度	接线	衰减	近端串音(2端)	电缆屏蔽层连通情况	其他任选项目	衰减	长度
1	**A**	**01**		**214**	**2**	**0**	**00/001**	**完好**	**端子标志**	**0**	**0**
2	**B**	**01**		**11**	**2**	**0**	**00/001**	**完好**	**端子标志**	**0**	**0**
3	**C**	**01**		**19**	**2**	**0**	**00/001**	**完好**	**端子标志**	**0**	**6**
4	**D**	**01**		**24**	**2**	**0**	**00/001**	**完好**	**端子标志**	**0**	**0**
5	**E**	**01**		**21**	**2**	**0**	**00/001**	**完好**	**端子标志**	**0**	**5**
6	**F**	**01**		**21**	**2**	**0**	**00/001**	**完好**	**端子标志**	**0**	**0**
7											

8											
9											
10											

测试结果：

随机抽样检测，测点为20%；对绞电缆布线端口全部合格，连通性、长度、衰减抗扰等符合要求。

测试结论：

符合设计要求及《智能建筑工程质量验收规范》（GB 50339—2013）的规定。

<table>
<tr><td rowspan="3">签字栏</td><td rowspan="2">施工单位</td><td rowspan="2">××建筑机电安装公司</td><td>专业技术负责人</td><td>专业工长</td><td>测试人员</td></tr>
<tr><td>×××</td><td>×××</td><td>×××</td></tr>
<tr><td>监理（建设）单位</td><td colspan="2">×××</td><td>专业工程师</td><td>×××</td></tr>
</table>

2.光线损耗测试记录

实现光纤通信的一个重要的问题是尽可能地降低光纤的损耗。光纤损耗是指光纤每单位长度上的衰减，单位为dB/km。光纤损耗的高低直接影响传输距离或中继站间隔距离的远近。光线损耗测试记录应符合现行国家标准《智能建筑工程质量验收规范》（GB 50339—2013）的有关规定。

光线损耗测试记录应由施工单位填写，并由建设单位、监理单位、施工单位、城建档案馆各保存一份。光线损耗测试记录样式及填写范例见表7—42。

表7—42　光线损耗测试记录

<table>
<tr><td colspan="2">工程名称</td><td colspan="3">××大厦</td><td colspan="2">编　　号</td><td>×××</td></tr>
<tr><td colspan="2">仪表型号</td><td colspan="3">DTX—LT</td><td colspan="2">测试日期</td><td>××年×月×日×时</td></tr>
<tr><td>序号</td><td>点编号</td><td>房间号</td><td>机房</td><td>长度/m</td><td>接线正确</td><td>插入损耗/dB</td><td>近端串扰极限值/dB</td></tr>
<tr><td>1</td><td>BI—BH—1</td><td>22</td><td>应用级机房</td><td></td><td>通过</td><td>32.0</td><td>35.3</td></tr>
<tr><td>2</td><td>BI—BH—3</td><td>22</td><td>应用级机房</td><td></td><td>通过</td><td>32.0</td><td>35.3</td></tr>
<tr><td>3</td><td>BI—BH—5</td><td>22</td><td>应用级机房</td><td></td><td>通过</td><td>32.3</td><td>35.6</td></tr>
<tr><td>4</td><td>BI—BH—7</td><td>22</td><td>应用级机房</td><td></td><td>通过</td><td>31.9</td><td>35.9</td></tr>
<tr><td>5</td><td>BI—BH—9</td><td>22</td><td>应用级机房</td><td></td><td>通过</td><td>31.9</td><td>35.9</td></tr>
<tr><td>6</td><td>BI—BH—11</td><td>22</td><td>应用级机房</td><td></td><td>通过</td><td>31.9</td><td>35.9</td></tr>
<tr><td>7</td><td>BI—BH—13</td><td>22</td><td>应用级机房</td><td></td><td>通过</td><td>28.3</td><td>35.9</td></tr>
<tr><td>8</td><td>BI—BH—15</td><td>22</td><td>应用级机房</td><td></td><td>通过</td><td>28.4</td><td>35.9</td></tr>
<tr><td>9</td><td>BI—BH—17</td><td>22</td><td>应用级机房</td><td></td><td>通过</td><td>28.5</td><td>35.9</td></tr>
<tr><td>10</td><td>BI—BH—19</td><td>22</td><td>应用级机房</td><td></td><td>通过</td><td>28.5</td><td>35.9</td></tr>
<tr><td>11</td><td>BI—BH—21</td><td>22</td><td>应用级机房</td><td></td><td>通过</td><td>28.5</td><td>35.9</td></tr>
<tr><td>12</td><td>BI—BH—23</td><td>22</td><td>应用级机房</td><td></td><td>通过</td><td>30.4</td><td>35.9</td></tr>
<tr><td>13</td><td></td><td></td><td></td><td></td><td></td><td></td><td></td></tr>
</table>

续表

14							
15							

测试结论：

符合设计要求及《智能建筑工程质量验收规范》(GB 50339—2013)的规定。

签字栏	施工单位	**××建筑机电安装公司**	专业技术负责人	专业工长	测试人员
			×××	×××	×××
	监理(建设)单位	×××		专业工程师	×××

3.视频系统末端测试记录

视频系统末端测试记录应符合现行国家标准《智能建筑工程质量验收规范》(GB 50339—2013)的有关规定。视频系统末端测试记录应由施工单位填写，并由建设单位、监理单位、施工单位、城建档案馆各保存一份。视频系统末端测试记录样式及填写范例见表 7—43。

表 7—43　视频系统末端测试记录

工程名称	**××工程**	编　　号	**××**
仪表型号	**场强仪 DS1001**	测试日期	**××年×月×日×时**
执行标准	**《智能建筑工程质量验收规范》(GB 50339—2013)**		
序号	房间号	出线口编号	末端电平
1	**101**	**101**	**高端/低端 70/71**
2	**102**	**102**	**高端/低端 67/72**
3	**103**	**103**	**高端/低端 68/71**
4	**104**	**104**	**高端/低端 67/72**
5	**105**	**105**	**高端/低端 68/71**
6	**106**	**106**	**高端/低端 68/68**
7	**107**	**107**	**高端/低端 67/68**
8	**108**	**108**	**高端/低端 70/71**
9	**109**	**109**	**高端/低端 67/72**
10	**110**	**110**	**高端/低端 68/71**

测试结果：

根据建筑与建筑群综合布线系统工程规范执行国家标准《有线电视网络工程设计标准》(GB/T 50200—2018)，使用场强仪 DS1001 测试仪测试电视信息点 89 个，包括前端放大器、楼头放大器及光接收机同轴电缆及无缘器件，整个链路各项指标均符合《综合布线系统工程设计规范》(GB 50311—2016)的规定。

续表

<table>
<tr><td colspan="6">测试结论：
符合设计要求及《智能建筑工程质量验收规范》(GB 50339—2013)规定。</td></tr>
<tr><td rowspan="3">签字栏</td><td rowspan="2">施工单位</td><td rowspan="2">××建筑机电安装公司</td><td>专业技术负责人</td><td>专业工长</td><td>测试人员</td></tr>
<tr><td>×××</td><td>×××</td><td>×××</td></tr>
<tr><td>监理(建设)单位</td><td colspan="2">×××</td><td>专业工程师</td><td>×××</td></tr>
</table>

4.智能建筑工程子系统检测记录

智能建筑工程子系统检测记录应符合现行国家标准《智能建筑工程质量验收规范》(GB 50339—2013)的有关规定。智能建筑工程子系统检测记录应由施工单位填写，并由建设单位、监理单位、施工单位、城建档案馆各保存一份。智能建筑工程子系统检测记录样式及填写范例见表7—44。

表7—44[表C.6.15]　智能建筑工程子系统检测记录

<table>
<tr><td>系统名称</td><td>安全防范系统</td><td>子系统名称</td><td>出入口控制(门禁)系统</td><td>序号</td><td>×××</td><td>检测单位</td><td>×××</td></tr>
<tr><td colspan="2">施工总承包单位</td><td colspan="4">×××建筑工程有限公司</td><td>项目经理</td><td>×××</td></tr>
<tr><td colspan="2">执行标准名称及编号</td><td colspan="6">《智能建筑工程质量验收规范》(GB 50339—2013)</td></tr>
<tr><td colspan="2">专业承包单位</td><td colspan="4">×××电子有限公司</td><td>项目经理</td><td>×××</td></tr>
<tr><td rowspan="6">主控项目</td><td rowspan="2">系统检测内容</td><td rowspan="2">检测规范的规定</td><td rowspan="2">系统检测评定记录</td><td colspan="2">检测结果</td><td colspan="2" rowspan="2">备注</td></tr>
<tr><td>合格</td><td>不合格</td></tr>
<tr><td>可靠性</td><td></td><td></td><td></td><td></td><td colspan="2"></td></tr>
<tr><td>障碍率</td><td></td><td></td><td></td><td></td><td colspan="2"></td></tr>
<tr><td>性能检测</td><td></td><td></td><td></td><td></td><td colspan="2"></td></tr>
<tr><td>中继检测</td><td></td><td></td><td></td><td></td><td colspan="2"></td></tr>
<tr><td rowspan="4">主控项目</td><td rowspan="2">系统检测内容</td><td rowspan="2">检测规范的规定</td><td rowspan="2">系统检测评定记录</td><td colspan="2">检测结果</td><td colspan="2" rowspan="2">备注</td></tr>
<tr><td>合格</td><td>不合格</td></tr>
<tr><td>接通率检测</td><td></td><td></td><td></td><td></td><td colspan="2"></td></tr>
<tr><td></td><td></td><td></td><td></td><td></td><td colspan="2"></td></tr>
<tr><td rowspan="4">一般项目</td><td>故障诊断</td><td></td><td></td><td></td><td></td><td colspan="2"></td></tr>
<tr><td></td><td></td><td></td><td></td><td></td><td colspan="2"></td></tr>
<tr><td></td><td></td><td></td><td></td><td></td><td colspan="2"></td></tr>
<tr><td></td><td></td><td></td><td></td><td></td><td colspan="2"></td></tr>
<tr><td rowspan="4">强制性条文</td><td>故障诊断</td><td></td><td></td><td></td><td></td><td colspan="2"></td></tr>
<tr><td></td><td></td><td></td><td></td><td></td><td colspan="2"></td></tr>
<tr><td></td><td></td><td></td><td></td><td></td><td colspan="2"></td></tr>
<tr><td></td><td></td><td></td><td></td><td></td><td colspan="2"></td></tr>
</table>

续表

检测机构的检测结论： 检测结果符合规范规定和设计、合同的要求，合格。 检测人：×××　　　　××年×月×日
注：1.检测结果栏中，左列打"√"视为合格，右列打"√"视为不合格。 2.备注栏内填写检测时出现的问题。

5.智能建筑工程系统试运行记录

智能建筑工程系统试运行记录应符合现行国家标准《智能建筑工程质量验收规范》(GB 50339—2013)的有关规定。智能建筑工程系统试运行记录应由施工单位填写，并由建设单位、监理单位、施工单位、城建档案馆各保存一份。智能建筑工程系统试运行记录样式及填写范例见表7-45。

表7-45　智能建筑工程系统试运行记录

系统名称	通信网络系统	编号	×××
施工单位	×××建筑工程有限公司	建设(使用)单位	××房地产开发集团
执行标准	《智能建筑工程质量验收规范》(GB 50339—2013)		
日期/时间	系统运行情况		值班人
2019.04.21	程控机切不断拨号音，经对该单位PP进行复位处理正常		×××
2019.04.22	一用户板无拨号音，不能呼出。中继服务程序偏移，已修复		×××
2019.04.23	正常运行		×××
2019.04.24	光信道不通收无光，经检查LED损坏，已更换		×××
2019.04.25	正常		×××
2019.04.26	ADSL失真，原因为绝缘低，已修复正常		×××
2019.04.27	有线电视有噪声入侵，原因为用户私装终端盒，已拆除		×××
2019.04.28	正常运行		×××
2019.04.29	公共扩广一路不通，经查穿线时绝缘损坏，已修复正常		×××
值班长：(签字) ×××		建设单位代表：(签字) ×××	

四、通风与空调工程

1.风管漏光检测记录

风管系统安装完成后，应按设计要求及规范规定进行风管漏光测试，并做记录。风管漏光检测记录应符合现行国家标准《通风与空调工程施工质量验收规范》(GB 50243—2016)的有关规定。

施工单位填写的风管漏光检测记录应一式三份，并应由建设单位、监理单位、施工单位各保存一份。其样式及填写范例见表 7—46。

表 7—46[表 C.6.16]　风管漏光检测记录

<table>
<tr><td colspan="2" rowspan="2">工程名称</td><td rowspan="2">××工程</td><td colspan="2">编号</td><td>×××</td></tr>
<tr><td colspan="2">试验日期</td><td>××年×月×日</td></tr>
<tr><td colspan="2">系统名称</td><td>通风系统</td><td colspan="2">工作压力/Pa</td><td>低压系统</td></tr>
<tr><td colspan="2">系统接缝总长度/m</td><td>100</td><td colspan="2">每 10 个/ m 接缝为一检测段的分段数</td><td>10</td></tr>
<tr><td colspan="2">检测光源</td><td colspan="4">100 W</td></tr>
<tr><td colspan="2">分段序号</td><td>实测漏光点数/个</td><td colspan="2">每 10m 接缝的允许漏光点数(个/ 10 m)</td><td>结论</td></tr>
<tr><td colspan="2">1</td><td>0</td><td colspan="2">1</td><td>合格</td></tr>
<tr><td colspan="2">2</td><td>0</td><td colspan="2">1</td><td>合格</td></tr>
<tr><td colspan="2">3</td><td>0</td><td colspan="2">1</td><td>合格</td></tr>
<tr><td colspan="2">4</td><td>0</td><td colspan="2">1</td><td>合格</td></tr>
<tr><td colspan="2">5</td><td>1</td><td colspan="2">1</td><td>合格</td></tr>
<tr><td colspan="2">6</td><td>0</td><td colspan="2">1</td><td>合格</td></tr>
<tr><td colspan="2">7</td><td></td><td colspan="2"></td><td></td></tr>
<tr><td colspan="2">8</td><td></td><td colspan="2"></td><td></td></tr>
<tr><td colspan="2" rowspan="2">合计</td><td>总漏光点数/个</td><td colspan="2">每 100m 接缝的允许漏光点数(个/ 100m)</td><td>结论</td></tr>
<tr><td>1</td><td colspan="2">5</td><td>合格</td></tr>
<tr><td colspan="6">检测结论：
经检测，符合设计要求及《通风与空调工程施工质量验收规范》(GB 50243—2016)的规定。</td></tr>
<tr><td rowspan="3">签字栏</td><td rowspan="2">施工单位</td><td rowspan="2">×××</td><td>专业技术负责人</td><td>专业质检员</td><td>专业工长</td></tr>
<tr><td>×××</td><td>×××</td><td>×××</td></tr>
<tr><td>监理或建设单位</td><td colspan="2">×××</td><td>专业工程师</td><td>×××</td></tr>
</table>

2.风管漏风检测记录

风管漏风检测记录应符合现行国家标准《通风与空调工程施工质量验收规范》(GB 50243—2016)的有关规定。施工单位填写的风管漏风检测记录应一式三份，并由建设单位、监理单位、施工单位各保存一份。其样式及填写范例见表 7—47。

表 7—47[表 C.6.17]　风管漏风检测记录

工程名称	××工程	编　　号	×××
		试验日期	××年×月×日
系统名称	送风系统	工作压力/Pa	中压
系统总面积/m^2	200	试验压力/Pa	800
试验总面积/m^2	200	系统检测分段数	1 段

续表

检测区段图示：	分段实测数值			
	序号	分段表面积/m^2	试验压力/Pa	实际漏风量/$(m^3 \cdot h^{-1})$
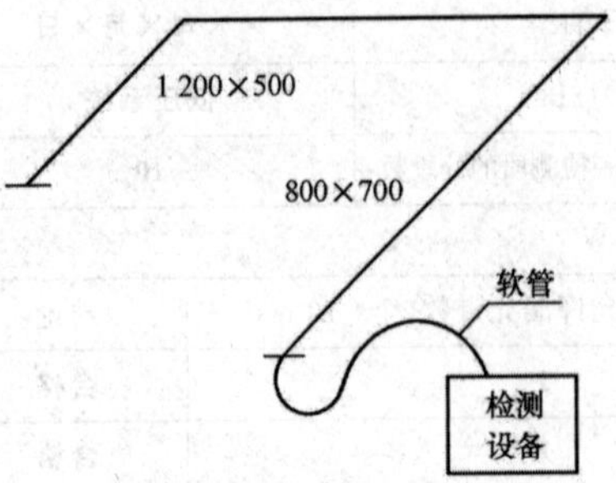	1	**200**	**800**	**250**
	2			
	3			
	4			
	5			
	6			
	7			
	8			
系统允许漏风量/$[m^3 \cdot (m^2 \cdot h)^{-1}]$	**2.71**	实测系统漏风量/$[m^3 \cdot (m^{-2} \cdot h)^{-1}]$		**1.25**

检测结论： **经检测，符合设计要求和《通风与空调工程施工质量验收规范》(GB 50243—2016)的规定。**				
签字栏	施工单位	×××	专业技术负责人	专业质检员	专业工长
			×××	×××	×××
	监理或建设单位	×××		专业工程师	×××

3.现场组装除尘器、空调机漏风检测记录

现场组装的除尘器壳体、组合式空调机组应做漏风量的检测，并做好记录。现场组装除尘器、空调机漏风检测记录符合现行国家标准《通风与空调工程施工质量验收规范》(GB 50243—2016)的有关规定。

现场组装除尘器、空调机漏风检测记录由施工单位填写，并由施工单位和监理单位各保存一份。其样式及填写范例见表7－48。

表7－48 现场组装除尘器、空调机漏风检测记录

编号：×××

工程名称	**××工程**	分部工程	**通风空调**
分项工程	**除尘**	检测日期	**××年×月×日**
设备名称	**××除尘器**	型号规格	**×××**
总风量/$(m^3 \cdot h^{-1})$	**6 000**	允许漏风率/%	**6**
工作压力/Pa	**800**	测试压力/Pa	**1 000**
允许漏风量/$(m^3 \cdot h^{-1})$	**400**	实测漏风量/$(m^3 \cdot h^{-1})$	**230**
检测记录： **除尘器组装后，漏风检测设备测试打压至工作压力，漏风量在设计允许范围内，证明安装严密。**			
检测结论： **符合设计要求及《通风与空调工程施工质量验收规范》(GB 50243—2016)的有关规定。**			

续表

签字栏	建设(监理)单位	施工单位	×××	
		专业技术负责人	专业质检员	专业工长
	×××	×××	×××	×××

4.空调系统试运转调试记录

通风与空调工程进行无负荷联合试运转及调试时,应对空调系统总风量进行测量调整,并做空调系统试运转调试记录。

空调系统试运转调试记录由施工单位填写,并由施工单位、监理单位、建设单位和城建档案馆各保存一份。其样式及填写范例见表7—49。

表7—49　空调系统试运转调试记录

编号:×××

工程名称	××工程	试运转调试日期	××年×月×日	
系统名称	**送风系统**	系统所在位置	**地下一层**	
实测总风量/($m^3 \cdot h^{-1}$)	**8 200**	设计总风量/($m^3 \cdot h^{-1}$)	**8 000**	
风机全压/Pa	**600**	实测风机全压/Pa	**600**	
试运转、调试内容: **因漏风量测试达到设计要求,所以测试系统管网末端处静压及全压满足设计要求。**				
试运转、调试结论: **符合设计要求及《通风与空调工程施工质量验收规范》(GB 50243—2016)的有关规定。**				
签字栏	建设(监理)单位	施工单位	×××	
		专业技术负责人	专业质检员	专业工长
	×××	×××	×××	×××

填表说明:

(1)工程名称与施工文件一致,且各专业应统一。

(2)表内数据应根据现场实际测量情况如实填写,不得拼凑、伪造数据。

(3)试运转、调试内容:应将试运转调试项目、具体内容描述清楚。

(4)试运转、调试结论:应明确是否达到设计和规范要求,应齐全,不得漏项。

(5)签字栏必须本人手签,不得打印或他人代签。

五、电梯工程

1.轿厢平层准确度测量记录

平层准确度是指电梯运行到层站停层后,轿厢地坎上平面与层门地坎上平面垂直方向的高度差值。轿厢平层准确度测量记录由施工单位填写,并由施工单位、监理单位和建设单位各保存一份。其样式及填写范例见表7—50。

表 7—50　轿厢平层准确度测量记录

编号：×××

工程名称	××干休所				日期	××年×月×日	
额定速度/$(m \cdot s^{-1})$	**1.6**	层站	**12/12**	驱动方式	**vvvf**	层高/m	**36**
达速层数	**单层**	标准	**±15**	测量工具	**深度卡尺**	单位/mm	
上行				下行			
起层	停层	空载	满载	起层	停层	空载	满载
1	**2**	**0.5**	**−0.3**	**12**	**11**	**1.2**	**1**
2	**3**	**0.4**	**0.6**	**11**	**10**	**1.3**	**0.7**
3	**4**	**0.5**	**0.7**	**10**	**9**	**0.5**	**0.5**
4	**5**	**−0.3**	**0.2**	**9**	**8**	**0.7**	**0.2**
5	**6**	**0.4**	**−0.4**	**8**	**7**	**−0.4**	**−0.5**
6	**7**	**0.5**	**−0.1**	**7**	**6**	**0.7**	**0.3**
7	**8**	**0.8**	**0.6**	**6**	**5**	**0.5**	**0.4**
8	**9**	**−0.05**	**−0.2**	**5**	**4**	**0.6**	**0.5**
9	**10**	**1**	**0.6**	**4**	**3**	**−0.5**	**−0.5**
10	**11**	**0.8**	**0.8**	**3**	**2**	**−0.4**	**−0.3**
11	**12**	**0.9**	**−0.3**	**2**	**1**	**0.3**	**0.5**
12				**1**			

签字栏	建设(监理)单位	安装单位	**××电梯设备安装公司**	
		专业技术负责人	专业质检员	专业工长
	×××	×××	×××	×××

填表说明：

(1)凡有数据要求的项目,必须填写实际测量的数据。

(2)没有数据要求的项目,可填写"符合规范要求"的字样。

(3)表格所列的项目在实际检查未涉及时,可将此项目用"/"在检查结果栏目中划除。

(4)填写内容必须真实可靠、数据准确、文字清楚、叙述表达明确,无错别字和不规范的语言。

2.电梯层门安全装置检测记录

电梯层门安全装置检测记录由施工单位填写，并由施工单位、监理单位和建设单位各保存一份。电梯层门安全装置检测记录样式及填写范例见表7－51。

表7－51 电梯层门安全装置检测记录

编号：×××

<table>
<tr><td colspan="2">工程名称</td><td colspan="4">××干休所</td><td colspan="2">日期</td><td colspan="6">××年×月×日</td></tr>
<tr><td colspan="2" rowspan="2">层、站、门</td><td colspan="2" rowspan="2">12/12/12</td><td colspan="2" rowspan="2">开门方式</td><td colspan="2">中分 √</td><td colspan="2" rowspan="2">开门宽度 B/mm</td><td colspan="2" rowspan="2">900</td><td rowspan="2">门扇数</td><td rowspan="2">2</td></tr>
<tr><td colspan="2">旁开 □</td></tr>
<tr><td colspan="5">门锁装置铭牌制造厂名称</td><td colspan="5">××电梯部件有限公司</td><td colspan="2" rowspan="2">有效期至</td><td colspan="2" rowspan="2">××年×月×日</td></tr>
<tr><td colspan="5">形式试验标志及试验单位</td><td colspan="5">国家电梯质量监督检验中心</td></tr>
<tr><td rowspan="2">层站</td><td rowspan="2">开门时间</td><td rowspan="2">关门时间</td><td colspan="4">联锁安全触点</td><td colspan="2">啮合长度</td><td colspan="2">自闭功能</td><td rowspan="2">关门阻止力</td><td rowspan="2">紧急开锁装置</td><td rowspan="2">层门地坎护脚板</td></tr>
<tr><td>左1</td><td>左2</td><td>右1</td><td>右2</td><td>左</td><td>右</td><td>左</td><td>右</td></tr>
<tr><td>1</td><td>3.5 s</td><td>4 s</td><td>√</td><td>/</td><td>√</td><td>/</td><td>/</td><td>8 mm</td><td>√</td><td>√</td><td>130 N</td><td>√</td><td>√</td></tr>
<tr><td>2</td><td>3.5 s</td><td>4 s</td><td>√</td><td>/</td><td>√</td><td>/</td><td>/</td><td>8 mm</td><td>√</td><td>√</td><td>130 N</td><td>√</td><td>√</td></tr>
<tr><td>3</td><td>3.7 s</td><td>4 s</td><td>√</td><td>/</td><td>√</td><td>/</td><td>/</td><td>9 mm</td><td>√</td><td>√</td><td>120 N</td><td>√</td><td>√</td></tr>
<tr><td>4</td><td>3.6 s</td><td>3.9 s</td><td>√</td><td>/</td><td>√</td><td>/</td><td>/</td><td>9 mm</td><td>√</td><td>√</td><td>125 N</td><td>√</td><td>√</td></tr>
<tr><td>5</td><td>3.5 s</td><td>3.9 s</td><td>√</td><td>/</td><td>√</td><td>/</td><td>/</td><td>9 mm</td><td>√</td><td>√</td><td>130 N</td><td>√</td><td>√</td></tr>
<tr><td>6</td><td>4 s</td><td>4 s</td><td>√</td><td>/</td><td>√</td><td>/</td><td>/</td><td>10 mm</td><td>√</td><td>√</td><td>130 N</td><td>√</td><td>√</td></tr>
<tr><td>7</td><td>3.7 s</td><td>4 s</td><td>√</td><td>/</td><td>√</td><td>/</td><td>/</td><td>10 mm</td><td>√</td><td>√</td><td>130 N</td><td>√</td><td>√</td></tr>
<tr><td>8</td><td>3.6 s</td><td>4 s</td><td>√</td><td>/</td><td>√</td><td>/</td><td>/</td><td>9 mm</td><td>√</td><td>√</td><td>130 N</td><td>√</td><td>√</td></tr>
<tr><td>9</td><td>3.7 s</td><td>4 s</td><td>√</td><td>/</td><td>√</td><td>/</td><td>/</td><td>9 mm</td><td>√</td><td>√</td><td>130 N</td><td>√</td><td>√</td></tr>
<tr><td>10</td><td>4 s</td><td>4 s</td><td>√</td><td>/</td><td>√</td><td>/</td><td>/</td><td>9 mm</td><td>√</td><td>√</td><td>125 N</td><td>√</td><td>√</td></tr>
<tr><td>11</td><td>3.6 s</td><td>4 s</td><td>√</td><td>/</td><td>√</td><td>/</td><td>/</td><td>9 mm</td><td>√</td><td>√</td><td>125 N</td><td>√</td><td>√</td></tr>
<tr><td>12</td><td>3.5 s</td><td>4 s</td><td>√</td><td>/</td><td>√</td><td>/</td><td>/</td><td>10 mm</td><td>√</td><td>√</td><td>103 N</td><td>√</td><td>√</td></tr>
<tr><td>标准</td><td colspan="2">≯4.3 s</td><td colspan="4">每扇门齐全可靠</td><td colspan="2">≮7 mm</td><td colspan="2">灵活可靠</td><td>≯150 N</td><td>安全可靠</td><td>平整光滑</td></tr>
<tr><td colspan="3">开门宽度/mm</td><td colspan="2">$B\leqslant 800$</td><td colspan="3">$800<B\leqslant 1\,000$</td><td colspan="3">$1\,000<B\leqslant 1\,100$</td><td colspan="3">$1\,100<B\leqslant 1\,300$</td></tr>
<tr><td>中分</td><td colspan="2" rowspan="2">开关门时间≯</td><td colspan="2">3.2 s</td><td colspan="3">4.0 s</td><td colspan="3">4.3 s</td><td colspan="3">4.9 s</td></tr>
<tr><td>旁开</td><td colspan="2">3.7 s</td><td colspan="3">4.3 s</td><td colspan="3">4.9 s</td><td colspan="3">5.9 s</td></tr>
<tr><td rowspan="3">签字栏</td><td colspan="3" rowspan="2">建设(监理单位)</td><td colspan="4">安装单位</td><td colspan="6">××电梯工程安装公司</td></tr>
<tr><td colspan="4">专业技术负责人</td><td colspan="3">专业质检员</td><td colspan="3">专业工长</td></tr>
<tr><td colspan="3">×××</td><td colspan="4">×××</td><td colspan="3">×××</td><td colspan="3">×××</td></tr>
</table>

填表说明：

(1)凡有数据要求的项目，必须填写实际测量的数据。

(2)没有数据要求的项目，可填写“符合规范要求”。

(3)表格所列项目在实际检查未涉及时，可将此项目用“/”在检查结果栏中划除。

本章小结

本章主要介绍了施工试验记录及检测报告，主要包括设备单机试运转记录、系统试运转调试记录、接地电阻测试记录、绝缘电阻测试记录、建筑与结构工程施工试验记录及检测报告、建筑安装工程施工试验记录及检测报告的填写要求。

思考与练习

一、填空题

1.为保证系统的安全、正常运行，设备在安装中应进行必要的__________。

2.土工击实试验记录由__________提供，并由__________、__________及城建档案馆各保存一份。

3.__________一般称为钢筋连接，是在钢筋与钢筋接头处使用的，用以延长钢筋的一个部件。

4.所有钢筋套管连接处，不能在一个平面内。另外，套管的强度要__________钢筋的强度，以不至于在套管处破坏。

5.__________是指砖石砌体所用的水泥砂浆和水泥混合砂浆。

6.砌筑砂浆按抗压强度划分为__________、__________、__________、__________、__________、__________六个强度等级。

7.砂浆试块试压后，应将试压报告按__________先后顺序装订在一起并编号，及时登记在__________目录表中。

8.__________应根据设计的混凝土强度等级和质量检验以及混凝土施工和易性的要求确定。

9.__________是指混凝土抵抗压力水(或油)渗透的能力。它直接影响混凝土的抗冻性和侵蚀性。

10.室内外输送各种介质的水压管道、设备在安装完毕后，进行隐蔽之前应进行__________。

11.__________是指用电缆、光缆测试仪对综合布线工程进行的现场测试。

12.风管系统安装完成后，应按设计要求及规范规定进行__________，并做记录。

二、单项选择题

1.网架节点承载力试验报告的主要内容不包括(　　)。

A.工程概况　　B.检测依据

C.取样数量　　D.试验的种类

2.关于木结构的力学性能分类的说法，下列叙述不正确的是(　　)。

A.按力学性质分为强度、硬度、刚性、韧性等

B.按荷载性质分为静力荷载、冲击荷载、振动荷载、长期荷载等

C.按作用力的方式分为拉伸、压缩、弯曲、剪切、扭转及纵向弯曲等

D.按纹理分为顺纹和横纹，横纹又可分为弦向和径向

3.基层与保温板的粘结强度平均值必须满足设计要求且不小于(　　)MPa,破坏界面不得位于界面层。

A. 0.05　　B. 0.1

C. 0.15　　D. 0.2

4.锅炉在烘炉、煮炉合格后,应进行(　　)h的带负荷连续试运行,同时应进行安全阀的热状态定压检验和调整,并做记录,以运行正常为合格。

A. 8　　B. 12

C. 24　　D. 48

三、简答题

1.设备单机试运转记录应符合哪些现行国家标准?

2.系统试运转调试记录的填写应注意哪些事项?

3.接地电阻测试主要包括哪些内容?

4.绝缘电阻测试主要包括哪些内容?

5.回填土包括哪些内容?

6.砂浆强度合格判定标准有哪三点?

7.磁粉探伤报告主要包括哪些内容?

8.钢结构防腐、防火涂料厚度检测时,选择测厚仪的测点位置应符合哪些规定?

第八章 施工质量验收记录与竣工验收资料

知识目标

通过本章的学习，了解施工质量验收记录与竣工验收资料的种类；熟悉检验批质量验收记录、分项工程质量验收记录、分部工程质量验收记录、建筑节能分部工程质量验收记录、工程竣工报告、工程质量验收报告、报审资料的内容；掌握施工质量验收记录与竣工验收资料的填写要求。

能力目标

能对施工质量验收记录与竣工验收资料进行分类，具备编制施工质量验收记录与竣工验收资料各种专业表格资料的能力。

第一节 施工质量验收记录

施工质量验收记录属于C7类，主要包括40项内容。其工程资料名称、来源及保存见表8—1。

表8—1 施工质量验收记录

施工质量验收记录(C7类)工程资料名称		工程资料来源	工程资料保存			
			施工单位	监理单位	建设单位	城建档案馆
1	检验批质量验收记录*(表C.7.1)	施工单位	○	○	●	
2	分项工程质量验收记录*(表C.7.2)	施工单位	●	●	●	
3	分部(子分部)工程质量验收记录**(表C.7.3)	施工单位	●	●	●	●
4	建筑节能分部工程质量验收记录**(表C.7.4)	施工单位	●	●	●	●
5	自动喷水系统验收缺陷项目划分记录**	施工单位	●	○	○	
6	程控电话交换系统分项工程质量验收记录	施工单位	●	○	●	

续表

施工质量验收记录(C7 类)工程资料名称		工程资料来源	工程资料保存			
			施工单位	监理单位	建设单位	城建档案馆
7	会议电视系统分项工程质量验收记录	施工单位	●	○	●	
8	卫星数字电视系统分项工程质量验收记录	施工单位	●	○	●	
9	有线电视系统分项工程质量验收记录	施工单位	●	○	●	
10	公共广播与紧急广播系统分项工程质量验收记录	施工单位	●	○	●	
11	计算机网络系统分项工程质量验收记录	施工单位	●	○	●	
12	应用软件系统分项工程质量验收记录	施工单位	●	○	●	
13	网络安全系统分项工程质量验收记录	施工单位	●	○	●	
14	空调与通风系统分项工程质量验收记录	施工单位	●	○	●	
15	变配电系统分项工程质量验收记录	施工单位	●	○	●	
16	公共照明系统分项工程质量验收记录	施工单位	●	○	●	
17	给排水系统分项工程质量验收记录	施工单位	●	○	●	
18	热源和热交换系统分项工程质量验收记录	施工单位	●	○	●	
19	冷冻和冷却水系统分项工程质量验收记录	施工单位	●	○	●	
20	电梯和自动扶梯系统分项工程质量验收记录	施工单位	●	○	●	
21	数据通信接口分项工程质量验收记录	施工单位	●	○	●	
22	中央管理工作站及操作分站分项工程质量验收记录	施工单位	●	○	●	
23	系统实时性、可维护性、可靠性分项工程质量验收记录	施工单位	●	○	●	
24	现场设备安装及检测分项工程质量验收记录	施工单位	●	○	●	
25	火灾自动报警及消防联动系统分项工程质量验收记录	施工单位	●	○	●	
26	综合防范功能分项工程质量验收记录	施工单位	●	○	●	
27	视频安防监控系统分项工程质量验收记录	施工单位	●	○	●	
28	入侵报警系统分项工程质量验收记录	施工单位	●	○	●	
29	出入口控制(门禁)系统分项工程质量验收记录	施工单位	●	○	●	
30	巡更管理系统分项工程质量验收记录	施工单位	●	○	●	
31	停车场(库)管理系统分项工程质量验收记录	施工单位	●	○	●	

续表

施工质量验收记录(C7类)工程资料名称		工程资料来源	工程资料保存			
			施工单位	监理单位	建设单位	城建档案馆
32	安全防范综合管理系统分项工程质量验收记录	施工单位	●	○	●	
33	综合布线系统安装分项工程质量验收记录	施工单位	●	○	●	
34	综合布线系统性能检测分项工程质量验收记录	施工单位	●	○	●	
35	系统集成网络连接分项工程质量验收记录	施工单位	●	○	●	
36	系统数据集成分项工程质量验收记录	施工单位	●	○	●	
37	系统集成整体协调分项工程质量验收记录	施工单位	●	○	●	
38	系统集成综合管理及冗余功能分项工程质量验收记录	施工单位	●	○	●	
39	系统集成可维护性和安全性分项工程质量验收记录	施工单位	●	○	●	
40	电源系统分项工程质量验收记录	施工单位	●	○	●	
注:表中工程资料名称与资料保存单位所对应的栏中"●"表示"归档保存";"○"表示"过程保存",是否归档保存可自行确定。表中注明"*"的表,宜由施工单位和监理或建设单位共同形成。						

一、检验批质量验收记录

检验批质量验收记录应符合现行国家标准《建筑工程施工质量验收统一标准》(GB 50300—2013)的有关规定。施工单位填写的检验批质量验收记录应一式三份,并应由建设单位、监理单位和施工单位各保存一份。

1.表格样式

检验批质量验收记录样式及填写范例见表8-2。

表8-2[表C.7.1]　土方开挖工程检验批质量验收记录

单位(子单位)工程名称	**××大厦工程**	分部(子分部)工程名称	**地基与基础**	分项工程名称	**防水混凝土**
施工单位	**××建筑工程公司**	项目负责人	**×××**	检验批容量	**500 m³**
分包单位	/	分包单位项目负责人	/	检验批部位	**①~⑦/Ⓐ~Ⓒ轴地下室外墙**
施工依据	**地下防水施工方案**		验收依据	**《地下防水工程质量验收规范》(GB 50208—2011)**	

续表

	验收项目		设计要求及规范规定	最小/实际抽样数量	检查记录	检查结果
主控项目	1	**防水混凝土的原材料、配合比及坍落度**	**第 4.1.14 条**	/	**质量证明文件齐全,检验合格**	√
	2					
	3					
	4					
	5					
	6					
	7					
	8					
	9					
	10					
一般项目	1	**防水混凝土结构表面的裂缝宽度**	≯**0.2** mm	**61**	**无明显裂缝**	√
	2					
	3					
	4					
	5					
施工单位检查结果	专业工长:××× 项目专业质量检查员:××× ××年×月×日					
监理单位检查结果	专业监理工程师:××× ××年×月×日					

2.表格填写要求及注意事项

(1)表的名称及编号。

1)检验批由监理工程师或建设单位项目技术负责人组织项目专业质量检查员等进行验收,表的名称应在制订专用表格时就印好,前面印上分项工程的名称。表的名称下方注上质量验收规范的编号。

2)检验批表的编号按全部施工质量验收规范系列的分部工程、子分部工程、分项工程的代码、检验批代码(依据专业验收规范)和资料顺序号 11 位数的数码编号组成,写在表的右上角。其编号的具体说明如下:

第 1、2 位数字是分部工程的代码;

第 3、4 位数字是子分部工程的代码;

第5、6位数字是分项工程的代码；

第7、8位数字是检验批的代码；

第9、10、11位数字是各检验批验收的自然顺序号。

同一检验批表格适用于不同分部、子分部、分项工程时，表格分别编号，填表时按实际类别填写顺序号加以区别；编号按分部、子分部、分项、检验批序号的顺序排列。

(2)表头填写说明。

1)“单位(子单位)工程名称”栏：填写全称，如为群体工程，则按“群体工程名称＋单位工程名称”形式填写，子单位工程标出该部分的位置。

2)“分部(子分部)工程名称”栏：按表1－2规定的分部(子分部)名称填写。

3)“分项工程名称”栏：按检验批所属分项工程名称填写，分项工程名称按表1－2填写。

4)“施工单位”及“项目负责人”栏：“施工单位”栏应填写总包单位名称，或与建设单位签订合同专业承包单位名称，与合同上公章名称一致，应注意各表格填写的名称应相互一致；“项目负责人”栏填写合同中指定的项目负责人名称，表头中人名由填表人填写即可。

5)“分包单位”及“分包单位项目负责人”栏：

①当不涉及分包时，此栏不需要填写，画“/”。

②当有分包项目时，“分包单位”栏应填写分包单位全称，应与合同上公章名称一致，并应注意各表格填写的名称应相互一致；“分包单位项目负责人”栏填写合同中指定的分包单位项目负责人名称，表头中人名由填表人填写即可。

6)“检验批容量”栏：是指本检验批的工程量，按工程实际填写，计量项目和单位符合专业验收规范中对检验批容量的规定。

7)“检验批部位”栏：是指一个分项工程中验收的那个检验批的抽样范围，要按实际情况填写清楚。

8)“施工依据”栏：可以填写所采用的企业标准、地方标准、行业标准或国家标准；要将标准名称及编号填写齐全。

9)“验收依据”栏：填写验收依据的标准名称及编号。

(3)验收项目填写说明。“验收项目”栏制表时按以下四种情况印制：

1)直接写入：当规范条文文字较少，或条文本身就是表格时，按规范条文写入。

2)简化描述：将质量要求作简化描述主题词，作为检查提示。

3)分主控项目和一般项目。

4)按条文顺序排序。

(4)设计要求及规范规定填写说明。

1)直接写入：当条文中质量要求的内容文字较少时，直接明确写入；当混凝土、砂浆强度符合设计要求时，直接写入设计要求值。

2)写入条文号：当文字较多时，只将条文号写入。

3)写入允许偏差：对定量要求，将允许偏差直接写入。

(5)最小/实际抽样数量填写说明。

1)对于材料、设备及工程试验类规范条文，非抽样项目，直接写入“/”。

2)对于抽样项目的样本为总体时，写入“全/实际数量”，如“全/10”，“10”是指本检验批实际包括的样本总量。

3)对于抽样项目且按工程量抽样时，写入“最小/实际抽样数量”，如“10/10”，即按工程量计算最小抽样数量为10，实际抽样数量为10。

4)本次检验批验收不涉及此验收项目时，此栏写入“/”。

(6)检查记录填写说明。

1)对于计量检验项目，采用文字描述方式，说明实际质量验收内容及结论；此类多为对材料、设备及工程试验类结果的检查项目。

2)对于计数检验项目，必须依据对应的《检验批验收现场检查原始记录》中的验收情况记录，按下列形式填写：

①抽样检查的项目，填写描述语，如“抽查10处，合格8处”，或者“抽查10处，全部合格”。

②全数检查的项目，填写描述语，如“共10处，检查10处，合格8处”，或者“共10处，检查10处，全部合格”。

3)本次检验批验收不涉及此验收项目时，此栏写入“/”。

4)对于“明显不合格”情况的填写要求。

①对于计量检验和计数检验中全数检查的项目，发现明显不合格的个体，此条验收就不合格。

②对于计数检验中抽样检验的项目，明显不合格的个体可不纳入检验批，但应进行处理，使其满足有关专业验收规范的规定，对处理的情况应予以记录并重新验收；“检查记录”栏填写要求如下：

a.不存在明显不合格的个体的，不做记录。

b.存在明显不合格的个体的，按《检验批验收现场检查原始记录》中验收情况记录填写，例如“一处明显不合格，已整改，复查合格”，或“一处明显不合格，未整改，复查不合格”。

(7)检查结果填写说明。

1)采用文字描述方式的验收项目，合格打“√”，不合格打“×”。

2)对于抽样项目且为主控项目，无论定性还是定量描述，全数合格为合格，有1处不合格即为不合格，合格打“√”，不合格打“×”。

3)对于抽样项目且为一般项目，“检查结果”栏填写合格率，如“100%”；定性描述项目所有抽查点全部合格(合格率为100%)，此条为合格；定量描述项目，其中每个项目都必须有80%以上(混凝土保护层为90%)检测点的实测数值达到规范规定，其余20%按各专业施工质量验收规范规定，不能大于1.5倍，钢结构为1.2倍，就是说有数据的项目，除必须达到规定的数值外，其余可放宽的，最大放宽到1.5倍。

4)本次检验批验收不涉及此验收项目时，此栏写入“/”。

(8)施工单位检查结果填写说明。

1)施工单位质量检查员按依据的规范、规程判定该检验批质量是否合格，填写检查结果。填写内容通常为“符合要求”“不符合要求”“主控项目全部合格，一般项目符合验收规范(程)要求”等评语。

2)如果检验批中含有混凝土、砂浆试件强度验收等内容,应待试验报告出来后再作判定。

3)施工单位专业质量检查员和专业工长应签字确认并按实际填写日期。

(9)监理单位验收结论填写说明。

1)此栏应由专业监理工程师填写。

2)此栏通常签注"合格"或"同意验收"。

3)如果检验批中含有混凝土、砂浆试件强度验收等内容,应待试验报告出来后再作判定。

二、分项工程质量验收记录

分项工程的验收在检验批验收的基础上进行。构成分项工程的各检验批的验收资料文件完整,并且均已验收合格,则可判定该分项工程验收合格。每一分项工程完工后,由专业监理工程师组织施工单位项目专业质量(技术)负责人等进行验收,并填写验收结论。

分项工程质量验收记录应符合现行国家标准《建筑工程施工质量验收统一标准》(GB 50300—2013)的有关规定。施工单位填写的分项工程质量验收记录应一式三份,并由建设单位、监理单位、施工单位各保存一份。

1.表格样式

分项工程质量验收记录样式及填写范例见表8－3。

表8－3[表C.7.2] 分项工程质量验收记录

<table>
<tr><td colspan="2">单位(子单位)
工程名称</td><td colspan="2">××大厦工程</td><td>分部(子分部)
工程名称</td><td colspan="3">建筑给水排水及供暖/卫生器具</td></tr>
<tr><td colspan="2">分项工程数量</td><td colspan="2">425件</td><td>检验批数量</td><td colspan="3">5</td></tr>
<tr><td colspan="2">施工单位</td><td colspan="2">××建筑工程公司</td><td>项目负责人</td><td>×××</td><td>项目技术负责人</td><td>×××</td></tr>
<tr><td colspan="2">分包单位</td><td colspan="2">/</td><td>分包单位项目负责人</td><td>/</td><td>分包内容</td><td>/</td></tr>
<tr><td>序号</td><td>检验批名称</td><td>检验批容量</td><td>部位/区段</td><td>施工单位检查评定结果</td><td colspan="3">监理或建设单位验收意见</td></tr>
<tr><td>1</td><td>卫生器具安装</td><td>22</td><td>1～2层</td><td>符合要求</td><td colspan="3">合格</td></tr>
<tr><td>2</td><td>卫生器具安装</td><td>30</td><td>3～4层</td><td>符合要求</td><td colspan="3">合格</td></tr>
<tr><td>3</td><td>卫生器具安装</td><td>30</td><td>5～6层</td><td>符合要求</td><td colspan="3">合格</td></tr>
<tr><td>4</td><td>卫生器具安装</td><td>30</td><td>7～8层</td><td>符合要求</td><td colspan="3">合格</td></tr>
<tr><td>5</td><td>卫生器具安装</td><td>30</td><td>9～10层</td><td>符合要求</td><td colspan="3">合格</td></tr>
<tr><td></td><td></td><td></td><td></td><td></td><td colspan="3"></td></tr>
<tr><td></td><td></td><td></td><td></td><td></td><td colspan="3"></td></tr>
<tr><td></td><td></td><td></td><td></td><td></td><td colspan="3"></td></tr>
</table>

说明： 检验批质量验收记录资料齐全完整			
检查结论	符合要求 项目专业技术负责人： 年 月 日	验收结论	合格 专业监理工程师或建设单位项目专业技术负责人： 年 月 日

2.表格填写要求及注意事项

(1)除填写表中基本参数外，首先应填写各检验批的名称、部位、区段等，注意要填写齐全。

(2)表中部“施工单位检查评定结果”栏，由施工单位质量检查员填写，可以画“□”或填写“符合要求，验收合格”。

(3)表中部右边“监理或建设单位验收意见”栏，由专业工程监理工程师应逐项审查，同意项填写“合格”或“符合要求”，如有不同意项应做标记但暂不填写，待处理后再验收。对不同意项，监理工程师应指出问题，明确处理意见和完成时间。

(4)表下部“检查结论”栏，由施工单位项目技术负责人填写，可填写“符合要求”，然后交监理单位验收。

(5)表下部右边“验收结论”栏，由监理工程师或建设单位项目专业技术负责人填写，在确认各项验收合格后，填入“合格”。

(6)核对检验批的部位、区段是否全部覆盖分项工程的范围，有无遗漏的部位。

(7)一些在检验批中无法检验的项目，可在分项工程中直接验收，如有混凝土、砂浆强度要求的检验批，其后应检查试验结果能否达到设计要求。

三、分部工程质量验收记录

分部工程质量验收记录应符合现行国家标准《建筑工程施工质量验收统一标准》(GB 50300—2013)的有关规定。施工单位填写的分部工程质量验收记录应一式四份，并由建设单位、监理单位、施工单位、城建档案馆各保存一份。

1.表格样式

分部工程质量验收记录样式及填写范例见表 8－4。

建筑工程施工
质量验收统一标准

表 8－4　分部工程质量验收记录

<table>
<tr><td colspan="2">单位(子单位)
工程名称</td><td colspan="2">××大厦工程</td><td>子分部工
程数量</td><td>2</td><td>分项工程数量</td><td>425 件</td></tr>
<tr><td colspan="2">施工单位</td><td colspan="2">××建筑工程公司</td><td>项目负责人</td><td>×××</td><td>技术(质量)
负责人</td><td>×××</td></tr>
<tr><td colspan="2">分包单位</td><td colspan="2">/</td><td>分包单位
负责人</td><td>/</td><td>分包内容</td><td>/</td></tr>
<tr><td>序号</td><td>子分部工程名称</td><td>分项工程名称</td><td>检验批数量</td><td colspan="2">施工单位检查结果</td><td colspan="2">监理单位验收结论</td></tr>
<tr><td>1</td><td>基础</td><td>模板工程</td><td>26</td><td colspan="2">符合要求</td><td colspan="2">合格</td></tr>
<tr><td>2</td><td></td><td>钢筋工程</td><td>24</td><td colspan="2">符合要求</td><td colspan="2">合格</td></tr>
<tr><td>3</td><td>土方</td><td>场地平整</td><td>1</td><td colspan="2">符合要求</td><td colspan="2">合格</td></tr>
<tr><td>4</td><td></td><td>土方开挖</td><td>1</td><td colspan="2">符合要求</td><td colspan="2">合格</td></tr>
<tr><td>5</td><td></td><td></td><td></td><td colspan="2"></td><td colspan="2"></td></tr>
<tr><td>6</td><td></td><td></td><td></td><td colspan="2"></td><td colspan="2"></td></tr>
<tr><td>7</td><td></td><td></td><td></td><td colspan="2"></td><td colspan="2"></td></tr>
<tr><td>8</td><td></td><td></td><td></td><td colspan="2"></td><td colspan="2"></td></tr>
<tr><td colspan="4">质量控制资料</td><td colspan="2">共计 40 份，齐全有效合格</td><td colspan="2"></td></tr>
<tr><td colspan="4">安全和功能检验结果</td><td colspan="2">抽查 5 项，符合要求</td><td colspan="2">合格</td></tr>
<tr><td colspan="4">观感质量检验结果</td><td colspan="2">一般</td><td colspan="2">一般</td></tr>
<tr><td>综合验
收结论</td><td colspan="7">地基与基础分部工程验收合格</td></tr>
<tr><td colspan="2">施工单位：××建筑有限公司
项目负责人：×××
××年×月×日</td><td colspan="2">勘察单位：××工程勘察中心
项目负责人：×××
××年×月×日</td><td colspan="2">建设单位：××设计研究院
项目负责人：×××
××年×月×日</td><td colspan="2">监理单位：××监理有限公司
总监理工程师：×××
××年×月×日</td></tr>
<tr><td colspan="8">注：1.地基与基础分部工程的验收应由施工、勘察、设计单位项目负责人和总监理工程师参加并签字。
2.主体结构、节能分部工程的验收应由施工、设计单位项目负责人和总监理工程师参加并签字。</td></tr>
</table>

2.表格填写要求及注意事项

(1)分部工程的验收内容、程序都是一样的，可以一个子分部、一个分项地进行质量验收，然后将各子分部的质量控制资料进行核查等。

(2)分部工程质量验收由监理工程师组织施工单位项目负责人、专业项目负责人、设计单位项目负责人进行验收，对全部分项工程、质量管理、使用功能、观感质量等内容进行验收，共同签署验收意见。

(3)分部工程质量验收由施工单位填写，验收结论由监理单位填写。对子分部工程质量验收、质量管理资料核查、安全、卫生和主要使用功能核查抽查结果、观感质量验收等方面进行检查。综合验收结论由参加验收各方共同商定，建设单位填写，填写内容应对工程质量是否符合设计和相关规范要求及总体质量做出评价，各方签字盖章确认。

(4)对有关安全及功能的检测和抽样检测结果的验收内容包括安全和功能及其两个方面的检测资料。

(5)分部工程的观感质量检查，是经过现场工程的检查，由检查人员共同确定评价的“好”“一般”“差”。进行检查时，要注意一定在现场将工程的各个部位全部看到，能操作的应操作，观察其方便性、灵活性和有效性等；能打开观看的应打开观看，不能只看“外观”，应全面了解分部(子分部)的实物质量。观感质量只是辅助项目，评价内容只有项目，无具体化标准，由检查评价人员宏观掌握。如果没有较明显达不到要求的，就可以评为一般；如果某些部位质量较好，细部处理到位，就可评为好；如果有的部位达不到要求，或有明显的缺陷，但不影响安全或使用功能的，则评为差。评为差的项目能进行返修的应进行返修，不能返修的只要不影响结构安全和使用功能的可通过验收。有影响安全或使用功能的项目，不能评价，应修理后再评价。评价时，施工单位应先自行检查合格后，由监理单位验收。参加评价的人员应具有相应资格，由总监组织，专业监理工程师参加，在听取其他参加人员的意见后，共同做出评价，但总监理工程师的意见应为主导意见。

(6)一般在工程中，分项工程验收完成后即进入分部工程的验收流程。只有复杂大型工程根据实际需要，才会设置子分部工程。

(7)分部工程应由总监理工程师(建设单位项目负责人)组织有关设计单位及施工单位项目负责人和技术、质量负责人等共同验收并签认。

(8)签字栏中勘察、设计单位需参加地基与基础分部工程质量验收，由其项目负责人亲自签认。设计单位需参加主体结构和建筑节能分部工程质量验收，由设计单位的项目负责人亲自签认。施工方总承包单位由项目负责人亲自签认，分包单位不用签字，但必须参考其负责的分部工程的验收。监理单位作为验收方，由总监理工程师签认验收。未委托监理的工程，可由建设单位项目技术负责人签认验收。

第二节　竣工验收资料

竣工验收资料属于C8类，主要包括9项内容。其工程资料名称、来源及保存见表8－5。

表8－5　竣工验收资料

施工验收资料(C8类) 工程资料名称		工程资料来源	工程资料保存			
			施工单位	监理单位	建设单位	城建档案馆
1	工程竣工报告	施工单位	●	●	●	●
2	单位（子单位）工程竣工预验收报验表*（表C.8.1）	施工单位	●	●	●	
3	单位（子单位）工程质量竣工验收记录**（表C.8.2－1）	施工单位	●	●	●	●

续表

施工验收资料（C8 类）工程资料名称		工程资料来源	工程资料保存			
			施工单位	监理单位	建设单位	城建档案馆
4	单位（子单位）工程质量控制资料核查记录＊（表 C.8.2－2）	施工单位	●	●	●	●
5	单位（子单位）工程安全和功能检验资料核查及主要功能抽查记录＊（表 C.8.2－3）	施工单位	●	●	●	●
6	单位（子单位）工程观感质量检查记录＊＊（表 C. 8.2－4）	施工单位	●	●	●	●
7	施工决算资料	施工单位	○	○	●	
8	施工资料移交书	施工单位	●		●	
9	房屋建筑工程质量保修书	施工单位	●	●	●	

注：表中工程资料名称与资料保存单所对应的栏中"●"表示"归档保存"；"○"表示"过程保存"，是否归档保存可自行确定。表中注明"＊"的表，宜由施工单位和监理或建设单位共同形成。

一、工程竣工报告

建筑工程竣工报告主要包括施工主要依据、工程概况及完成情况、工程实体质量情况自评、施工资料管理及完成情况、主要建筑设备、系统调试情况、安全和功能检测、主要功能抽查情况和工程质量总体评价。施工主要依据包括施工合同、工程设计图纸、主要应用的法律及法规、主要规范及规程、主要选用图集、主要标准、本企业文件与其他参考文件。工程概况及完成情况包括工程概况、参建单位、主要建设手续和工程实际完成情况。

工程竣工报告样式如图 8－1 所示。

××工程竣工报告

编写单位：

编写日期：

一、工程概况

(1)建设依据：行政主管部门有关批复、核准、备案文件。注明文件文号、名称和时间等。

(2)地理位置：概括描述相对位置并注明经纬度。

(3)自然条件：地形、地质、水文和气象等主要特征。

(4)批复、核准或备案的建设规模、标准、能力和总投资。

(5)项目法人：主要设计、施工（含设备制造、安装）、监理、质量监督等单位名称。

(6)开、竣工日期。

二、招工标投标及合同管理

概述招标投标情况、招标投标存在的问题和处理意见、合同的签订及执行情况。

图 8－1　工程竣工报告样式

三、工程建设情况

详细叙述各单项工程的工程总量、开工和完工时间、主要设计变更内容、工程中采用的主要施工工艺等;工程事故的处理;对各单项工程中的主要单位工程应着重说明其结构特点、特殊使用要求和建设情况,同时附工程建设项目一览表。

单项工程建设情况的内容按初步设计文件编制的章节顺序编写。

四、工艺设备

叙述主要工艺流程、机械设备和工作车船的数量及其性能参数、制造厂家和供货、安装与调试情况,同时附机械设备一览表。

五、环保、劳动安全卫生、消防和档案

概述有关环境保护、劳动安全卫生、消防主要建设内容、工程档案资料归档的情况以及相关主管部门的专项验收意见。

六、工程监理

概述监理工作情况以及监理过程中存在的问题和处理意见。

七、交工验收和工程质量

概述交工验收情况。根据工程质量监督报告,综述工程质量评定情况以及存在问题的处理情况。

八、竣工决算

概述竣工决算情况以及审计意见。

九、问题和建议

竣工验收时存在的主要问题如实反映并提出建议意见。总平面布置图及能够反映工程特点的部分图片。

图 8—1　工程竣工报告样式(续)

二、工程质量验收报告、报审资料

1.单位(子单位)工程竣工预验收报验表

单位(子单位)工程承包单位自检符合竣工条件后,向项目监理机构提出工程竣工预验收。单位(子单位)工程竣工预验收报验表应符合现行国家标准《建设工程监理规范》(GB/T 50319—2013)的有关规定。

施工单位填写的单位(子单位)工程竣工预验收报验表应一式四份,并由建设单位、监理单位、施工单位、城建档案馆各保存一份。单位(子单位)工程竣工预验收报验表样式及填写范例见表 8—6。

表 8—6[表 C.8.1]　单位(子单位)工程竣工预验收报验表

工程名称	××大厦工程	编　号	×××
致:××监理公司××项目监理部(监理单位) 我方已按施工合同要求完成××大厦工程,经自检合格,请予以检查和验收。 附件:1.工程质量验收报告:工程竣工报告 2.工程功能检验资料 (1)单位(子单位)工程质量竣工验收记录; (2)单位(子单位)工程质量资料核查记录; (3)单位(子单位)工程安全和功能检验资料核查及主要功能抽查记录; (4)单位(子单位)工程观感质量检查记录。 施工总承包单位 ××建筑工程公司 项目经理 ××× 日期××年×月×日			

续表

审查意见：
经预验收，该工程 (1)符合/不符合我国现行法律、法规要求。 (2)符合/不符合我国现行工程建设标准。 (3)符合/不符合设计文件要求。 (4)符合/不符合施工合同要求。 综上所述，该工程预验收合格/不合格，可以/不可以组织正式验收。 监理单位 ××监理公司××项目监理部 总监理工程师 ××× 日期××年×月×日

2.单位(子单位)工程质量竣工验收记录

单位(子单位)工程质量竣工验收记录应符合现行国家标准《建筑工程施工质量验收统一标准》(GB 50300—2013)的有关规定。施工单位填写的单位(子单位)工程质量竣工验收记录应一式五份，并应由建设单位、监理单位、施工单位、设计单位、城建档案馆各保存一份。

单位(子单位)工程质量竣工验收记录样式及填写范例见表8－7。

表8－7[表C.8.2－1] 单位(子单位)工程质量竣工验收记录

<table>
<tr><td>工程名称</td><td colspan="2">××大厦</td><td>结构类型</td><td>框架结构</td><td>层数/建筑面积</td><td>8层/5 600 m^2</td></tr>
<tr><td>施工单位</td><td colspan="2">××建筑工程公司</td><td>技术负责人</td><td>×××</td><td>开工日期</td><td>××年×月×日</td></tr>
<tr><td>项目经理</td><td colspan="2">×××</td><td>项目技术负责人</td><td>×××</td><td>竣工日期</td><td>××年×月×日</td></tr>
<tr><td>序号</td><td colspan="2">项目</td><td colspan="3">验收记录</td><td>验收结论</td></tr>
<tr><td>1</td><td colspan="2">分部工程</td><td colspan="3">共 9 分部，经查 9 分部
核定符合标准及设计要求 9 分部</td><td>经各专业分部工程验收，工程质量符合验收标准</td></tr>
<tr><td>2</td><td colspan="2">质量控制资料核查</td><td colspan="3">共 46 项，经审查符合要求 46 项，
经核定符合规范要求 46 项</td><td>质量控制资料经核查共46项符合有关规范要求</td></tr>
<tr><td>3</td><td colspan="2">安全和主要使用功能核查及抽查结果</td><td colspan="3">共核查 26 项，符合要求 26 项，
共抽查 11 项，符合要求 11 项，
经返工处理符合要求 0 项</td><td>安全和主要使用功能共核查26项符合要求，抽查其中11项使用功能均满足</td></tr>
<tr><td>4</td><td colspan="2">观感质量验收</td><td colspan="3">共抽查 23 项，符合要求 23 项，
不符合要求 0 项</td><td>观感质量验收为好</td></tr>
<tr><td>5</td><td colspan="2">综合验收结论</td><td colspan="4">经对本工程综合验收，各分部分项工程符合设计要求，施工质量满足有关施工质量验收规范和标准要求，单位工程竣工验收合格</td></tr>
<tr><td rowspan="2">参加验收单位</td><td colspan="2">建设单位</td><td colspan="2">监理单位</td><td>施工单位</td><td>设计单位</td></tr>
<tr><td colspan="2">(公章)
单位(项目)负责人：
×××
××年×月×日</td><td colspan="2">(公章)
总监理工程师：
×××
××年×月×日</td><td>(公章)
单位负责人：
×××
××年×月×日</td><td>(公章)
单位(项目)负责人：
×××
××年×月×日</td></tr>
</table>

填表说明：

(1)“分部工程”栏根据各分部(子分部)工程质量验收记录填写，应对所含各分部工程，由竣工验收组成员共同逐项检查。对表中内容如有异议，应对工程实体进行检查或测试。核查并确认合格后，由监理单位在“验收记录”栏注明共验收了几个分部，符合标准及设计要求的有几个分部，并在右侧的“验收结论”栏内，填入具体的验收结论。

(2)“质量控制资料核查”栏根据单位(子单位)工程质量控制资料核查记录的核查结论填写。建设单位组织由各方代表组成的验收组成员，或委托总监理工程师，按照单位(子单位)工程质量控制资料核查记录的内容，对资料进行逐项核查。确认符合要求后，在单位(子单位)工程质量竣工验收记录右侧的“验收结论”栏内，填写具体验收结论。

(3)“安全和主要使用功能核查及抽查结果”栏根据单位(子单位)工程安全和功能检验资料核查及主要功能抽查记录的核查结论填写。

对于分部工程验收时已经进行了安全和功能检测的项目，单位工程验收时不再重复检测，但要核查以下内容：

1)单位工程验收时按规定、约定或设计要求，需要进行的安全功能抽测项目是否都进行了检测；具体检测项目有无遗漏。

2)抽测的程序、方法是否符合规定。

3)抽测结论是否符合设计及规范规定。

经核查认为符合要求的，在单位(子单位)工程质量竣工验收记录中的“验收结论”栏填入符合要求的结论。如果发现某些抽测项目不全，或抽测结果达不到设计要求，可进行返工处理，使之达到要求。

(4)“观感质量验收”栏根据单位(子单位)工程观感质量检查记录的检查结论填写。

(5)“综合验收结论”栏应由参加验收各方共同商定，并由建设单位填写，主要对工程质量是否符合设计和规范要求及总体质量水平做出评价。

3.单位(子单位)工程质量控制资料核查记录

单位(子单位)工程质量控制资料是单位工程综合验收的一项重要内容，是单位工程包含的有关分项工程中检验批主控项目、一般项目要求内容的汇总表。单位(子单位)工程质量控制资料核查记录应符合现行国家标准《建筑工程施工质量验收统一标准》(GB 50300—2013)的有关规定。

单位(子单位)工程质量控制资料核查记录应由施工单位填写，一式四份，并由建设单位、监理单位、施工单位、城建档案馆各保存一份。其样式及填写范例见表8-8。

表 8－8[表 C.8.2－2]　单位工程质量控制资料核查记录

工程名称		××大厦	施工单位	××建设工程公司		
序号	项目	资料名称	份数	核查意见		核查人
1	建筑与结构	图纸会审记录、设计变更通知单、工程洽商记录(技术核定单)	22	齐全有效		×××
2		工程定位测量、放线记录	60	齐全有效		
3		原材料、出厂合格证书及进场检(试)验报告	214	齐全有效		
4		施工试验报告及见证检测报告	177	齐全有效		
5		隐蔽工程验收记录	146	齐全有效		
6		施工记录	105	齐全有效		
7		地基、基础、主体结构检验及抽样检测资料	51	齐全有效		
8		分项、分部工程质量验收记录	12	/		
9		工程质量事故及事故调查处理资料	/	/		
10		新材料、新工艺施工记录	2	齐全有效		
1	给水排水与供暖	图纸会审记录、设计变更通知单、工程洽商记录(技术核定单)	42	齐全有效		×××
2		材料、配件出厂合格证书及进场检(试)验报告	8	齐全有效		
3		管道、设备强度试验、严密性试验记录	32	齐全有效		
4		隐蔽工程验收记录	30	齐全有效		
5		系统清洗、灌水、通水、通球试验记录	31	齐全有效		
6		施工记录	20	齐全有效		
7		分项、分部工程质量验收记录	10	齐全有效		
8						
1	通风与空调	图纸会审记录、设计变更通知单、工程洽商记录(技术核定单)	5	齐全有效		×××
2		材料、设备出厂合格证书及进场检(试)验报告	7	齐全有效		
3		制冷、空调、水管道强度试验、严密性试验记录	6	齐全有效		
4		隐蔽工程验收记录	14	齐全有效		
5		制冷设备运行调试记录	11	齐全有效		
6		通风、空调系统调试记录	7	齐全有效		
7		施工记录	3	齐全有效		
8		分项、分部工程质量验收记录	14	齐全有效		
9						

续表

工程名称	××大厦		施工单位	××建设工程公司	
序号	项目	资料名称	份数	核查意见	核查人
1	建筑电气	图纸会审记录、设计变更通知单、工程洽商记录(技术核 单)	8	齐全有效	×××
2		材料、设备出厂合格证书及进场检(试)验报告	28	齐全有效	
3		设备调试记录	11	齐全有效	
4		接地、绝缘电阻测试记录	12	齐全有效	
5		隐蔽工程验收记录	33	齐全有效	
6		施工记录	25	齐全有效	
7		分项、分部工程质量验收记录	20	齐全有效	
8					
1	智能建筑	图纸会审、设计变更、工程洽商记录(技术核 单)、竣工及设计说明	22	齐全有效	×××
2		材料、设备出厂合格证书及进场检(试)验报告	10	齐全有效	
3		隐蔽工程验收记录	20	齐全有效	
4		系统功能测定及设备调试记录	28	齐全有效	
5		系统技术、操作和维护手册	20	齐全有效	
6		系统管理、操作人员培训记录	15	齐全有效	
7		系统检测报告	2	齐全有效	
8		分项、分部工程质量验收记录	6	齐全有效	
9					
1	电梯	图纸会审记录、设计变更通知单、工程洽商记录	2	齐全有效	×××
2		设备出厂合格证书及开箱检验记录	1	齐全有效	
3		隐蔽工程验收记录	6	齐全有效	
4		施工记录	8	齐全有效	
5		接地、绝缘电阻试验记录	2	齐全有效	
6		负荷试验、安全装置检查记录	1	齐全有效	
7		分项、分部工程质量验收记录	4	齐全有效	
8					

结论：

工程资料齐全、有效，各种施工试验、系统调试记录等符合有关规范规定，资料核查通过，同意竣工验收。

施工总承包单位项目经理：×××

××年×月×日

总监理工程师或建设单位项目负责人：×××

××年×月×日

填表说明：

(1)本表由施工单位按照所列质量控制资料的种类、名称进行检查，并填写份数，然后提交给监理单位验收。

(2)本表其他各栏内容均由监理单位进行核查和填写。监理单位应按分部工程逐项核查，独立得出核查结论。监理单位核查合格后，在“核查意见”栏填写对资料核查后的具体意见，如齐全、符合要求，具体核查人员在“核查人”栏签字。

(3)总监理工程师或建设单位项目负责人确认符合要求后，在表下部“结论”栏内，填写对资料核查后的综合性结论。

(4)施工单位项目经理应在表下部“结论”栏内签字确认。

4.单位(子单位)工程安全和功能检验资料核查及主要功能抽查记录

单位(子单位)工程安全和功能检验资料核查及主要功能抽查记录应符合现行国家标准《建筑工程施工质量验收统一标准》(GB 50300—2013)的有关规定。单位(子单位)工程安全和功能检验资料核查及主要功能抽查记录应由施工单位填写，一式四份，并由建设单位、监理单位、施工单位、城建档案馆各保存一份。

单位(子单位)工程安全和功能检验资料核查及主要功能抽查记录样式及填写范例见表8—9。

表8—9[表C.8.2—3] 单位(子单位)工程安全和功能检验资料核查及主要功能抽查记录

工程名称		××大厦	施工单位	××建设工程公司		
序号	项目	安全和功能检查项目	份数	核查意见	抽查结果	核查(抽查)人
1	建筑与结构	地基承载力检验报告	2	完整有效	抽查1项合格	×××
2		桩基承载力检验报告	4	完整有效		
3		混凝土强度试验报告	11	完整有效	抽查2项合格	
4		砂浆强度试验报告	3	完整有效		
5		主体结构尺寸、位置抽查记录	6	完整有效		
6		建筑垂直度、标高、全高测量记录	4	完整有效		
7		屋面淋水或蓄水试验记录	3	完整有效		
8		地下室渗漏水检测记录	14	完整有效	抽查3项合格	
9		有防水要求的地面蓄水试验记录	16	完整有效		
10		抽气(风)道检查记录	3	完整有效		
11		外窗气密性、水密性、耐风压检测报告	2	完整有效		
12		幕墙气密性、水密性、耐风压检测报告	16	完整有效		
13		建筑物沉降观测测量记录	12	完整有效		
14		节能、保温测试记录	6	完整有效		
15		室内环境检测报告	10	完整有效	抽查2项合格	
16		土壤氡气浓度检测报告	1	完整有效		

续表

工程名称		××大厦	施工单位	××建设工程公司		
序号	项目	安全和功能检查项目	份数	核查意见	抽查结果	核查(抽查)人
1	给水排水与采暖	给水管道通水试验记录	12	完整有效		×××
2		暖气管道、散热器压力试验记录	3	完整有效		
3		卫生器具满水试验记录	12	完整有效	抽查2项合格	
4		消防管道、燃气管道压力试验记录	15	完整有效		
5		排水干管通球试验记录	15	完整有效		
6		锅炉试运行、安全阀及报警联运测试记录	2	完整有效		
1	通风与空调	通风、空调系统试运行记录	13	完整有效		×××
2		风量、空调系统试运行记录	3	完整有效		
3		空气能量回收装置测试记录	16	完整有效		
4		洁净室洁净度测试记录	5	完整有效		
5		制冷机组试运行调试记录	6	完整有效		
1	建筑电气	建筑照明通电试运行记录	5	完整有效		×××
2		灯具固定装置及悬吊装置的载荷强度试验记录	10	完整有效		
3		绝缘电阻测试记录	40	完整有效		
4		剩余电流动作保护器测试记录	30	完整有效		
5		应急电源装置应急持续供电记录	5	完整有效		
6		接地电阻测试记录	8	完整有效		
7		接地故障回路阻抗测试记录	16	完整有效		
1	智能建筑	系统试运行记录	14	完整有效		×××
2		系统电源及接地检测报告	6	完整有效		
3		系统接地检测报告	6	完整有效		
1	建筑节能	外墙节能构造检查记录或热工性能检验报告	16	完整有效	抽查3项合格	×××
2		设备系统节能性能检查记录	6	完整有效		
1	电梯	电梯运行记录	4	完整有效		×××
2		电梯安全装置检测报告	4	完整有效		

结论：

资料齐全有效，抽查结果全部合格。

施工总承包单位项目经理：×××　　　　总监理工程师或建设单位项目负责人：×××

××年×月×日　　　　××年×月×日

填表说明：

(1)本表由施工单位按所列内容检查并填写份数后，提交给监理单位。

(2)本表其他栏目由总监理工程师或建设单位项目负责人组织核查、抽查并由监理单位填写。

(3)监理单位经核查和抽查,如果认为符合要求,由总监理工程师在表中的“结论”栏填入综合性验收结论,并由施工单位项目经理签字确认。

5.单位(子单位)工程观感质量检查记录

工程观感质量检查是工程竣工后进行的一项重要验收工作,是对工程的一个全面检查。单位(子单位)工程观感质量检查记录应符合现行国家标准《建筑工程施工质量验收统一标准》(GB 50300—2013)的有关规定。

观感质量的验收方法和内容与分部、子分部工程的观感质量评价相同,只是分部、子分部的范围小一些而已。一些分部、子分部工程的观感质量,可能在单位工程检查时已经看不到了。

检查时,对建筑的重要部位、项目及有代表性的房间、部位、设备、项目都应检查到。对其评价时,可逐点评价再综合评价。

单位工程的观感质量综合评价分为“好”“一般”“差”三个等级,检查的方法、程序及标准等与分部工程相同,属于综合性验收。评价为“好”或“一般”的项目由总监理工程师在“检查结论”栏内填写“验收合格”。质量评价为“差”的项目,属不合格项,应进行返修。“抽查质量状况”栏可填写具体数据。

单位(子单位)工程观感质量检查记录应由施工单位填写,一式四份,并由建设单位、监理单位、施工单位、城建档案馆各保存一份。其样式及填写范例见表 8-10。

表 8-10[表 C.8.2-4]　单位(子单位)工程观感质量检查记录

工程名称	××工程		施工单位	××建筑工程公司
序号	项目		抽查质量状况	质量评价
1	建筑与结构	主体结构外观	共检查 20 点,好 19 点,一般 1 点,差 0 点	
2		室外墙面	共检查 20 点,好 18 点,一般 2 点,差 0 点	
3		变形缝、雨水管	共检查 20 点,好 17 点,一般 3 点,差 0 点	
4		屋面	共检查 20 点,好 19 点,一般 1 点,差 0 点	
5		室内墙面	共检查 20 点,好 18 点,一般 2 点,差 0 点	
6		室内顶棚	共检查 20 点,好 17 点,一般 3 点,差 0 点	
7		室内地面	共检查 20 点,好 16 点,一般 4 点,差 0 点	
8		楼梯、踏步、护栏	共检查 20 点,好 19 点,一般 1 点,差 0 点	
9		门窗	共检查 20 点,好 19 点,一般 1 点,差 0 点	
10		雨罩、台阶、坡道、散水	共检查 20 点,好 18 点,一般 2 点,差 0 点	
1	给水排水与供暖	管道接口、坡度、支架	共检查 20 点,好 17 点,一般 3 点,差 0 点	
2		卫生器具、支架、阀门	共检查 20 点,好 19 点,一般 1 点,差 0 点	
3		检查口、扫除口、地漏	共检查 20 点,好 17 点,一般 3 点,差 0 点	
4		散热器、支架	共检查 20 点,好 18 点,一般 2 点,差 0 点	

续表

工程名称		××工程	施工单位	××建筑工程公司
序号	项目		抽查质量状况	质量评价
1	通风与空调	风管、支架	共检查 20 点,好 19 点,一般 1 点,差 0 点	
2		风口、风阀	共检查 20 点,好 19 点,一般 1 点,差 0 点	
3		风机、空调设备	共检查 20 点,好 18 点,一般 2 点,差 0 点	
4		管道、阀门、支架	共检查 20 点,好 17 点,一般 3 点,差 0 点	
5		水泵、冷却塔	共检查 20 点,好 18 点,一般 2 点,差 0 点	
6		绝热	共检查 20 点,好 19 点,一般 1 点,差 0 点	
1	建筑电气	配电箱、盘、板、接线盒	共检查 20 点,好 19 点,一般 1 点,差 0 点	
2		设备器具、开关、插座	共检查 20 点,好 18 点,一般 2 点,差 0 点	
3		防雷、接地、防火	共检查 20 点,好 10 点,一般 3 点,差 0 点	
1	智能建筑	机房设备安装及布局	共检查 20 点,好 19 点,一般 1 点,差 0 点	
2		现场设备安装	共检查 20 点,好 20 点,一般 0 点,差 0 点	
1	电梯	运行、平层、开关门	共检查 20 点,好 19 点,一般 1 点,差 0 点	
2		层门、信号系统	共检查 20 点,好 18 点,一般 2 点,差 0 点	
3		机房	共检查 20 点,好 18 点,一般 2 点,差 0 点	
观感质量综合评价			好	
检查结论: 评价为好,观感质量验收合格。 施工单位项目负责人:×××　××年×月×日 总监理工程师:×××　××年×月×日				

注:1.对质量评价为差的项目应进行返修。

2.观感质量现场检查原始记录应作为本表附件。

三、施工资料移交书与工程质量保修书

1.施工资料移交书

施工单位按合同或协议在约定的时间和规定的套数将工程资料移交给建设单位,并填写移交目录,双方签字、盖章后按规定办理移交手续。施工资料移交书样式见表 8-11。

表 8-11　施工资料移交书

移交单位	
接收单位	
工程名称	

<table>
<tr><td colspan="2">移交单位向接收单位移交工程资料两套(其中原件一套,复印件一套),共计________。
其中包括文字材料________册,图样资料________,竣工图纸________套,另交资料扫描光盘________张(其中一套原件资料,资料扫描光盘,竣工图作为档案馆存档,另外一套复印件为建设单位存档)。

附件:
1.土建工程技术资料移交目录;
2.水暖工程技术资料移交目录;
3.电气工程技术资料移交目录。</td></tr>
<tr><td>移交单位(公章):</td><td>接收单位(公章)</td></tr>
<tr><td>项目负责人:</td><td>部门负责人:</td></tr>
<tr><td>移交人(签字):
联系电话:</td><td>接收人(签字):
联系电话:</td></tr>
<tr><td>移交时间:　　年　月　日</td><td>接收时间:　　年　月　日</td></tr>
</table>

2.房屋建筑工程质量保修书

房屋建筑工程质量保修书由施工单位提供,并由施工单位、监理单位和建设单位各保存一份。房屋建筑工程质量保修书示范文本如下:

房屋建筑工程质量保修书

(示范文本)

发包人(全称): ________承包人(全称): ________

发包人、承包人根据《中华人民共和国建筑法》《建设工程质量管理条例》和《房屋建筑工程质量保修办法》,经协商一致,对________(工程全称)签订工程质量保修书。

一、工程质量保修范围和内容

承包人在质量保修期内,按照有关法律、法规、规章的管理规定和双方约定,承担本工程质量保修责任。

质量保修范围包括地基基础工程,主体结构工程,屋面防水工程,有防水要求的卫生间、房间和外墙面的防渗漏,供热与供冷系统,电气管线、给排水管道,设备安装和装修工程,以及双方约定的其他项目。具体保修的内容,双方约定如下:

____。

二、质量保修期

双方根据《建设工程质量管理条例》及有关规定,约定本工程的质量保修期如下:

1.地基基础工程和主体结构工程为设计文件规定的该工程合理使用年限;

2.屋面防水工程、有防水要求的卫生间、房间和外墙面的防渗漏为________年;

3.装修工程为________年;

4.电气管线、给排水管道、设备安装工程为________年；

5.供热与供冷系统为________个采暖期、供冷期；

6.住宅小区内的给排水设施、道路等配套工程为________年；

7.其他项目保修期限约定如下：____。

质量保修期自工程竣工验收合格之日起计算。

三、质量保修责任

1.属于保修范围、内容的项目，承包人应当在接到保修通知之日起7天内派人保修。承包人不在约定期限内派人保修的，发包人可以委托他人修理。

2.发生紧急抢修事故的，承包人在接到事故通知后，应当立即到达事故现场抢修。

3.对于涉及结构安全的质量问题，应当按照《房屋建筑工程质量保修办法》的规定，立即向当地建设行政主管部门报告，采取安全防范措施；由原设计单位或者具有相应资质等级的设计单位提出保修方案，承包人实施保修。

4.质量保修完成后，由发包人组织验收。

四、保修费用

保修费用由造成质量缺陷的责任方承担。

五、其他

双方约定的其他工程质量保修事项：____。

本工程质量保修书，由施工合同发包人、承包人双方在竣工验收前共同签署，作为施工合同附件，其有效期限至保修期满。

发包人(公章)：　　　　　　　　　　承包人(公章)：

法定代表人(签字)：　　　　　　　　法定代表人(签字)：

年　月　日　　　　　　　　　　　　年　月　日

本章小结

本章主要介绍了施工质量验收记录与竣工验收资料的内容，主要包括检验批质量验收记录、分项工程质量验收记录、分部工程质量验收记录、建筑节能分部工程质量验收记录、工程竣工报告、工程质量验收报告、报审资料、施工资料移交书与工程质量保修书的填写要求。

思考与练习

一、填空题

1.检验批质量验收记录应符合现行国家标准__________的有关规定。

2.检验批由__________组织项目专业质量检查员等进行验收，表的名称应在制订专用表格时就印好，前面印上分项工程的名称。

3.检验批检查验收时，一般项目中检查点的__________，应符合各专业工程施工质量验收规范的规定。

4.检验批检查验收一般项目时，无论是定性还是定量要求，应有__________以上检查点达到规范要求，其余__________的检查点应按各专业工程施工质量验收规范的规定执行。

5.分部工程质量验收由__________填写，验收结论由__________填写。

6.对有关安全及功能的检测和抽样检测结果的验收内容包括__________和__________及其两个方面的检测资料。

二、单项选择题

1.检验批施工质量验收记录表由施工项目（　　）填写，监理工程师（建设单位项目技术负责人）组织项目质量检查员等进行验收。

A.资料员　　B.质量检查员

C.施工员　　D.技术负责人

2.分部工程施工质量验收记录应由（　　）将自行检验合格部分内容填写好后，由项目经理交总经理工程师组织相关人员验收。

A.施工单位项目技术负责人　　B.施工单位项目经理

C.施工单位资料员　　D.建设单位项目工作人员

3.分项工程质量验收合格应符合分项工程的检验批的质量，验收记录（　　）。

A.应完整　　B.基本完整

C.基本齐全　　D.应符合要求

三、简答题

1.简述检验批的编号规则。

2.检验批表头的填写有哪些要求？

3.简述分项工程质量验收记录表格填写要求及注意事项。

4.建筑工程竣工报告主要包括哪些内容？

第九章　建筑工程竣工文件管理

知识目标

通过本章的学习，了解竣工图的概念、竣工图及工程竣工文件的种类；熟悉竣工图的编制即审核规定；掌握工程竣工验收备案的程序及备案表填写说明、建设工程竣工档案预验收意见填写、施工资料移交书与监理资料移交书的填写、工程竣工总结的内容。

能力目标

能按存档要求对工程竣工图进行收集、整理与组卷；能按存档要求对工程竣工文件进行收集、整理与组卷。

第一节　工程竣工图的绘制与整理

一、竣工图的概念

竣工图是建筑工程竣工档案的重要组成部分，是工程建设完成后主要凭证性材料，是建筑物真实的写照，是工程竣工验收的必备条件，是工程维修、管理、改建、扩建的依据。各项新建、改建、扩建项目均必须编制竣工图。竣工图绘制工作应由建设单位负责，也可由建设单位委托施工单位、监理单位或设计单位绘制。

竣工图属于D类工程资料，主要包括建筑与结构竣工图、装饰与装修竣工图及室外工程竣工，其工程资料名称、来源及保存见表9－1。

表9－1　竣工图的主要项目内容

竣工图(D类)工程资料名称		工程资料来源	工程资料保存			
			施工单位	监理单位	建设单位	城建档案馆
建筑与结构竣工图						
1	建筑竣工图	编制单位	●		●	●

续表

竣工图(D类)工程资料名称		工程资料来源	工程资料保存			
			施工单位	监理单位	建设单位	城建档案馆
建筑与结构竣工图						
2	结构竣工图	编制单位	●		●	●
3	钢结构竣工图	编制单位	●		●	●
建筑装饰与装修竣工图						
1	幕墙竣工图	编制单位	●		●	●
2	室内装饰竣工图	编制单位	●		●	
3	建筑给水、排水与采暖竣工图	编制单位	●		●	●
4	建筑电气竣工图	编制单位	●		●	●
5	智能建筑竣工图	编制单位	●		●	●
6	通风与空调竣工图	编制单位	●		●	●
室外工程竣工图						
1	室外给水、排水、供热、供电、照明管线等竣工图	编制单位	●		●	●
2	室外道路、园林绿化、花坛、喷泉等竣工图	编制单位	●		●	●
注:表中工程资料保存所对应的栏中“●”表示“归档保存”。						

二、竣工图的编制与审核的规定

竣工图的编制与审核应符合下列规定:

(1)新建、改建、扩建的建筑工程均应编制竣工图。

(2)竣工图应真实反映竣工工程的实际情况。

(3)竣工图的专业类别应与施工图一致。

(4)竣工图应依据施工图、图纸会审记录、设计变更通知单、工程洽商记录(技术核定单)等绘制。

(5)当施工图没有变更时,可直接在施工图上加盖竣工图章形成竣工图。

(6)竣工图的绘制应符合现行有关国家标准的规定。

(7)竣工图应有竣工图章及相关责任人签字。

(8)竣工图应按规定的方法绘制,并应按规定的方法折叠。

三、工程竣工图的绘制方法

竣工图按绘制方法不同,可分为利用电子版施工图改绘的竣工图、利用施工蓝图改绘的竣工图、利用翻晒硫酸纸底图改绘的竣工图、重新绘制的竣工图。

1. 利用电子版施工图改绘的竣工图

(1)将图纸变更结果直接改绘到电子版施工图中,用云线圈出修改部位,按表 9－2 的形式做修改内容备注表。

表 9－2　修改内容备注表

设计变更、洽商编号	简要变更内容

(2)竣工图的比例应与原施工图一致。

(3)设计图签中应有原设计单位人员签字。

(4)委托本工程设计单位编制竣工图时，应直接在设计图签中注明“竣工阶段”，并应有绘图人、审核人的签字。

(5)竣工图章可直接绘制成电子版竣工图签，出图后应有相关责任人的签字。

2.利用施工蓝图改绘的竣工图

在施工蓝图上一般采用杠(画)改法、叉改法，局部修改可以圈出更改部位，在原图空白处绘出更改内容，所有变更处都必须引画索引线并注明更改依据。不得使用涂改液涂抹、刀刮、补贴等方法修改图纸。

具体的改绘方法可视图面、改动范围和位置、繁简程度等实际情况而定，以下是常见改绘方法的举例说明。

(1)取消的内容。

1)尺寸、门窗型号、设备型号、灯具型号、钢筋型号和数量、注解说明等数字、文字、符号的取消，可采用杠改法。即将取消的数字、文字、符号等用横杠杠掉(不得涂抹掉)，从修改的位置引出带箭头的索引线，在索引线上注明修改依据，即“见×号洽商×条”，也可注明“见××年×月×日洽商×条”。

2)隔墙、门窗、钢筋、灯具、设备等取消，可采用叉改法。即在图上将取消的部分打“×”，在图上描绘取消的部分较长时，可视情况打几个“×”，达到表示清楚为准，并从图上修改处见箭头索引线引出，注明修改依据。

(2)增加的内容。

1)在建筑物某一部位增加隔墙、门窗、灯具、设备、钢筋等，均应在图上的实际位置用规范制图方法绘出，并注明修改依据。

2)如增加的内容在原位置绘不清楚时，应在本图适当位置(空白处)按需要补绘大样图，并保证准确、清楚。如本图上无位置可绘，应另用硫酸纸绘补图并晒成蓝图或用绘图仪绘制白图后附在本专业图纸之后。注意在原修改位置和补绘图纸上均应注明修改依据，补图要有图名和图号。

(3)内容变更。

1)数字、符号、文字的变更，可在图上用杠改法将取消的内容杠掉，在其附近空白处增加更正后的内容，并注明修改依据。

2）设备配置位置，灯具、开关型号等变更引起的改变；墙、板、内外装修等变化，均应在原图上改绘。

3）当图纸某部位变化较大或在原位置上改绘有困难，或改绘后杂乱无章，可以采用以下方法改绘：

①画大样改绘。先在原图上标出应修改部位的范围，然后在需要修改的图纸上绘出修改部位的大样图，并在原图改绘范围和改绘的大样图处注明修改依据。

②另绘补图修改。如原图纸无空白处，可把应改绘的部位绘制硫酸纸补图晒成蓝图后，作为竣工图纸，补在本专业图纸之后。具体做法为：在原图纸上画出修改范围，并注明修改依据和见×图（图号）及大样图名；在补图上注明图号和图名，并注明是×图（图号）某部位的补图和修改依据。

③个别蓝图需重新绘制竣工图。如果某张图纸修改不能在原蓝图上修改清楚，应重新绘制整张图作为竣工图。重绘的图纸应按国家制图标准和绘制竣工图的规定制图。

（4）加写说明。凡设计变更、洽商的内容应当在竣工图上修改的，均应用绘图方法改绘在蓝图上，不再加写说明。如果修改后的图纸仍然有内容无法表示清楚，可用精练的语言适当加以说明。

1）图上某一种设备、门窗等型号的改变，涉及多处修改时，要对所有涉及的地方全部加以改绘。其修改依据可标注在一个修改处，但需在此处做简单说明。

2）钢筋的代换，混凝土强度等级改变，墙、板、内外装修材料的变化，由建设单位自理的部分等在图上修改难以用作图方法表达清楚时，可加注或用索引的形式加以说明。

3）凡涉及说明类型的洽商，应在相应的图纸上使用设计规范用语反映洽商内容。

（5）注意事项。

1）施工图纸目录必须加盖竣工图章，作为竣工图归档。凡有作废、补充、增加和修改的图纸，均应在施工图目录上标注清楚。即作废的图纸在目录上杠掉，补充的图纸在目录上列出图名、图号。

2）如某施工图改变量大，设计单位重新绘制了修改图，应以修改图代替原图，原图不再归档。

3）凡是洽商图作为竣工图，必须进行必要的制作。

①如洽商图是按正规设计图纸要求进行绘制的可直接作为竣工图，但需统一编写图名图号，并加盖竣工图章，作为补图。同时，在说明中注明是哪张图哪个部位的修改图，还要在原图修改部位标注修改范围，并标明见补图的图号。

②如洽商图未按正规设计要求绘制，均应按制图规定另行绘制竣工图，其余要求同上述①。

4）某一条洽商可能涉及两张或两张以上图纸，某一局部变化可能引起系统变化等，凡涉及的图纸和部位均应按规定修改，不能只改其一，不改其二。

一个标高的变动，可能在平、立、剖、局部大样图上都要涉及，均应改正。

5）不允许将洽商的附图原封不动地贴在或附在竣工图上作为修改，也不允许将洽商的内容抄在蓝图上作为修改。凡修改的内容均应改绘在蓝图上或做补图附在图纸之后。

6）根据规定须重新绘制竣工图时，应按绘制竣工图的要求制图。

7）改绘注意事项：修改时，字、线使用应符合下列规定：

①字：采用仿宋字，字体的大小要与原图采用字体的大小相协调，严禁错别字、草字。

②线：一律使用绘图工具，不得徒手绘制。

8)施工蓝图的规定：图纸反差要明显，以适应缩微等技术要求。凡旧图、反差不好的图纸不得作为改绘用图。修改的内容和有关说明均不得超过原图框。

3.利用翻晒硫酸纸底图改绘的竣工图

(1)用设计底图或施工图制成硫酸纸(二底)图，在二底图上依据设计变更、工程洽商内容用刮改法进行绘制，即用刀片将需更改部位刮掉，再用绘图笔绘制修改内容，并在图中空白处做一修改备考表，注明变更、洽商编号(或时间)和修改内容。

(2)修改的部位用语言描述不清楚时，也可用细实线在图上画出修改范围。

(3)以修改后的二底图或蓝图作为竣工图，要在二底图或蓝图上加盖竣工图章。没有改动的二底图转做竣工图，也要加盖竣工图章。

(4)如果二底图修改次数较多，个别图面可能出现模糊不清等技术问题，必须进行技术处理或重新绘制，以期达到图面整洁、字迹清楚等质量要求。

4.重新绘制的竣工图

根据工程竣工现状和洽商记录绘制竣工图，重新绘制竣工图要求与原图比例相同，符合制图规范，有标准的图框和内容齐全的图签，图签中应有明确的“竣工图”字样或加盖竣工图章。“竣工图章”应具有明显的“竣工图”字样，并包括编制单位名称、制图人、审核人和编制日期等基本内容。编制单位、制图人、审核人、技术负责人要对竣工图负责。

竣工图章内容、尺寸如图9—1所示。

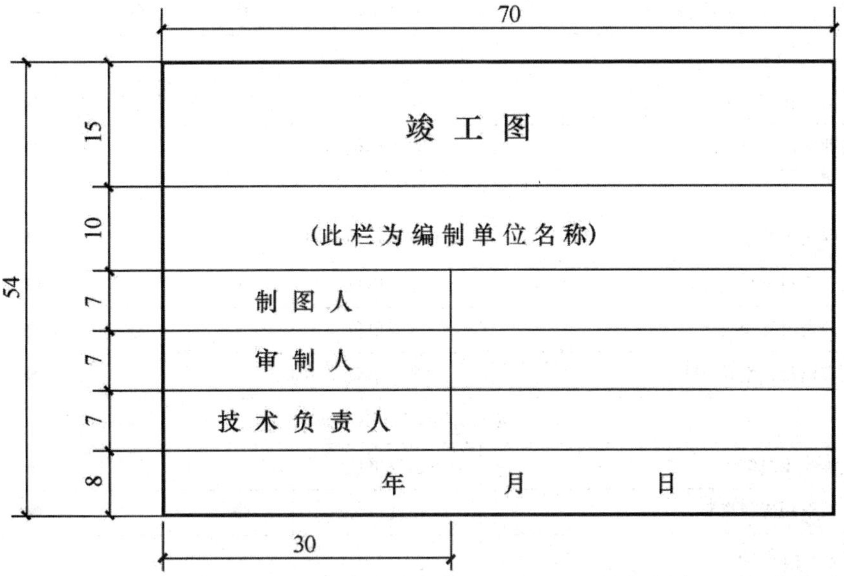

图9—1　竣工图章(单位：mm)

第二节　工程竣工文件

工程竣工文件属于E类，分别包括竣工验收文件(E1类)、竣工决算文件(E2类)、竣工交档文件(E3类)及竣工总结文件(E4类)4类16项内容。其工程资料名称、来源及保存见表9－3。

表9－3　工程竣工文件

工程竣工文件(E类)工程资料名称		工程资料来源	工程资料保存			
			施工单位	监理单位	建设单位	城建档案馆
竣工验收文件(E1类)						
1	单位(子单位)工程质量竣工验收记录＊＊	施工单位	●	●	●	●
2	勘察单位工程质量检查报告	勘察单位	○	○	●	●
3	设计单位工程质量检查报告	设计单位	○	○	●	●
4	工程竣工验收报告	建设单位	●	●	●	●
5	规划、消防、环保等部门出具的认可文件或准许使用文件	政府主管部门	●	●	●	●
6	房屋建筑工程质量保修书	施工单位	●	●	●	
7	住宅质量保修书、住宅使用说明书	建设单位			●	
8	建设工程竣工验收备案表	建设单位	●	●	●	●
竣工决算文件(E2类)						
1	施工决算资料＊	施工单位	○	○	●	
2	监理费用决算资料＊	监理单位		○	●	
竣工文档文件(E3类)						
1	工程竣工档案预验收意见	城建档案管理部门			●	●
2	施工资料移交书＊	施工单位	●		●	
3	监理资料移交书＊	监理单位		●	●	
4	城市建设档案移交书	建设单位			●	
竣工总结文件(E4类)						
1	工程竣工总结	建设单位			●	●
2	竣工新貌影像资料	建设单位	●		●	●
	E类其他资料					
注：表中工程资料名称与资料保存单位所对应的栏中“●”表示“归档保存”；“○”表示“过程保存”，是否归档保存可自行确定。						

一、建设工程竣工验收备案表

为了加强对建设工程质量的管理，保证建设工程质量，保护人民生命和财产安全，认真贯彻

《中华人民共和国建筑法》，执行《建设工程质量管理条例》，落实中华人民共和国建设部第 78 号令，要求房屋建筑工程和市政基础设施工程应进行竣工验收备案管理工作。

1.工程竣工验收备案的程序

工程竣工验收备案流程如图 9－2 所示。

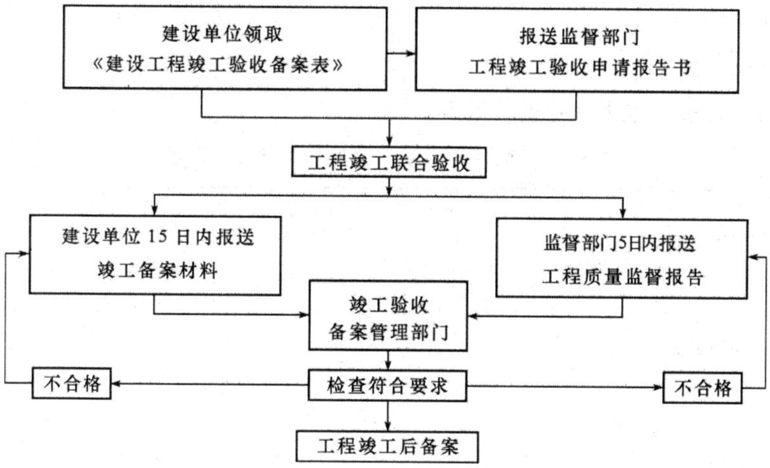

图 9－2　工程竣工验收备案流程

(1)单位工程竣工验收 5 日前，建设单位到当地建设工程竣工验收备案管理部门领取“房屋建筑工程和市政基础设施工程竣工验收备案表”。同时，建设单位将竣工验收的时间、地点及验收组名单和各项验收文件及报告，书面报送负责监督该项工程的质量监督部门，准备对该工程竣工验收进行监督。

(2)自工程竣工验收合格之日起 15 个工作日内，建设单位将“房屋建筑工程和市政基础设施工程竣工验收备案表”一式两份与竣工验收备案文件报送工程竣工验收备案管理部门。备案工作人员初审验证符合要求后，在表中备案意见栏加盖“备案文件收讫”章。

(3)工程质量监督部门在工程竣工验收合格后 5 个工作日内，向工程竣工验收备案管理部门报送“工程质量监督报告”。

(4)备案管理部门负责人审阅“房屋建筑工程和市政基础设施工程竣工验收备案表”和备案文件。符合要求后，在表中备案管理部门处理意见栏填写“准予该工程竣工验收备案”意见，加盖“工程竣工验收备案专用章”。备案管理部门将一份备案表发给建设单位，一份备案表及全部备案资料和“工程质量监督报告”留存档案。

(5)建设单位报送的“房屋建筑工程和市政基础设施工程竣工验收备案表”和竣工验收备案文件，如不符合要求的，备案工作人员应填写《备案审查记录表》，提出备案资料存在的问题。双方签字后，交建设单位整改。

(6)建设单位根据规定，对存在的问题进行整改和完善，符合要求后重新报送备案管理部门备案。

(7)备案管理部门依据《工程质量监督报告》或其他方式，发现在工程竣工过程中存在违反国家建设工程质量管理规定行为的，应当在收讫工程竣工验收文件 15 个工作日内，责令建设单位停止使用，并重新组织竣工验收。建设单位在重新组织竣工验收前，工程不得自行投入使用，违反者按有关规定处理。

(8)建设单位采用虚假证明文件办理竣工验收备案的，工程竣工验收无效，责令停止使用，重新组织竣工验收，并按有关规定进行处理。

(9)建设单位在工程竣工验收合格后15日内，未办理工程竣工验收备案，责令其限期改正，并按有关规定处理。

2.建设工程竣工验收备案表填写说明

建设工程竣工验收备案表填写说明见表9—4。

表9—4　建设工程竣工验收备案表填写说明

序号	项目	内容
1	封面填写	(1)编号：由工程竣工验收备案管理部门统一编写。 (2)工程名称：填写全称，与建设工程规划许可证、建设工程施工许可证、工程质量监督注册登记表中的名称应一致。 (3)建设单位：填写全称，与建设工程规划许可证、建设工程施工许可证、工程质量监督注册登记表中的名称应一致
2	第1页内容填写	(1)工程名称：填写全称，与建设工程规划许可证、建设工程施工许可证、工程质量监督注册登记表中的名称应一致。 (2)工程地址：填写邮政地址，写明区(县)、街道门牌号。 (3)规划许可证号：按规划许可证编号全部填写。如××××－规建字－××××。 (4)施工许可证号：按施工许可证编号全部填写。如施2014－××(建)。 (5)质量监督注册号：按工程质量监督注册登记表的编号全部填写。如××建质字(××××)第××××号。 (6)工程面积或工程造价：建筑工程填写竣工实际建筑面积，市政、公用等工程填写工程实际造价。若竣工时超出规划允许偏差面积时，要补办规划手续，并附上补办的规划手续。 (7)工程类别：公用或民用等。 (8)结构类型：混合、框架、剪力墙、全现浇等。 (9)开工时间：按开工日期填写。 (10)竣工时间：按单位工程竣工验收五方通过的时间填写。 (11)单位名称：建设单位、勘察单位、设计单位、施工单位、监理单位均用法人单位的名称。 (12)法定代表人：建设单位、勘察单位、设计单位、施工单位、监理单位列表中由填表人把法人姓名填上即可。 (13)质量监督机构：填写监督总站和各室主任姓名。 (14)联系电话：填写各单位联系电话或手机。 (15)建设单位(公章)：盖建设单位法人单位公章。 (16)法定代表人(签字)：建设单位法人本人签字。 (17)报送时间：填写工程竣工验收备案资料初步审查符合要求的日期。即《单位工程竣工验收记录》(简称四方验收单)验收之日起15个工作日以内的报送日期。 以上各项填写内容与有关文件内容不符时，必须有合法认可手续

续表

序号	项目	内容
3	第 2 页 内容填写	表内的竣工验收意见：勘察单位意见、设计单位意见、施工单位意见、监理单位意见、建设单位意见均要有结论性评语。 以上各栏中签字应是单位法人或项目负责人，签字后加盖法人单位公章
4	第 3 页 内容填写	(1)竣工验收备案文件清单资料由建设单位提供。具体内容详见《竣工验收备案文件清单》。 (2)份数栏：由建设单位填写。如工程质量监督注册手续由于后增加了面积，又补办了一次，共有 2 张工程质量监督注册登记表，份数为 2 份；若 1 份文件中有若干张仍为 1 份。 (3)验证收讫日期：由备案经办人填写，符合要求的加盖"备案文件收讫"章(蓝色)。 (4)备注栏：由备案经办人填写。 (5)经办人：由备案受理经办人签字。 (6)负责人：由备案主要负责人签字。 (7)日期：备案管理部门主要负责人签字的时间，工程正式竣工备案以此日期为准
5	第 4 页 内容填写	该页均由工程竣工备案管理部门填写，备案文件资料审查符合要求时，加盖××市建设委员会工程竣工验收备案专用章(红章)。工程竣工验收备案全部办理完毕
6	清单 内容填写	(1)文件说明。 1)规划许可证和规划验收认可文件：城市规划管理局颁发的《建设工程规划许可证》和《建设工程规划验收合格通知书》。 2)工程施工许可证或开工报告：建设委员会颁发的《建设工程施工许可证》或按照国务院规定的权限和程序批准的开工报告。 3)施工图设计文件审查报告：由规划委员会有关部门审查后颁发的《建筑工程施工图设计文件审查报告》。 4)工程质量监督注册登记表：由建设工程质量监督站、专业监督站办理的《工程质量监督注册登记表》。 5)单位工程竣工验收记录：由建设单位组织勘察、设计、监理、施工各方在工程验收合格后签署的《单位工程验收记录》，各单位签字要齐全，并加盖法人单位公章。 6)消防部门出具的建筑工程消防验收意见书：由消防单位对该工程的消防验收合格后签发的《建筑工程消防验收意见书》或批复报告。 7)建设工程档案预验收意见：由规划委员会工程档案管理部门出具的《建设工程竣工档案预验收意见》，并加盖城建档案管理部门公章。 8)建筑工程室内环境检测报告：由建设委员会批准具有检测资格的检测机构出具的《室内环境质量检测报告》。 9)市政基础设施工程质量检测及功能性试验资料：根据各专业规定要求的检测和功能性试验资料。 10)工程竣工验收报告：即将竣工前由参建各单位向建设单位提出的各种报告。具体包括以下几项： ——勘察单位《工程质量检查报告》。 ——设计单位《工程质量检查报告》。 ——监理单位《工程质量评估报告》。 ——施工单位《工程竣工报告》。 ——工程竣工后建设单位根据以上四个单位提出的报告，结合工程实际情况向监督部门和竣工验收备案管理部门提出《单位工程竣工验收报告》。其具体内容包括以下几项： ①工程质量保修书：按照《房屋建筑工程质量保修办法》(中华人民共和国建设部 2000 年第 80 号令)，建设单位和施工单位共同签署。

续表

序号	项目	内容
6	清单内容填写	②住宅质量保证书:由建设单位编写。《住宅质量保证书》是建设单位向住户的一种承诺,双方应严格履行。 ③住宅使用说明书:由建设单位编写。《住宅使用说明书》是建设单位对住户如何使用工程的说明。 ④法律、规章规定必须提供的其他文件等:出具竣工工程款拨付情况说明。 (2)要求。 1)所有备案文件应由建设单位收集、整理,符合要求后由建设单位报送备案。 2)备案文件要求真实、有效,不得提供虚假证明文件。 3)备案文件要求提供原件,如为复印件应注明原件存放单位,复印人需签名并注明复印日期,并加盖建设单位公章。复印件应清晰、整洁,无黑斑、歪斜等缺陷。 4)文件规格尺寸为 297 mm×210 mm(A4 幅),左部预留尺寸 30 mm,上部预留尺寸 25 mm

3.工程竣工验收备案表样式及填写范例

工程竣工验收备案表样式及填写范例见表 9—5。

表 9—5　工程竣工验收备案表

编号:总×××××

××市房屋建筑工程和市政基础设施工程竣工验收备案表

工程名称　××大厦

建设单位　××集团公司

××建设委员会

××年×月　制

第 1 页　共 4 页

<table>
<tr><td>工程名称</td><td colspan="5">××大厦</td></tr>
<tr><td>工程地址</td><td colspan="5">××市××区××街××号</td></tr>
<tr><td>规划许可证号</td><td>××一规建字一××××</td><td rowspan="2">工程面积或
工程造价</td><td colspan="3">面积:25 668 m^2</td></tr>
<tr><td>施工许可证号</td><td>施×××一××××建</td><td colspan="3">造价:×××万元</td></tr>
<tr><td>质量监督注册号</td><td>××建质字〔××〕第 1000 号</td><td>工程类别</td><td>公用</td><td>结构类型</td><td>框剪</td></tr>
<tr><td>开工时间</td><td>××年×月×日</td><td>竣工时间</td><td colspan="3">××年×月×日</td></tr>
<tr><td colspan="3">单位名称</td><td>法定代表人</td><td colspan="2">联系电话</td></tr>
<tr><td colspan="3">建设单位:××集团公司</td><td>×××</td><td colspan="2"></td></tr>
<tr><td colspan="3">勘察单位:××市××地质工程勘察院</td><td>×××</td><td colspan="2"></td></tr>
<tr><td colspan="3">设计单位:××市××建筑设计院</td><td>×××</td><td colspan="2"></td></tr>
<tr><td colspan="3">施工单位:××建设集团有限公司</td><td>×××</td><td colspan="2"></td></tr>
<tr><td colspan="3">监理单位:××建设监理公司</td><td>×××</td><td colspan="2"></td></tr>
<tr><td colspan="3">质量监督机构:××市建设工程质量监督总站</td><td>×××</td><td colspan="2"></td></tr>
<tr><td colspan="6">本工程已按《建设工程质量管理条例》第十六条规定进行了竣工验收,并且验收合格。依据《建设工程质量管理条例》第四十九条规定,所需文件已齐备,现报送备案。</td></tr>
</table>

第 2 页　共 4 页

<table>
<tr><td rowspan="5">竣
工
验
收
意
见</td><td>勘察
单位
意见</td><td>××工程地基为我院勘察,勘察报告编号为(×××)—026,经验槽槽底土质为砂卵石,与勘察报告相符。基底局部处理意见见洽商××号。同意竣工验收。
法定代表人或工程项目负责人(签字):×××　(单位公章)　××年×月×日</td></tr>
<tr><td>设计
单位
意见</td><td>该工程为我院设计,现已施工完毕,经检查施工符合设计图纸和工程洽商要求,同意竣工验收。
法定代表人或工程项目负责人(签字):×××　(单位公章)　××年×月×日</td></tr>
<tr><td>施工
单位
意见</td><td>此工程已按设计图纸及洽商变更完成施工合同内容,符合国家施工质量验收规范及标准要求,工程质量等级为优良,同意竣工验收。
法定代表人或工程项目负责人(签字):×××　(单位公章)　××年×月×日</td></tr>
<tr><td>监理
单位
意见</td><td>本工程立项、施工手续完备,施工符合设计要求,质量达到国家验收标准,经对基槽、基础、主体结构及装修各阶段的验收,符合竣工条件,同意竣工验收。
法定代表人或工程项目负责人(签字):×××　(单位公章)　××年×月×日</td></tr>
<tr><td>建设
单位
意见</td><td>该工程经我单位组织勘察、设计、监理、施工单位共同检查,满足设计要求,符合国家质量验收标准,达到竣工条件,同意竣工验收。
法定代表人或工程项目负责人(签字):×××　(单位公章)　××年×月×日</td></tr>
</table>

	内　　容	份 数	备 注
竣工验收备案文件清单	1.规划许可证和规划验收认可文件	各 1	
	2.工程施工许可证或开工报告	1	
	3.施工图设计文件审查报告	1	
	4.工程质量监督注册登记表	1	
	5.单位工程竣工验收记录	1	
	6.消防部门出具的建筑工程消防验收意见书	1	
	7.建设工程档案预验收意见	1	
	8.建筑工程室内环境检测报告	1	
	9.市政基础设施工程质量检测及功能、性能试验资料	—	
	10.工程竣工验收报告	各 1	
	11.工程质量保修书	1	
	12.住宅质量保证书	1	
	13.住宅使用说明书	1	
	14.法律、规章规定必须提供的其他文件等	1	
本工程的竣工验收备案文件于××年×月×日收讫，经验证文件符合要求。			

经办人	×××	负责人	×××	日　期	××年×月×日

备注：

(1)工程参建各方必须依照法律、法规、规章的有关规定承担各自质量责任，严格履行保修义务。

(2)本备案是单位工程(子单位工程或合同标段)竣工验收备案，建设项目总体竣工后，建设单位应当按照有关法律、法规、规章办理其他验收。

(3)供水、供电、供热、供气、绿化、邮电、通信、安防、卫生防疫等未尽事宜，由建设单位联系相关部门妥善解决。

(备案专用章)

××年×月×日

填表说明：

(1)本表用钢笔、墨笔认真填写清楚，字迹端正，内容真实，不得涂改；签名必须真实有效，公章必须符合法定资格。

(2)所列文件如为复印件应加盖复印单位公章，并注明原件存放处，经办人签名并注明日期。

(3)本表一式两份，一份由建设单位按规定年限保存，一份由备案管理机关存档。

二、施工决算资料与监理费用决算资料

1.施工决算资料

施工决算资料由施工单位提供并由施工单位、监理单位和建设单位各保存一份。工程施工决算所需的资料主要包括以下内容：

(1)招标文件、投标答疑、投标文件、有关计价文件规定。

(2)施工合同、有关协议及相关证明。

(3)甲方批准的施工组织设计，若实际发生变化还应作签证。

(4)图纸会审和设计变更。

(5)必要的会议记录、监理技术交底、临时派工单。

(6)有关的隐蔽记录、工程进度证明。

(7)施工过程中的有关经济签证。

(8)材料价格认定单。

(9)工程成本报告书。

(10)工程结算书、审计报告书。

(11)其他资料。

2.监理费用决算资料

监理费用决算资料主要指的是工程监理费决算报告，应由监理单位提供，并由监理单位和建设单位各保存一份。

三、工程竣工档案预验收意见

建设单位在办理规划许可证时，应到工程所在地档案局办理城建档案移交备案登记手续，在组织工程竣工验收前，应当提请档案局对工程档案进行预验收，预验收合格后，由档案局出具《工程竣工档案预验收意见》。

建设工程竣工档案预验收意见样式及填写范例见表9－6。

表9－6　建设工程竣工档案预验收意见

(建筑安装工程)　　××市城档字市建6号

工程名称	**××大厦工程**	建筑面积	**26 798 m^2**
工程地址	**××市××区××街××号**	结构类型	**框架剪力墙**
建设单位	**××集团公司**	层数	**20/3**
设计单位	**××建筑设计院**	规划许可证号	**×××－规建字－×××**

续表

施工单位	××建设集团有限公司	计划竣工验收日期	××年×月×日
监理单位	××监理公司	保证金号或登记号	
通信地址	××市××区××街××号	邮政编码	××××××
建设单位联系人	×××	联系电话	××××××××
工程竣工档案内容与编制审查意见			
根据《建设工程质量管理条例》和《城建档案管理规定》，经检查，本工程竣工档案的基建文件、监理文件、施工文件及竣工图已基本收集齐全，可以满足竣工档案编制需要。 建设单位已正式办理了竣工档案编制的委托合同，并已在城建档案管理部门备案。工程档案应在××年×月之前向城建档案管理部门移交。			
结论： **工程档案预验收合格**			
建设单位：（章） 单位负责人：××× 联系电话：××××××××			

四、施工资料移交书与监理资料移交书

1.施工资料移交书

施工单位应将工程资料按合同或协议约定的时间、套数移交给建设单位，办理移交手续。施工资料移交书是工程资料进行移交的凭证，应有移交日期和移交单位、接收单位盖章及主管人员签字，并附有工程移交目录。

施工资料移交书样式及填写范例见表9－7。

表9－7 施工资料移交书

移交单位	××建筑工程公司
接收单位	××房地产开发公司
工程名称	××大厦
××建筑工程公司（全称）按有关规定向××房地产开发公司(全称)办理××大厦工程资料移交手续。共计3套63册。其中图样材料26册，文字材料37册，其他材料/张（ ）。 附：工程资料移交目录（表9－8）。	
移交单位（公章）：	接收单位（公章）：
单位负责人：×××	单位负责人：×××
技术负责人：×××	技术负责人：×××
移 交 人：×××	接 收 人：×××
移交日期：××年×月×日	接收日期：××年×月×日

工程资料移交目录样式及填写范例见表9－8。

表9－8　工程资料移交目录

序号	案卷题名	数量						备注
		文字材料		图样资料		综合卷		
		册	张	册	张	册	张	
1	施工资料——建筑与结构工程施工管理资料	**1**	**19**					
2	施工资料——建筑与结构工程施工技术资料	**2**	**213**					
3	施工资料——建筑与结构工程施工测量资料	**1**	**87**					
4	施工资料——建筑与结构工程施工物资资料	**4**	**306**					
5	施工资料——建筑与结构工程施工记录	**3**	**210**					
6	施工资料——建筑与结构工程施工质量验收记录							
7	建筑竣工图			**2**	**51**			
8	结构竣工图			**1**	**30**			
9	建筑给水排水及采暖竣工图			**1**	**27**			
10	建筑电气竣工图			**1**	**24**			

2.监理资料移交书

工程竣工验收完成后，由项目监理工程师及建设单位代表共同签署竣工移交证书，并加盖监理单位和建设单位公章。

监理资料移交书样式及填写范例见表9－9。

表 9－9　监理资料移交书

工程名称：××工程　　　　　　　　　　　　　　　　　编号：×××

<table>
<tr><td colspan="2">致 ××集团公司 （建设单位名称）：
兹证明施工单位 ××建筑工程公司 施工的 ×× 工程，已按施工合同的要求完成，并验收合格，即日起该工程移交建设单位管理，并进入保修期。
附件：单位工程质量竣工验收记录</td></tr>
<tr><td>总监理工程师（签字）</td><td>监理单位（章）</td></tr>
<tr><td>× × ×
日　期：××年×月×日</td><td>日　期：××年×月×日</td></tr>
<tr><td>建设单位代表（签字）</td><td>建设单位（章）</td></tr>
<tr><td>× × ×
日　期：××年×月×日</td><td>日　期：××年×月×日</td></tr>
</table>

填表说明：

(1)建设单位、承包单位、监理单位、工程名称均应与施工合同所填写的名称一致。

(2)工程竣工验收合格后，本表由监理单位负责填写，总监理工程师签字，加盖单位公章。

(3)“附件：单位工程质量竣工验收记录”应由总监理工程师签字，加盖监理单位公章。

(4)日期应写清楚，表明即日起该工程移交建设单位管理，并进入保修期。

五、工程竣工总结

工程竣工总结是由建设单位编制的综合性总结，简要介绍工程建设的全过程。工程竣工总结的内容主要有概述、设计、施工情况、工程质量及经验教训及其他需要说明的问题。

(1)概述。

1)工程立项的依据和建设目的。

2)工程概况。包括工程位置、规模、数量、概算(包括征用土地、拆迁、补偿费)、结算、决算等。

3)工程设计、工程监理、工程施工招投标情况。

(2)设计、施工情况。

1)设计情况。包括设计单位、设计内容、工程设计特点及建筑新材料。

2)施工情况。包括开工、竣工日期；施工管理、技术、质量等方面。

3)质量事故及处理情况。

4)建筑红线内市政公用工程施工情况(包括给水排水、电力、通信、热力、燃气等)及道路、绿化施工情况。

(3)工程质量及经验教训。工程质量鉴定意见和评价；工程遗留问题及处理意见。

(4)其他需要说明的问题。

本章小结

本章主要介绍了工程竣工图和工程竣工文件的分类和内容，重点介绍了工程竣工图绘制方法、工程竣工文件的填写要求。

思考与练习

一、填空题

1.竣工图章可直接绘制成__________，出图后应有相关责任人的签字。

2.利用施工蓝图改绘竣工图时，在施工蓝图上一般采用__________改法和__________改法，局部修改可以圈出更改部位，在原图空白处绘出更改内容，所有变更处都必须引画索引线并注明更改依据。

3.在建筑物某一部位增加隔墙、门窗、灯具、设备、钢筋等，均应在图上的实际位置用__________方法绘出，并注明修改依据。

4.如增加的内容在原位置绘不清楚时，应在本图适当位置（空白处）按需要补绘__________，并保证准确清楚。

5.单位工程竣工验收__________日前，建设单位到当地建设工程竣工验收备案管理部门领取“房屋建筑工程和市政基础设施工程竣工验收备案表”。

6.工程质量监督部门在工程竣工验收合格后__________工作日内，向工程竣工验收备案管理部门报送“工程质量监督报告”。

7.建设单位根据规定，对存在的问题进行整改和完善，符合要求后重新报送__________备案。

8.凡设计变更、洽商的内容应当在__________上修改的，均应用绘图方法改绘在蓝图上，不再加写说明。

二、简答题

1.什么是竣工图？说明其作用和种类。

2.竣工图的编制与审核应符合哪些规定？

3.竣工图按绘制方法不同可分为哪几种形式？

4.当图纸某部位变化较大或在原位置上改绘有困难，或改绘后杂乱无章，可以采用哪些方法改绘？

5.竣工图修改时，字、线使用的规定有哪些？

6.利用翻晒硫酸纸底图改绘的竣工图有哪些要求？

参考文献

References

[1] 中华人民共和国住房和城乡建设部.JGJ/T 185—2009 建筑工程资料管理规程[S].北京:中国建筑工业出版社,2009.

[2] 中华人民共和国住房和城乡建设部.GB/T 50319—2013 建设工程监理规范[S].北京:中国建筑工业出版社,2013.

[3] 中华人民共和国住房和城乡建设部.GB 50300—2013 建筑工程施工质量验收统一标准[S].北京:中国建筑工业出版社,2013.

[4] 王辉,刘启顺.建筑工程资料管理[M].北京:机械工业出版社,2015.

[5] 徐祯,赵鑫.建筑工程资料管理[M].北京:机械工业出版社,2014.

[6] 魏明.资料员[M].修订版.北京:中国环境出版社,2014.